思维导图教学法

一位历史老师的教学探索

罗培生◎著

SIWEI DAOTU JIAOXUEFA
YIWEI LISHI LAOSHI DE JIAOXUE TANSUO

江蘇鳳凰教育出版社
Phoenix Education Publishing, Ltd

图书在版编目（CIP）数据

思维导图教学法 ：一位历史老师的教学探索 / 罗培生著. —南京 ：江苏凤凰教育出版社，2017.11

ISBN 978-7-5499-6869-5

Ⅰ.①思… Ⅱ.①罗… Ⅲ.①中学历史课—教学研究 Ⅳ.①G633.512

中国版本图书馆 CIP 数据核字（2017）第 287147 号

书　　名	思维导图教学法：一位历史老师的教学探索
作　　者	罗培生
责任编辑	雷利军　张晓兰
出版发行	江苏凤凰教育出版社（南京市湖南路 1 号 A 楼　邮编 210009）
苏教网址	http：//www.1088.com.cn
照　　排	北京世纪鸿文制版技术有限公司
印　　刷	三河市九洲财鑫印刷有限公司
厂　　址	河北省三河市灵山大口
开　　本	787 毫米×1092 毫米　1/16
印　　张	14
字　　数	306 千字
版　　次	2018 年 4 月第 1 版　2018 年 4 月第 2 次印刷
书　　号	ISBN 978-7-5499-6869-5
定　　价	35.00 元
网店地址	http：//jsfhjycbs.tmall.com
邮购电话	025-85406265，85400774　短信　02585420909
E - mail	jsep@vip.163.com
盗版举报	025-83658579

序一 PREFACE

思索以通之

任 勇

基础教育已从“双基”“三维目标”阶段步入“核心素养”时代。

学生发展核心素养主要指学生应具备的、能够适应终身发展和社会发展需要的必备品格和关键能力。其中，“学会学习”是六大素养之一。由此可见，学习能力是一种重要的素养。

学习能力包括注意力、观察力、记忆力、思维力、想象力、创造力、理解力，以及语言表达能力、操作能力、运算能力等。随着学生发展核心素养的确定，各学科的核心素养也纷纷出炉，大多数学科素养都指向与“思维”相关的素养，从中我们可以看出，思维能力是学习能力中最为核心的能力。

哈佛大学前校长拉里·萨默斯访问中国，在接受中央电视台采访的时候，记者问道：“您认为一个优秀的哈佛大学学生需要具备的最重要的素质是什么？”萨默斯先生说：“正直诚信的品格是我们对学生最基本的要求，除此之外，我想最重要的是思路清楚，分析问题的时候有着非常清晰的思考过程。”“思路清楚”，这个在我们日常生活中普遍使用的短语，到底有什么神奇之处？为什么萨默斯先生会把它看得如此重要？

上海市曾于2009年和2012年参加PISA这项颇具权威的国际测试，PISA（国际学生评估项目）是一项由经济合作与发展组织统筹的学生能力国际评估计划，主要对接近完成基础教育的15岁学生进行评估，测试学生们能否掌握参与社会所需要的知识与技能。上海市的这两次测试结果可谓一石激起千层浪，当时被誉为“上海惊奇”。上海学生在阅读素养、数学素养和科学素养的测试中获得了三个单科第一和总分第一的优异成绩，而且和第二名的差距非常大。上海的教育到底有哪些“独到之处”？对此，见仁见智，众说纷纭，我个人比较认可这种观点：上海教育的成功，在于已经远远超越了传统的知识传递与方法传授，而是立足于个体能力的培养，让学生在现实生活中获得“场景化”“现实化”的、实实在在的分析与解决问题的能力。

这两个案例中提到的“思路清楚”“分析与解决问题的能力”，其实就是思维能力的具体呈现，但是，思维是抽象的，它看不见、摸不着，在我们日常教学中如何才能更有效地开展思维训练呢？这是值得我们每个教育工作者深思的话题。

机缘巧合，厦门英才学校罗培生老师的专著《思维导图教学法：一位历史老师的教学探索》出现在我面前，罗老师根据自己多年的教学实践，试着对当前这一热门的教育话题给出自己的答案——思维导图法在教学上的成功运用，是很有借鉴意义的探索。

思维导图教学法是罗老师依托“大数据下的教育”这个时代背景，紧扣“21 世纪如何高效学习”这个热门话题，透过“影视、培训、教辅市场”等生活现象，结合“国内外教育、教学的前沿”提出的。虽然一些看法有待完善，但它是一位一线教师的积极思考，是一种有益的尝试。思维导图教学法以脑科学为基础，以信息技术为支撑，以思维训练为核心，借助“快速阅读、思维导图、快速记忆、快速听力”等支架工具，进行系统教学，使思维可视化，增强了学生对知识的理解和记忆，进而提升了学生的学习效率。

基础教育改革要求教师帮助每一个学生进行合理高效的学习，使每一个学生都得到充分发展。思维导图教学法从读、思、记、听四个维度，教育学生学会阅读、学会思考、学会记忆、学会速听，实现“学会学习、主动发展，并奠基终身学习”的发展目标，它既是对新课程改革核心理念的继承和发展，也是对学生发展核心素养培养目标的具体落实。

罗老师在过去的 8 年默默耕耘，总结的思维导图教学法在校内外已有一定的应用基础，并且与学生发展核心素养的培养目标和基础教育改革的精神相吻合，是科学运用思维导图教学法的一个样本。希望罗老师继续实践，不断完善，拓宽学科应用领域，让思维导图教学法落地开花，并助力我市基础教育的发展。

荀子在《劝学》中说：“思索以通之。”此言精辟！思维导图教学法是一项有益的探索，因为这种教学法旨在培养学生“通之”，使学生在“通之”中智慧成长，在“通之”中灵性生长，在“通之”中步入学习的新境界。

（任勇，当代教育名家，享受国务院政府特殊津贴专家，特级教师，厦门市教育局原副局长，现任巡视员）

序二 PREFACE

高　松

罗培生老师加盟我们厦门英才学校已经12年了，是一位兢兢业业的教师。他在思维导图教学领域的研究大家都有所耳闻，但是当他把自己的教学实践与思考总结成一本书时，大家还是挺震惊的。书中罗老师用“图”诠释了他对教与学的思考，每个字、每张图都浸染着他的心血。

在我们学校，对思维导图教学法的应用研究，罗老师是第一个“吃螃蟹”的人，更可贵的是他在这项研究上坚持了8年，并还在继续着。8年中，不少班主任邀请他给学生开讲座，影响了一届又一届的学生，他带领着各学科教师参与到思维导图教学研究之中，并最终将研究与思考总结提升为专著。所以，两年前当罗老师拿着书稿希望获得学校支持时，我毫不犹豫地答应了，先在校内出版，供全体教师学习交流使用，以后争取机会正式出版。现在，在罗老师的努力下，该书获得了厦门市教育局的立项资助出版，在我们学校他是第一个获得此殊荣的教师，可喜可贺！

厦门英才学校走过了22个春秋，现在已步入第三个发展的重要十年，学校的教育科研、课程建设、教学改革、教育信息化等各项工作已经有条不紊地开展起来。《思维导图教学法：一位历史老师的教学探索》一书顺应了厦门英才学校发展的大趋势，它以脑科学理论为基础，提倡用大脑喜欢的方式进行学习，让学习回归自然；它以新课程改革的核心理念为出发点，试着提出一些具体的方案，以期实现新课程改革的发展目标；它以建构主义理论为指导，用图式的方式诠释建构主义，把新课程改革最重要的教育理论落到实处；它以信息技术为支撑，适应教育信息化的发展趋势，关注学生未来的发展；它以思维训练为核心，突破传统教育瓶颈，借助思维导图、概念图、思维地图等支架工具，使思维可视化，从而使学生增强了对知识的理解和记忆，进而提升了学习效率。

思维导图教学法的核心理念是：让每位学生学会学习、主动发展，并奠基终身学习。罗老师以独特的视角从读、思、记、听四个维度进行落实，引导每位学生学会阅读、学会思考、学会记忆、学会速听。这些理念对于我们当前的教育教学无疑是很有借鉴意义的，它更是与我们学校“让每一个学生都能获得主动健康发展”的办学理念一脉相承。

英才“强校”战略号角已经吹响，希望更多的教师能像罗老师一样主动进行教学研究和探索，用未来的视角引领当前的教育，为实现我们英才人“培育时代精英、奠基百年名校”的教育梦想而努力！

（高松，厦门英才学校中学部校长）

前言 PREFACE

我与思维导图的“情缘”

【不识庐山真面目】

20世纪末，一本畅销书《学习的革命——通向21世纪的个人护照》受到大众欢迎，作为“书迷”的我也买了一本。书中介绍了脑图、速记、速读等先进的理念与学习方法，但是这股浪潮很快就过去了。当时的我也只是觉得这本书描述的东西太神奇了，并没有认识到它的价值所在，更未想到它会对我产生重大影响，之后这本书就被我“收藏”了起来。

2005年，我加入了厦门英才学校，当时历史科的考试形式是开卷笔试。在复习课上我用画知识树的方式帮助学生构建知识框架，多次被同事们表扬。但当时的我，并不知道这种学习方式与脑图有何关联。

【擦肩而过】

看到我在画树状、网状的知识图，妹夫问我：“我有画思维导图的软件，要不要拷贝给你?”我回答：“不要，我不会画画，我也不会用电脑软件。”当时的我还不知道“思维导图”是怎么回事，于是与它擦肩而过。

【初识、寻觅】

2011年国庆节，我们学校初中部赴河南郑州和兄弟学校进行教研交流，在会上我和河南的老师都不约而同地分享了画知识树的做法。作为东道主，他们在展示的资料中还对此“大书特书”，可见他们对这一学习方法的重视。于是我们有了进一步的交流，我这才知道知识树与脑图的原理相似，而且可以用软件进行绘制。这次的交流对我触动很大，回来之后便开始了我的“寻觅之旅”，但是都“无疾而终”。后来，通过网络我了解到，脑图就是思维导图，只是翻译的名字不同而已，虽然我也下载了思维导图软件，但是不会使用。

【相识、相知】

2011年11月底，感谢网络这个神奇的工具，让我搜索到一套视频光盘《引爆学习力》，尽管不便宜，但我还是毫不犹豫地买了，并如饥似渴地学习起来。这套光盘我至少看了三遍，边看边学画思维导图，并且做了详细的笔记。之后我得知12月中旬将在苏州举办一个学习班，由于临近期末，我犹豫再三，但经不住学习的诱惑，最终还是赶去参加了这个学习班。这是我人生中第一次独自远行，正好赶上我35岁生日，这次学习是送给自己最好的生日礼物。这趟苏州之行对我来说具有特殊意义。

这个课程侧重于商业应用，没有“高大上”的教育理论，更多的是启发思维。从苏州回来后，我在期末复习中立马应用了思维导图，深受学生喜欢，也取得了很不错的效果。这时候，妹夫再次向我推荐思维导图软件，这次可不能再错过了，就这样我学会了MindManager9这款思维导图软件。这是一款操作便捷、功能强大的软件，也是我现在使用最多的思维导图软件之一，我曾向多人推荐使用。这时我意外发现了家中“收藏”的几本与思维导图相关的书籍，真是到处寻宝，宝藏就在自己家的后院。

【相恋】

2012年，我购买了蔡劲松老师的《小学思维导图应用魔方》一书。通过学习，我把书中的理论和自己的教学实践融为一体，让自己的思维导图教学更上一个台阶。蔡老师在QQ学习群中招募老师，准备编写一本关于中学思维导图应用的书，我试着发了几张自己历史教学中的思维导图给他，竟然通过了他的考核，成为该书历史学科编写的负责人。之后，我进一步参与了蔡老师思维导图应用魔方讲师班的学习，蔡老师让我担任这个学习班的班长，使我的理论与实践获得了长足的进步。随着对思维导图应用的熟练，我沉迷在这个“图”的世界里，与之“相恋”。

【相融】

在教学中应用思维导图是基本要求，看完一篇好文章，我会绘制成思维导图；阅读完一本书，我会绘制成思维导图；学习完一门课程，我会绘制成思维导图；接受一项新工作，我会先绘制一张思维导图；在春节、教师节等节日送祝福时，我也会绘制一张思维导图；在给学生毕业册留言时，我同样用思维导图进行表达。思维导图已经成为我工作、学习、生活中不可缺少的一个工具，已经融入我的工作、学习、生活之中，我开始“图”说我的人生！

朋友们，听完我与思维导图的“情缘故事”，想必你对思维导图已经有了兴趣，那就开始本书的学习之旅吧！

罗培生

目录
Contents

第一章　思维导图教学法的形成与发展

第二章　思维导图教学法的实践应用

第三章　思维导图教学法的实验成果

第一章

思维导图教学法的形成与发展

思维导图起源于英国，如今已经成为引领深度学习、助力思维发展、提升创新能力的有效工具。在国内，思维导图基本上还处于介绍和引进阶段。如何让思维导图助力我们的一线教学、推动课堂教学改革、培养学生的创新思维能力？本章将带领大家一起了解思维导图教学法的形成与发展。

2013年，马云在卸任阿里巴巴集团CEO时激情分享："今天的世界，是一个变化的世界……我们大家都认为电脑够快，互联网还要快，我们很多人还没搞清楚什么是PC互联网，移动互联来了；我们在没搞清楚移动互联的时候，大数据时代又来了。"

在过去的5年里，"大数据"成为中国乃至全球范围内最热门的词汇之一。2015年3月，国务院总理李克强在政府工作报告中多次提到"互联网"三个字，包括制定"互联网＋"行动计划，推动移动互联网、云计算、大数据、物联网等与现代制造业结合，促进电子商务、工业互联网和互联网金融健康发展，引导互联网企业拓展国际市场，等等。此番表述，再次引爆了人们对这些充满科技元素的词汇的热议。其中的大数据无疑将影响人们生活的方方面面，那大数据对我们的教育将产生怎样的影响呢？

第一节　大数据下的教育

大数据已经开始服务于各行各业。对教育领域而言，目前人们常常谈到两个典型案例：一个是可汗学院，另一个是慕课。它们的共同特征是从学生在线学习平台的学习数据中挖掘有意义的信息，了解学生学习的进程和结果，在学生学习的过程中及时为其提供反馈信息和学习资源，同时为学生进一步学习提供积极的干预、建议及合作的机会。因此，有识之士曾预言未来将是大数据驱动的新时代。我们应该积极迎接这个新时代，通过大数据来分析学生的学习，进一步改善教学的方式与方法，进一步促进学生学习成绩的提高。

一、大数据下的高效学习

研究发现，人类的知识在19世纪是每50年增长一倍，20世纪是每10年增长一倍，目前是每3至5年增长一倍。如果一年不学习，你所拥有的全部知识就会折旧80%。随着知识经济浪潮席卷而来，数据裂变效应将导致知识更新的速度不断加快。以上是20世纪90年代的研究。而当今随着以移动互联为特征的云时代的到来，数据裂变效应在进一步加剧。这意味着什么呢？知识每天都在更新，数据每天都在加速裂变。因此，我们必须养成终身学习的习惯，只有不断刷新自己才能顺应大数据时代的发展要求。

在这个知识爆炸、信息高速膨胀、数字化急剧扩张的时代，如何高效学习显得尤为重要。

美国未来学家阿尔文·托夫勒曾指出："未来的文盲，不再是不识字的人，而是不会学习的人。”

《学习的革命——通向 21 世纪的个人护照》一书中提到：“我们怎样学习比我们学习什么要重要得多。全世界在争论这样一个问题：学校应该教什么？在我们看来，最重要的应当是两个‘科目’：学习怎样学习和学习怎样思考。”因此，教学不应该只是对固定知识的传授，而是要使学生掌握他毕生受用的东西，如自学能力、信息素养、协作交流能力和创新思维能力等。在书中，作者提供了几种高效学习工具：脑图（也叫心智图、思维导图）、快速记忆、快速阅读。

社会一直在淘汰有学历的人，却永远不会淘汰有学习力的人！谁把学习当作最重要的事，谁未来就是最重要的人！财富不是装在口袋而是装在脑袋，脑袋决定你的口袋，思路指引你的出路！

二、全脑学习时代的开启

比尔·盖茨是思维导图的爱好者，1995 年，他在《未来之路》里指出，未来的资讯开放之路，将会由了解思维导图和脑力开发的人来引导，智能机器人和思维导图将会是下一舞台中我们获取信息的主要方法。思维导图能够将众多的知识和想法连接起来，并有效地加以分析，从而最大限度地实现创新！

2010 年 10 月上演了一部港剧《读心神探》，剧中揭开了“记忆宫殿”的神秘面纱，介绍了一些记忆方法，为人们提升记忆能力上了一堂很好的入门课。2014 年年初，《爱情公寓 4》首播。在剧中出现了思维导图，这为思维导图做了很好的宣传。

思维导图、快速记忆走进人们的视线后，迅速被一些敏锐的商家所捕捉，各种教辅资料打着“思维导图”“快速记忆”的旗号迅速抢占了市场。

快速阅读起源于美国。美国 80%以上的高等院校都开设有快速阅读课程，许多中小学都把快速阅读列入教学计划，以使学生尽早掌握这种高效的学习方法和工作方法。由此可见，快速阅读这一新兴学科在美国已经得到了广泛认同，并已具备了相当高的学术地位。

在中国，一名学生在初中三年中要看 420 万字的教科书和 300 万字到 420 万字的课外读物。在高中三年中要看 780 万字的教科书和 600 万字到 900 万字的课外读物。而中学语文教学大纲规定，初、高中学生的阅读速度分别要达到每分钟 500 字和 600 字（阅读一般现代文）。实际上达到这一速度的学生只有 5%。由此可见，阅读速度的训练在我们当前的语文教学中做得还不够，而它影响着广大中学生阅读水平的提升。

2013 年，欧盟人脑计划入选了欧盟的未来旗舰技术项目，成为全球范围内最重要的人类大脑研究项目。

2014 年，江苏卫视一档科学真人秀的综艺节目《最强大脑》强劲来袭，它集结国内最优秀的脑力高手，向人们展示了人类大脑的潜能。《最强大脑》第一季于 2014 年 1 月 3 日首播，总决赛创下 2.74%的高收视率和 10.42%的高收视份额，成为 2014 年开年最亮眼的综艺节目；第二季中，节目组花大力气搜寻脑力达人，环节、团队全面升级，意欲重振脑力竞技，让拥有最强脑力的天才们再度席卷荧屏。请看下面两张思维导图：

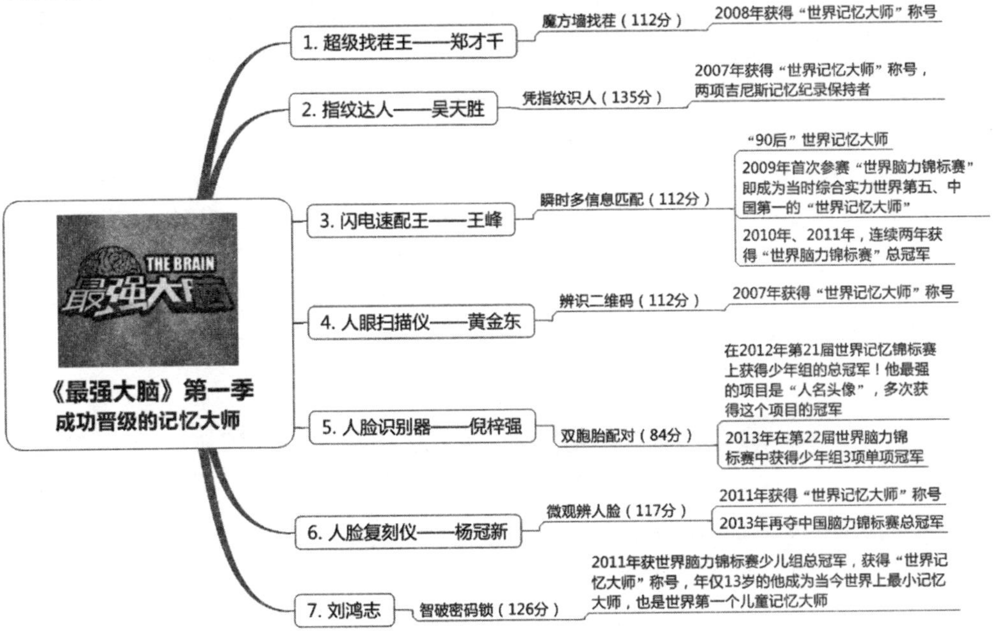

图 1.1　《最强大脑》第一季成功晋级的记忆大师

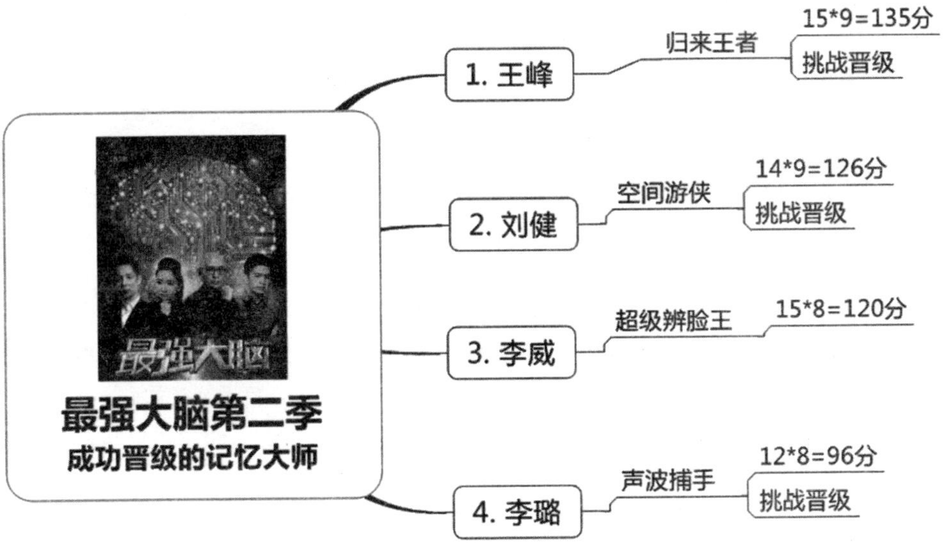

图 1.2　《最强大脑》第二季成功晋级的记忆大师

图 1.1、图 1.2 呈现的是其中两季成功晋级的记忆大师。节目中出场的国内外“世界记忆大师”，有的甚至还是世界脑力锦标赛成人组、少年组的冠军，他们通过电视节目，再次向人们展示了超强的大脑。

世界脑力锦标赛是由“世界记忆之父”东尼·博赞于1991年发起，由世界记忆力运动理事会（WMSC）组织的世界最高级别的记忆力赛事。目前，已成为世界最权威的脑力赛事，吸引了来自不同国度的众多参赛者和观众，并成为各国媒体竞相关注的焦点。第19届、第20届、第23届和第24届世界脑力锦标赛已经在中国成功举办。截至2016年1月，全球有记忆大师约300位，其中中国的记忆大师有近200位。《最强大脑》的很多选手都是从这项世界最高级别的脑力比赛中脱颖而出的。

《最强大脑》的热播、世界脑力锦标赛的举办，进一步推动了中国脑力运动的开展，也促进了中国培训市场的发展，各种打着“思维导图、快速记忆、快速阅读、全脑开发”等旗号且价格不菲的培训课程迅速走俏市场。

综上所述，一场全脑学习的时代已经拉开了帷幕。这些情况无疑对大数据时代“如何进行高效学习”提供了一个很好的启示。

第二节　新课程改革的反思

当今的世界是变化的世界，信息飞速发展，大数据广泛应用，这对我们的教育也提出了新的要求。我们的教育该怎样应对这种变化呢？

一、新课程改革给教与学带来的变化

新课程改革带着中国人的希望，款款走过了十几个年头，它取得了怎样的成果呢？“问渠那得清如许，为有源头活水来”，从新课程改革的源头重新审视，更能看清我们走过的路，也能更好地把握未来的方向，让这项承载国家、民族希望的改革走得更久、走得更远。

1. 新课程教学的“道”与“术”

从图1.3和图1.4中我们可清楚地看到基础教育课程改革的核心理念是“以学生的发展为本”，其具体目标就是要改变过去强调接受学习、死记硬背、机械训练的思想，倡导学生主动参与、乐于探究、勤于动手，培养学生搜集和处理信息的能力、获取新知的能力、分析和解决问题的能力以及交流与合作的能力。

简单来说，新课程改革的核心理念就是教师的教要帮助每一个学生合理、高效地学习，使每一个学生都得到充分发展。如图1.5，我们可以这样理解：“让每位学生学会学习、主动发展，并奠基终身学习”是新课程教学的“道”，是我们一切教学行为的出发点和归宿点；为实现这个目标所采取的一切教学行为、教学模式就是新课程教学的“术”，“术”是为“道”服务的，这与新课程“以学生的发展为本”的理念是一致的，它也适应了大数据背景下教育的要求。

理解了新课程教学的“道”与“术”，我们就能更好地看清新课程改革中遇到的一切问题，也能正确地看待当今流行的各种教学模式。在十几年的新课程改革中，我们取得了很多成就，我个人比较关注的是新课程改革给“教师的教”和“学生的学”带来的变化。

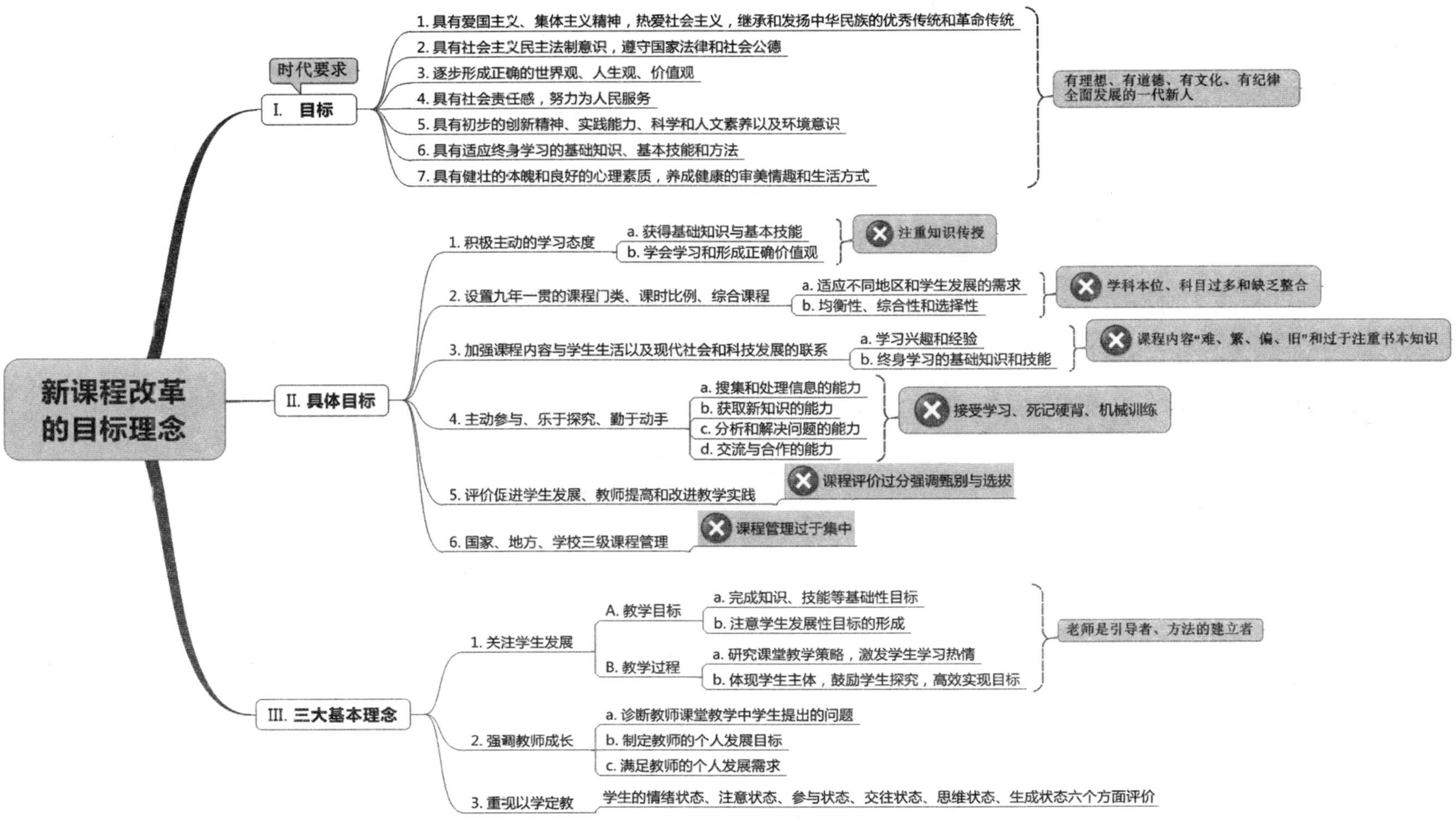

图 1.3 新课程改革的目标理念

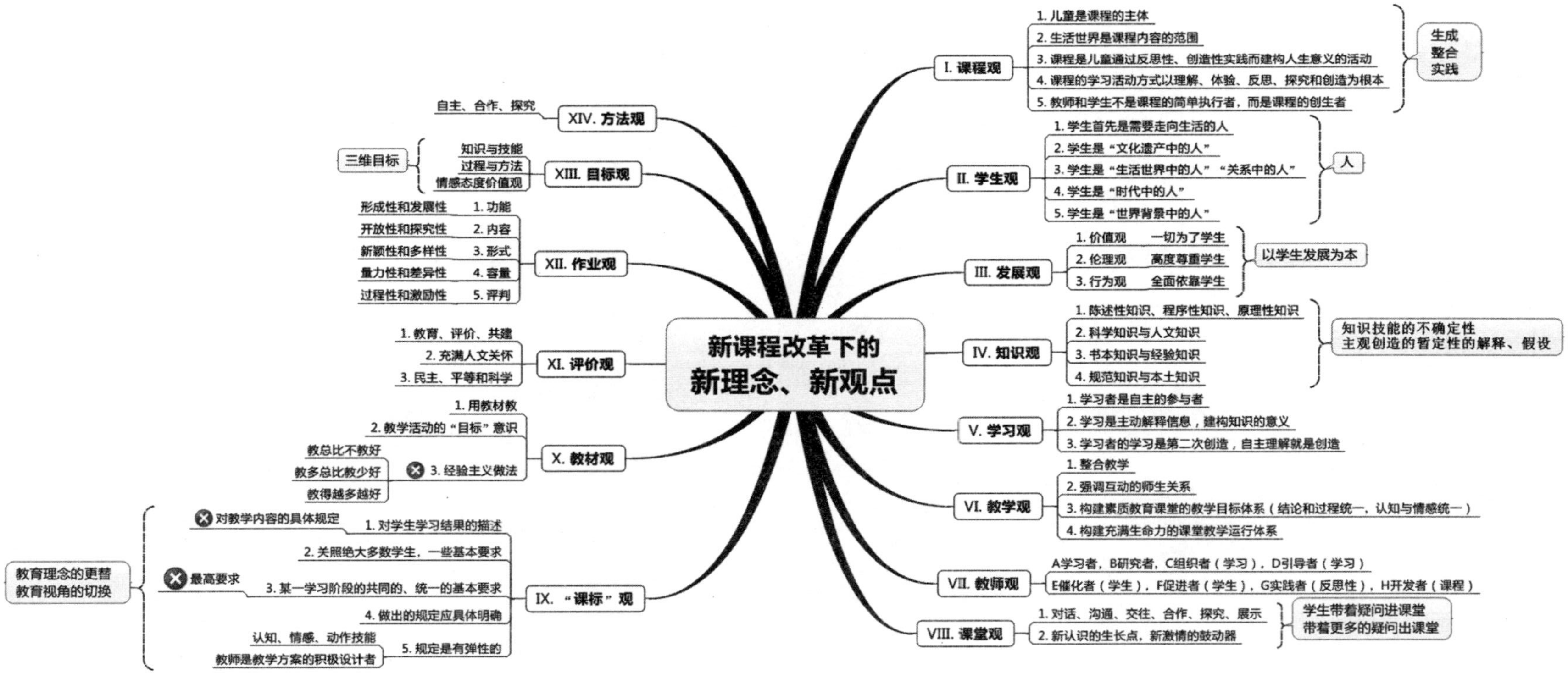

图 1.4 新课程改革下的新观念、新观点

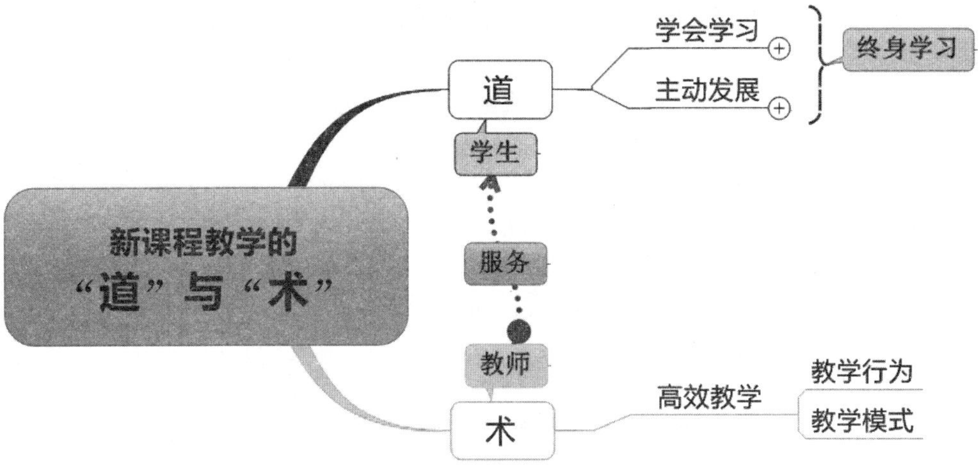

图 1.5 新课程教学的“道”与“术”

2. 新课程改革带来的变化

(1) 教师教学实践的变化。

教师在教学中从注重传授式教学转变为注重探究式教学，从注重演示实验和验证型实验转变为注重探究型实验和学生分组实验，从侧重教学的结果转变为侧重学生学习的过程。

但是，我个人觉得教学的系统性还有待提升。在九大学科中，除语文、英语两门学科外，其他学科都有很强的科学性、系统性，然而我们的正常教学大都是按照章节或者单元、课文进行的，这是典型的“点、线”式学习，这种教学并没有将知识真正形成一个系统，可以形容为“只见树木，不见森林”。这势必影响学生的学习效果，导致各种学习问题的产生：从小学到初中、高中，年级越高，成绩越差；小考还可以，一遇到大考，成绩就一落千丈；偏科；补习、补课、熬夜、题海，都不见效。

所以，只有在日常教学中有效进行系统的教与学，让所有课程内容在学生的大脑中形成一个清晰的整体，学生解题时才能够快速厘清思路，任何难题都能迎刃而解，高效学习将不再是梦想。

(2) 学生学习方式的变化。

新课程倡导的学习方式是自主学习、合作学习和探究性学习，它改变了原有的单纯接受的学习方式，建立和形成了旨在充分调动、发挥学生主动性的学习方式，自然成为新课程改革的一个热点和重要任务。从实践反馈的情况来看，这样的观念逐渐为广大教师所接受，并在课堂教学中有所体现。

新课程改革虽然很大程度上改变了原来的教与学，每一位教师都在努力追求高效课堂，但是我个人觉得这种“高效”更多的是“高效地教”，至于让学生“高效地学”做得还远远不够。例如，我们给学生布置背诵任务，至于学生怎样背，就只能由学生自己想办法了；我们都强调阅读的重要性，但是在大数据背景下怎样高效地阅读，怎样快速地阅读，教师则很少提及；随着学生学段的升高，教师们都意识到思维训练的重要性，但是思维看不见、摸不着，基本上靠一个“悟”字，所以教师们经常感叹：“×××怎么就这么笨，我讲了几十遍他还是不明白。”也就是说，新课程教学的“道”这个层面还是没有很好地解决。

记忆能力、阅读能力、思维能力直接决定着学生学习的效率，但是我们目前的教育对这方面的训练还是很欠缺的，这值得我们每一位教师思索。

二、对“慕课、微课、翻转课堂”的反思

2001 年至 2011 年是新课程改革的第一个 10 年，在这 10 年里，我们的新课程改革应该说是“成就”与“问题”相随，出现了“东庐讲学稿”“黄冈兵法”“衡水现象”“杜郎口旋风”等众多成功经验。回看这些经验，有些已经淡出人们的视线，有些正处在舆论的风口浪尖。在我的教学探索路上，曾从这些经验中汲取了诸多营养，但是随着教育趋势的变化，应该如何看待这些教育现象呢？实际上，这些学校虽然一时取得了不错的教学效果，但是他们并没有把新课程的核心理念真正落实到位，教学的“道”还是没有根本解决，改变的只是教学的“术”，难以真正实现学生“学会学习、主动发展，并奠基终身学习”的教育目标，所以随着教育环境的变化、教育趋势的发展，它们在慢慢地走下“神坛”。有调查显示：30 年间，1000 余名高考状元无一成为行业领袖。由此可见，我们的教育要实现学生“学会学习、主动发展，并奠基终身学习”的目标仍然任重道远。

新课程改革虽然面临着诸多问题，但是我们的探索始终没有停止过。2011 年初中各学科的课程标准修订完成，2014 年高考改革尘埃落定。我们总结了前一阶段课程改革的成果，反思了不足，这标志着新课程改革在向更深处发展。

2011 年，慕课、微课、翻转课堂成为课程改革的前沿，并且成为流行语，其来势之猛，大有颠覆传统课堂、迎来课堂教学革命之势。这种源于美国的教学形式，目前已经引起了国内教育行政部门和许多中小学的重视，如山东省昌乐县第一中学，从 2013 年秋季新学期开始在七年级、高一各选两个班进行翻转课堂实验。山东省济南市历下区教育局也于 2013 年 7 月颁布了翻转课堂教学改革实验实施意见，提出全区义务教育阶段学校应积极开展数字化网络环境下学习方式的探索，开展翻转课堂教学的研究。特别是华东师范大学，于 2013 年成立了国际慕课研究中心，并组织了高中、初中、小学慕课联盟，开展了一系列的研讨活动。甚至有专家说：“慕课将翻转基础教育课堂，将来可能一门课只由一位优秀教师上课，别的教师都是辅导员，教师未来的选择就是‘当讲师还是当辅导员’。”

“慕课来袭”使人们似乎看到了基础教育课程改革的新动向，慕课真的能翻转中小学的传统课堂吗？慕课与微课的实质是什么？在课堂教学中的效果如何？翻转课堂会成为今后课堂改革的主流吗？一线中小学教师该如何面对这一轮新课程改革的洪流呢？

1. 慕课、微课、翻转课堂是什么

慕课，指大型开放式网络课程，是一种在线课程开发模式，它发端于过去那种发布资源、学习管理系统以及将学习管理系统与更多的开放网络资源综合起来的旧的课程开发模式。

微课是指按照新课程标准及教学实践要求，以视频为主要载体，记录教师在课堂内外教育教学过程中围绕某个知识点（重点、难点、疑点）或教学环节而开展的精彩的教与学活动全过程。

翻转课堂是指利用视频来实施教学，学生在家通过视频完成对知识的学习，而课堂则变成了师生之间和生生之间互动的场所，包括答疑解惑、运用知识解决问题等，从而达到更好的教学效果。

2. 关于慕课、微课、翻转课堂的个人思考

（1）慕课、微课、翻转课堂的理念与新课程改革精神是一致的。针对传统课堂，翻转课堂的确有很多优势：先学后教、使用技术支持学习、优化了学习者的时间和空间、构建“以学习者为中心”的课程、满足学习者的个性化学习需求、共享优质资源、分享优秀教师的讲课资源，等等。

（2）慕课、微课、翻转课堂作为一种新兴事物，对于其出现肯定仁者见仁、智者见智，我个人关注的是新课程教学的“道”有没有得到体现，下面谈的只是我作为一线教师的个人思考。

首先，我本人也是慕课、微课的受益者和实践者。这几年，我通过 YY 语音、多贝、K—12 教育、中国大学慕课等网络交流平台参加了大量的网络在线课程的学习，如深圳南方科技大学实验学校唐晓勇校长主讲的慕课“思维导图支持的学习创新”、北京大学博士生导师汪琼老师团队的慕课“教师如何做研究”；同时，我也录制了大量的视频材料，在复习时确实起到了很好的效果。另外，我还开发了快速记忆课程和思维导图课程，在 YY 语音课堂进行讲授，学生的参与热情很高，整体反应很好。

其次，翻转课堂“翻转”的是什么？

慕课无疑是个舶来品，当翻转课堂邂逅慕课，我们一定要思考：我们这样做究竟是为了解决什么问题？很明显，这个舶来品就是为我们的教育服务的，就是要解决我们在教育改革中遇到的问题。面对基础教育，就是要借助它来落实我们新课程教学的“道”——即让每位学生学会学习、主动发展，并奠基终身学习。

华东师范大学国际慕课研究中心的陈玉琨教授曾指出：中国的基础教育有着自己鲜明的特点，因而服务于中国基础教育的慕课也一定要有自己本土化的特色。我们通过慕课提供的碎片化知识，一定要让教师和学生共同理解知识点之间的内在联系。知识点之间的内在联系体现的就是思维的过程，这个过程就是让学生学会学习。

江苏省金陵中学的夏广平老师在做翻转课堂经验交流时，也曾提到：“我们对翻转课堂教学模式的讨论不应只关注课前学习会不会占用学生更多的时间、作业是不是要减少、作业减少到多少合适等问题，而应该关注在翻转课堂中学生的思维有没

有得到培养、能力有没有得到提升等问题。视频内容需要和课堂教学相结合，这对于设计视频内容的要求较高，视频中既要做到让学生自学并学会，又要做到引发学生的深入思考和讨论。”

这是专家和一线实验教师对慕课、微课、翻转课堂的总结，简单来说就是要把思维训练、能力提升、自主学习等渗透其中，我的观点与专家们的总结是一致的，在翻转课堂中必须要落实新课程教学的“道”，即“让每位学生学会学习、主动发展，并奠基终身学习”，否则，翻转的也只是教师讲课的时间和地点，并没有改变接受学习的本质，教师预先录制好所教内容的视频，这似乎是带着处理过的文本（亦即教案）走向学生，是把教师所预设的教学内容通过视频灌输给学生，是又一种形式的“电灌”，有悖我们的新课程理念。

第三节　思维导图教学法形成与发展的阶段

根据新课程改革的核心理念，结合学生的学习规律，我把自己 22 年的教学实践和思考总结成四维系统学习法。

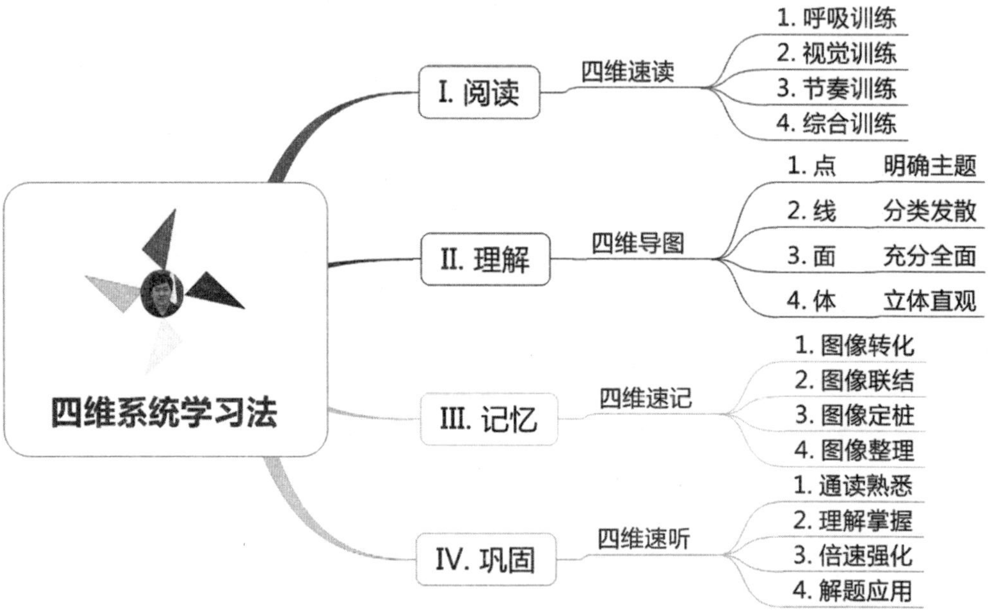

图 1.6　四维系统学习法

如图 1.6 所示，四维系统学习法是指从阅读、理解、记忆、巩固四个维度，借助快速阅读、思维导图、快速记忆、快速听力四种支架工具，最终达到“全脑学习乐作舟”发展目标的系统学习法。

综上所述，在大数据教育背景下，在新课程改革的反思中，在自己多年教学实践的基础上，我总结出四维系统学习法，然后对它进一步提升，最终形成了思维导图教学法，这是我个人对当前教育教学的思考和尝试。它的形成和发展经历了以下四个阶段。

一、学习准备阶段

第一阶段为1999—2008年的学习准备阶段。

20世纪末的一本畅销书《学习的革命——通向21世纪的个人护照》介绍了脑图、速读、速记等先进的学习理念。很多人通过这本书知道了思维导图，我就是其中之一，但是当时还搞不懂思维导图是怎么回事。我在学习之余，拿起手中的笔模仿着勾画了一些树状、网状的知识图。2005年，我进入厦门英才学校，面对学生群体的变化、教材的变化、教育形势的变化、新环境的工作压力，我开始寻求改变。2006年，一篇关于我们该怎样进行教学的文章引起了我的关注，也坚定了我改变的决心。于是，我开始在网络上、书籍中寻找答案，我了解了一些课改名校的经验。名校的经验固然很好，但是考虑到我校的学情，感觉不太适用。这时候的我在教学中并没有采取更多的行动。

二、初步探索阶段

第二阶段为2008—2011年的初步探索阶段。

2008年，厦门市正式把历史学科纳入中考范畴。我一方面按照开卷考试的要求积极备考，另一方面把“画知识树”的做法尝试用到教学中，帮助学生构建知识框架，为高中的学习打基础，整体效果很不错。图1.7是我绘制的五张知识树中的一张。

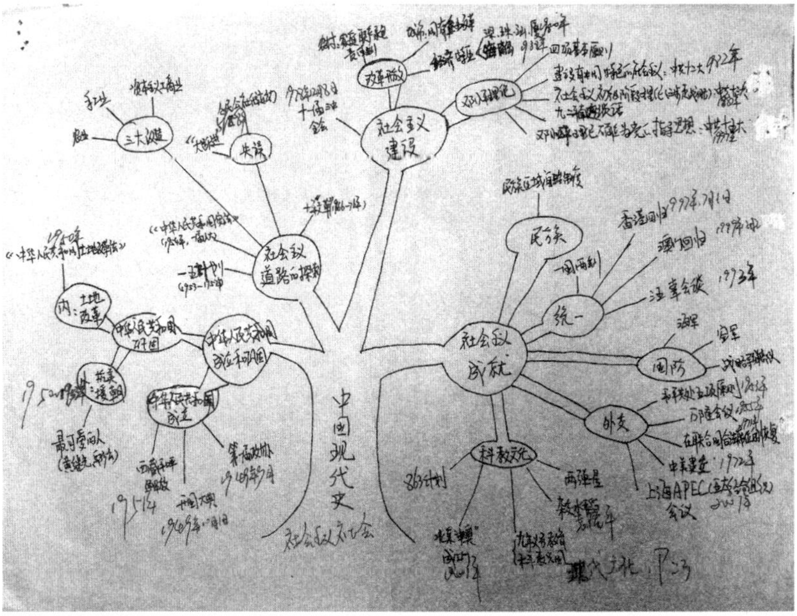

图1.7　中国现代史知识树

2011年中考前一个月，由于特殊原因，我被安排到九年级去“救火”。面对学生管理的混乱、教学的无序、历史中考由开卷考改为闭卷考等不利因素，我借助“五棵树”（见图1.8～图1.12）迅速稳定住局面，获得了学生的认可、教师的好评。

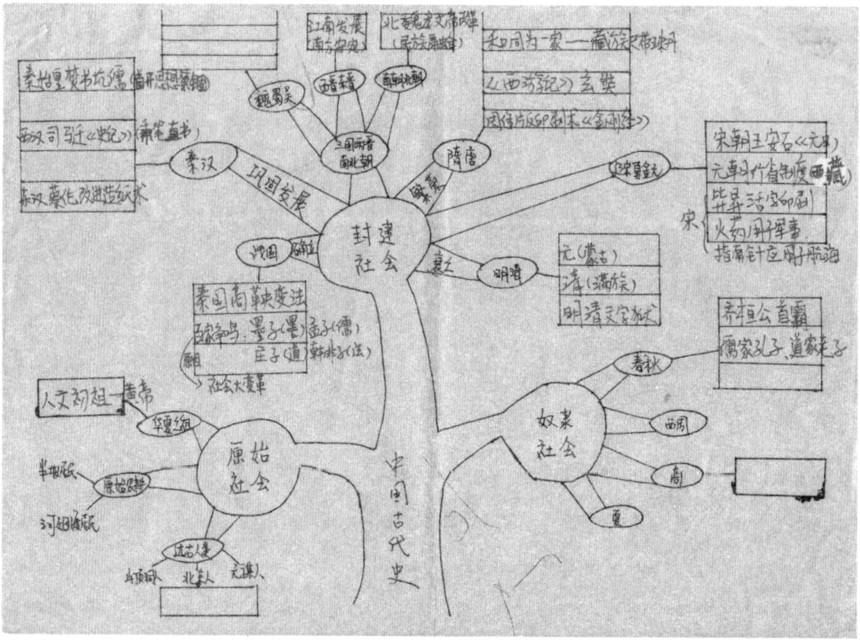

图1.8　中国古代史知识树

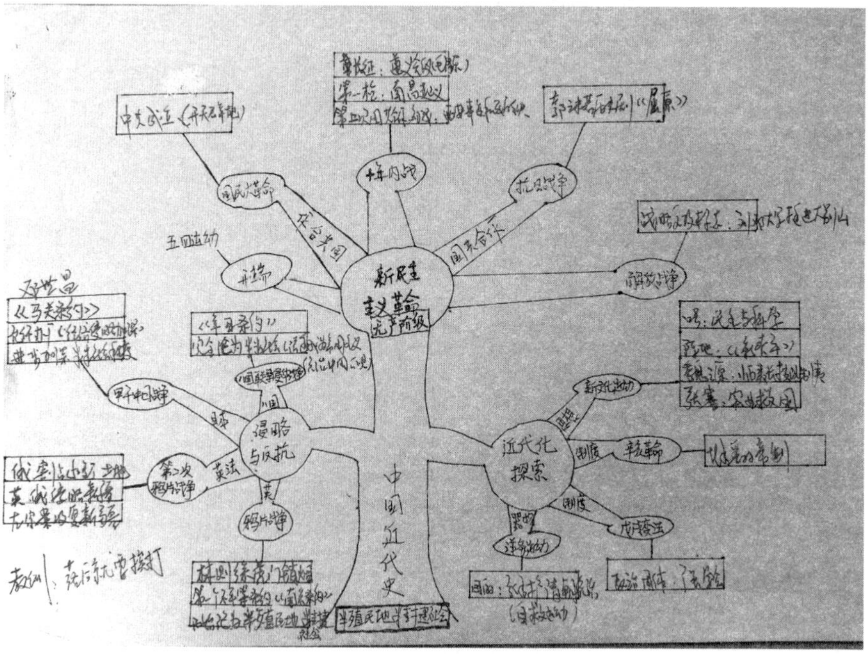

图1.9　中国近代史知识树

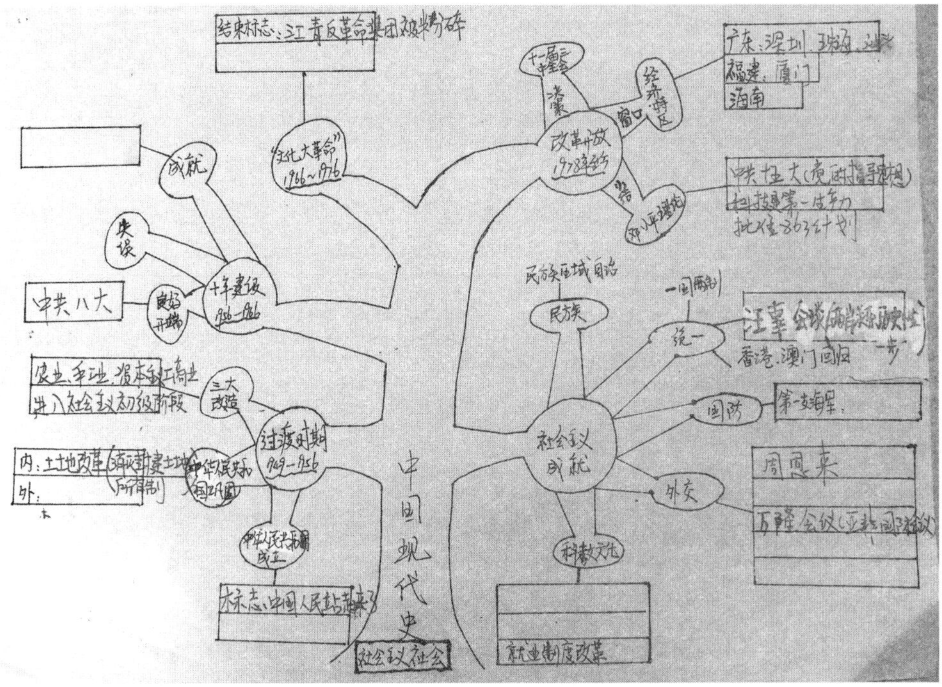

图 1.10　中国现代史知识树

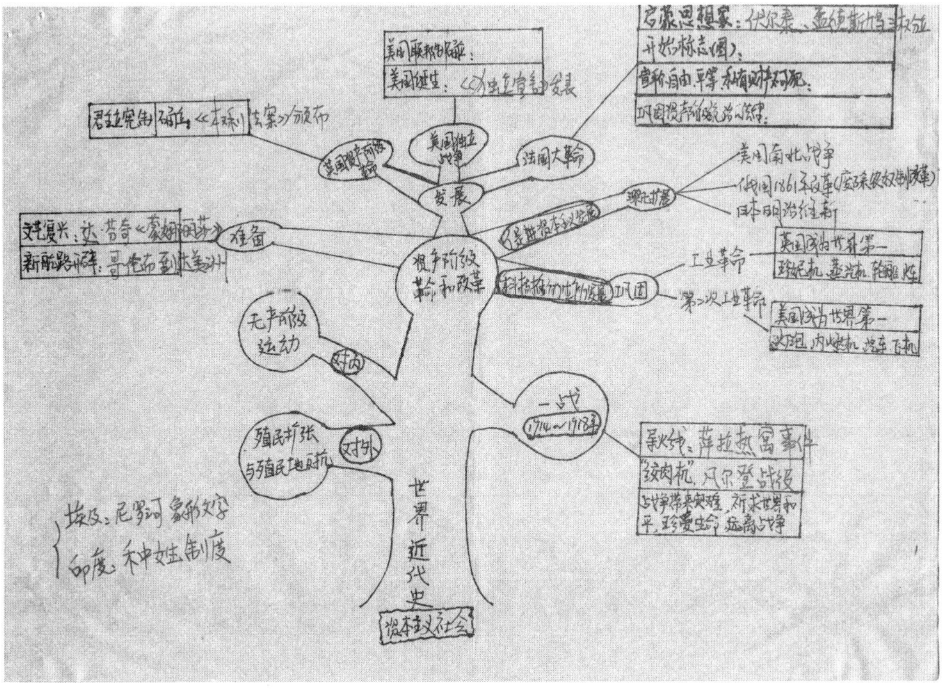

图 1.11　世界近代史知识树

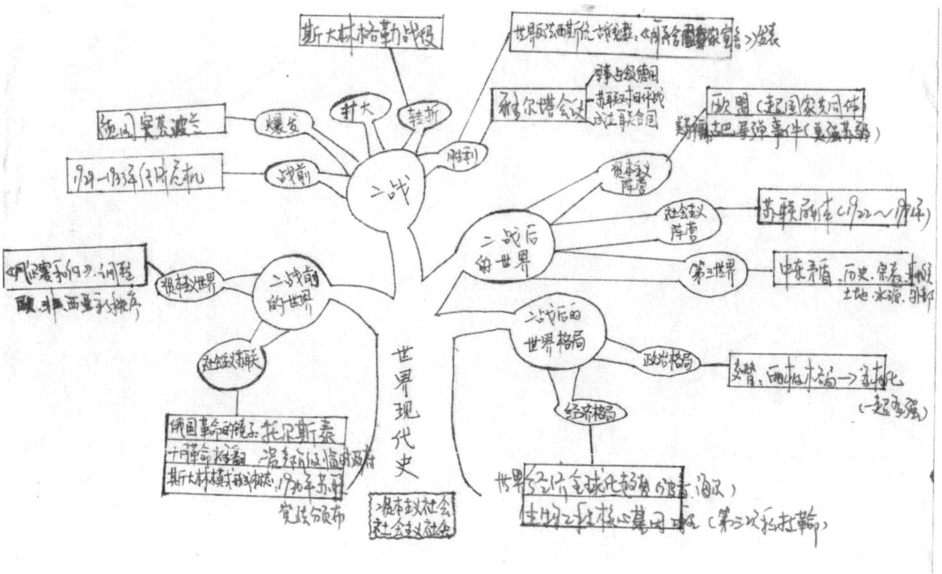

图 1.12　世界现代史知识树

一个月之后，我又回到原来的八年级，当时离期末考试还剩一个月的时间，于是我决定也用类似的方法进行期末复习，请看图 1.13，这张图归纳了一本书的学习内容，线索清晰、条理清楚，深受学生欢迎。

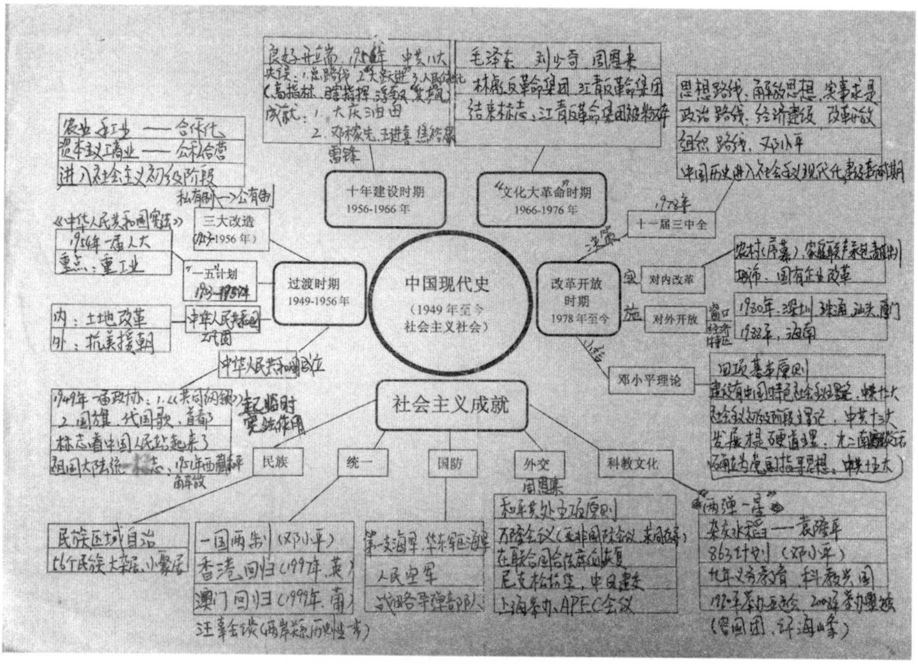

注：《共同纲领》即《中国人民政治协商会议共同纲领》，后同。

图 1.13　中国现代史思维导图

三、全面应用阶段

第三阶段为2011—2013年的全面应用阶段。

2011年，我们学校组织教师赴河南郑州开展教学经验交流活动，交流中我和那里的教师不约而同地分享了应用知识树开展教学的做法。“英雄所见略同”，于是我们有了更进一步的交流，然后我得知脑图又叫思维导图，而且可以用电脑软件进行绘制。回来之后，我在网上找到了一套视频教材《引爆学习力》，之后的学习不断升级，我的思维导图教学探索也由此进入全面应用阶段。

1. 新课教学

在新课教学中，我绘制了以下思维导图，见图1.14～图1.17。

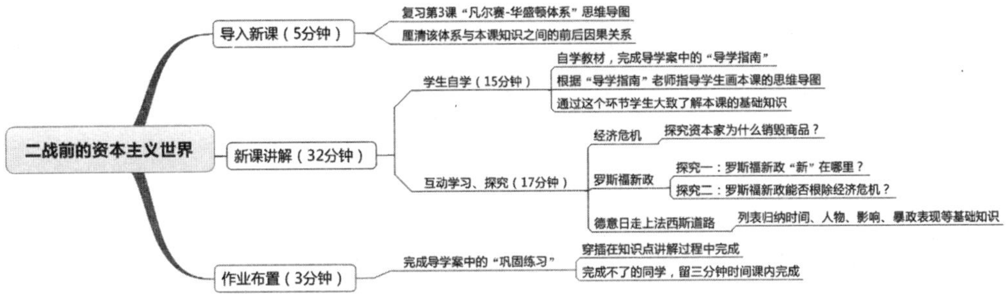

图1.14　“‘二战前的资本主义世界’教学流程设计”思维导图

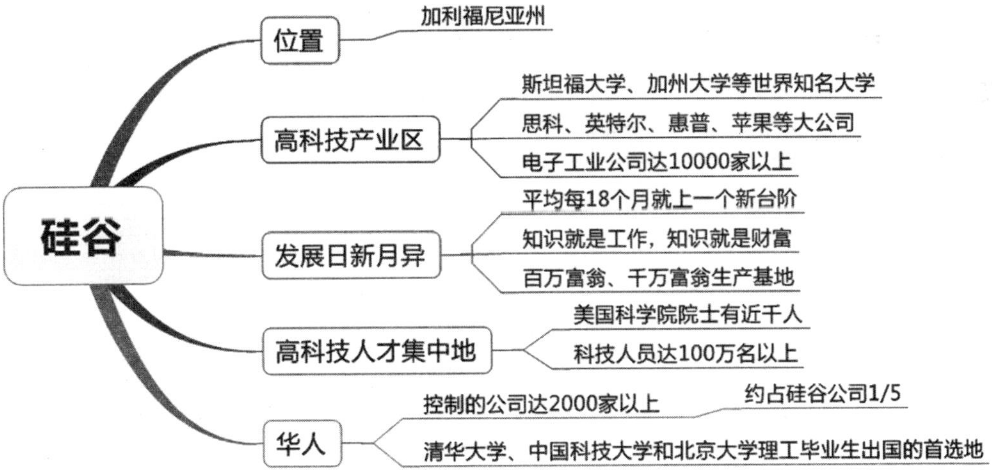

图1.15　“硅谷知识拓展分析”思维导图

第 6、7 课　　第二次世界大战

【导学指南】　完成二战的思维导图

【巩固练习】

1. 对 1938 年慕尼黑会议的表述<u>不正确</u>的是（　　）
   A. 是一次平等互利的国际会议　B. 是牺牲小国利益的四国会议　C. 是强权政治的典型事例　D. 是绥靖政策的必然产物
2. 标志第二次世界大战<u>**全面爆发**</u>的事件是（　　）
   A. 慕尼黑协定的签订　B. 德军突袭波兰，英法对德宣战　C. 德军开始进攻苏联　D. 珍珠港事件
3. 使第二次世界大战达到<u>**最大规模**</u>是（　　）
   A. 太平洋战争爆发　B. 苏德战争爆发　C. 诺曼底登陆　D. 莫斯科保卫战
4. 第二次世界大战开始以来，德军遭到的<u>**第一次失败**</u>是（　　）
   A. 莫斯科保卫战　B. 斯大林格勒战　C. 诺曼底登陆　D. 敦刻尔克大撤退
5. 雅尔塔会议的内容中，<u>**不包括**</u>（　　）。
   A. 战后对德国进行军事占领　B. 在德国西部开辟第二战场　C. 苏联决定在击败德国后参加对日作战　D. 决定在战后建立联合国
6. 1942 年 1 月 26 日，华盛顿会议签署<u>**国际反法西斯联盟建立**</u>的文件是（　　）
   A.《中立法案》　B.《联合国家宣言》　C.《大西洋宪章》　D.《秘密议定书》
7. 标志<u>**欧洲第二战场开辟**</u>的战役是（　　）
   A. 莫斯科战役　B. 斯大林格勒战役　C. 中途岛战役　D. 诺曼底登陆

图 1.16　构建思维导图学案一

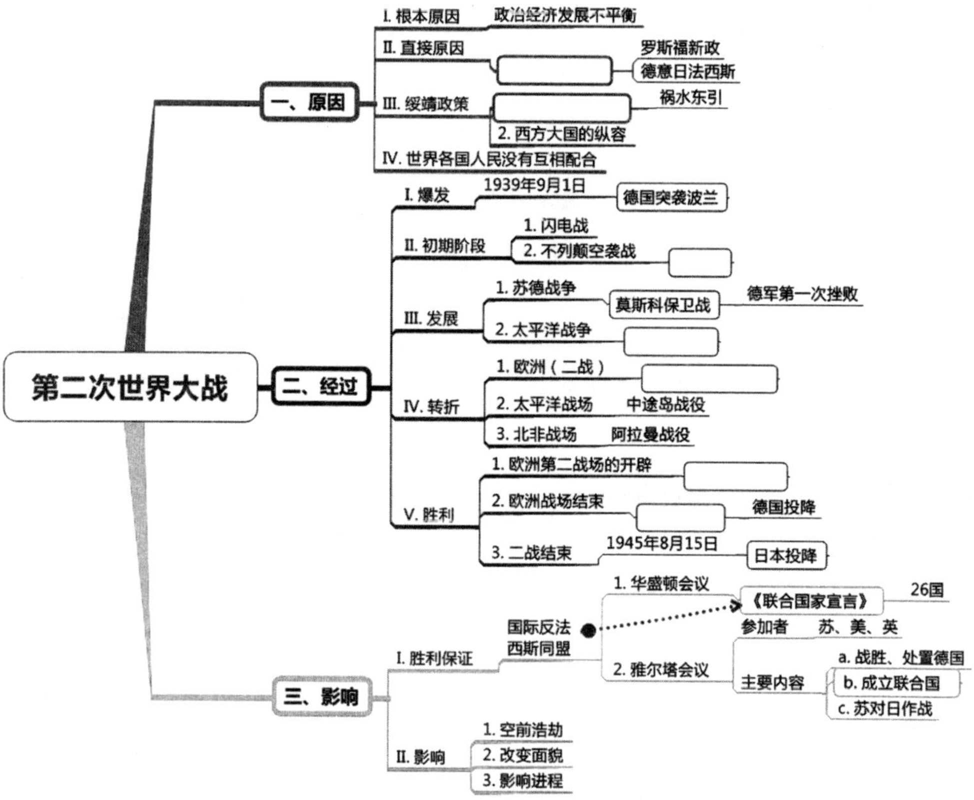

图 1.17　构建思维导图学案二

2. 复习课教学

在复习课教学中，我绘制了以下思维导图，见图 1.18～图 1.23。

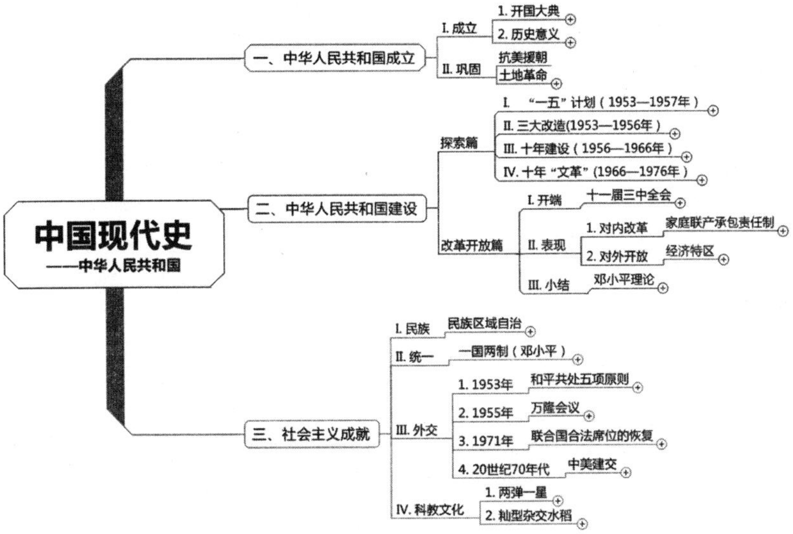

图 1.18　中国现代史思维导图

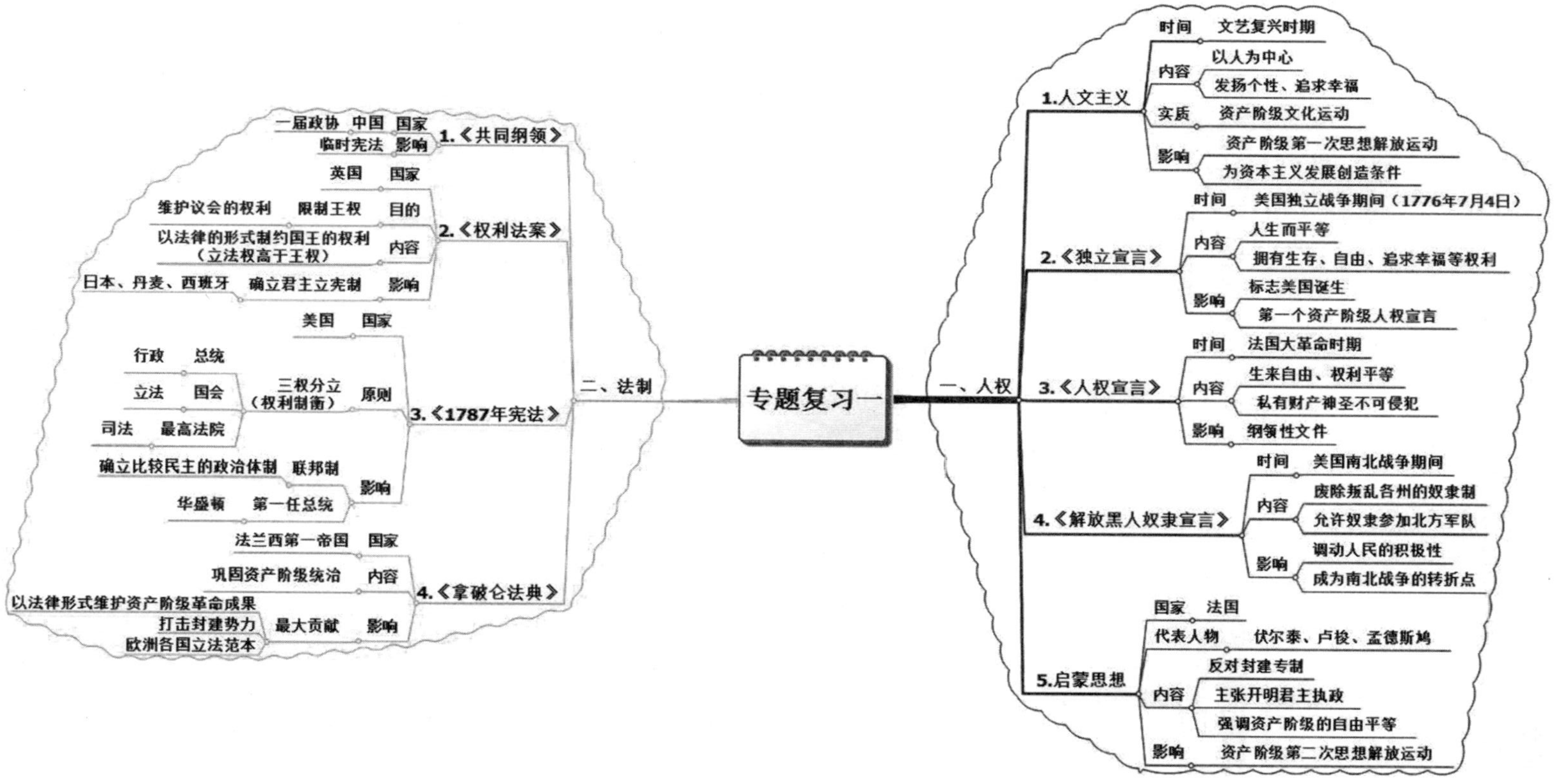

注：《人权宣言》即《人权和公民权宣言》。《权利法案》即《国民权利与自由和王位继承宣言》。

图 1.19 “专题复习”思维导图

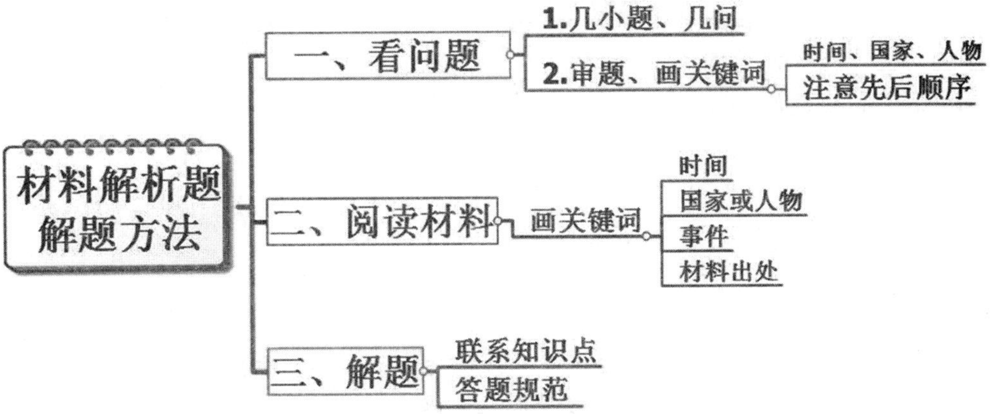

图 1.20　“材料解析题解题方法”思维导图

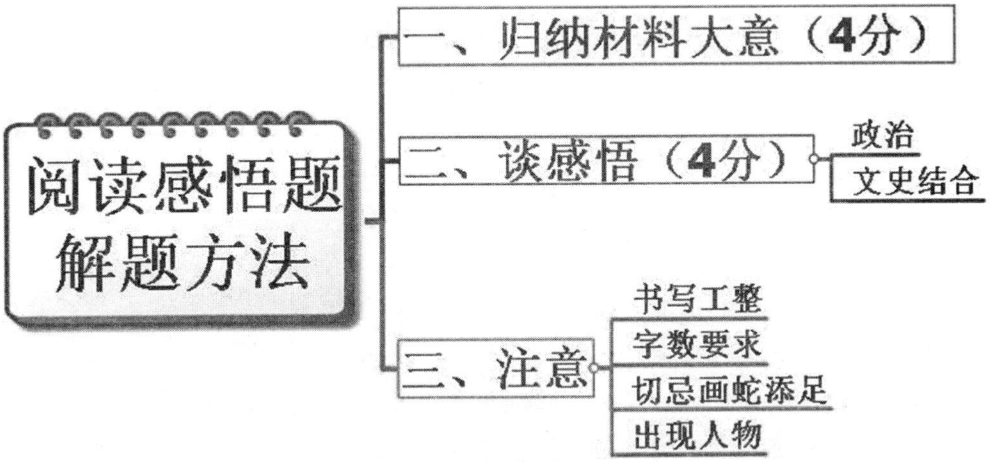

图 1.21　“阅读感悟题解题方法”思维导图

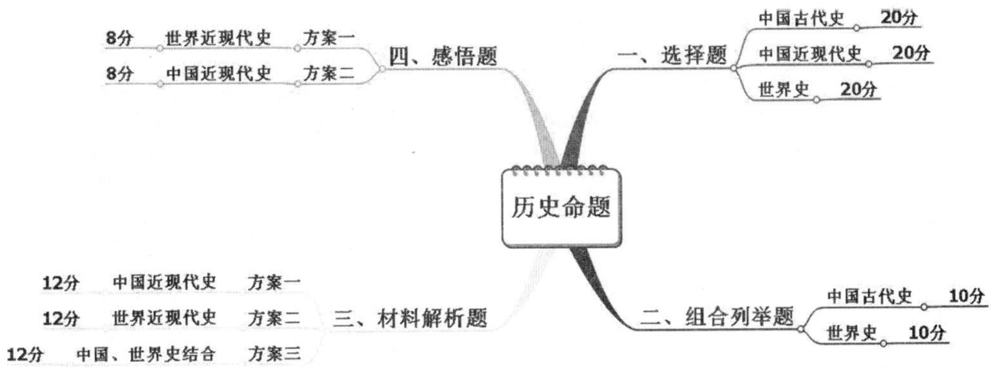

图 1.22　“历史命题”思维导图

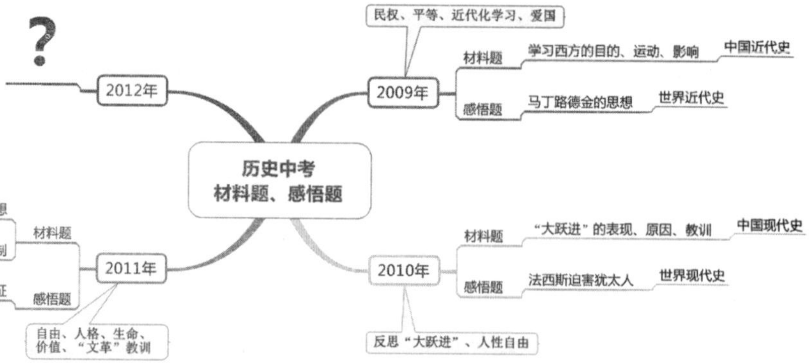

图 1.23 "历史中考材料题、感悟题"方向分析思维导图

四、辐射提升阶段

第四阶段为从 2013 年至今的辐射提升阶段。

前面三个阶段可以说是我一人走在探索的路上，第四阶段则有一些老师加入队伍与我同行，思维导图教学探索进入学科辐射、理论提升阶段。

(1) 受班主任的邀请，在十几个班级开展关于思维导图、快速记忆的学习方法讲座。

图 1.24 思维导图学习讲座

(2) 2013 年 10 月 15 日，送教下乡，思维导图走进漳州平和县第六中学的课堂。

图 1.25　思维导图走进支教课堂

(3) 先后有英语、物理、道德与法制、语文等学科教师加入思维导图教学探索的队伍中，一场自下而上的教学实验改革悄悄进行着。

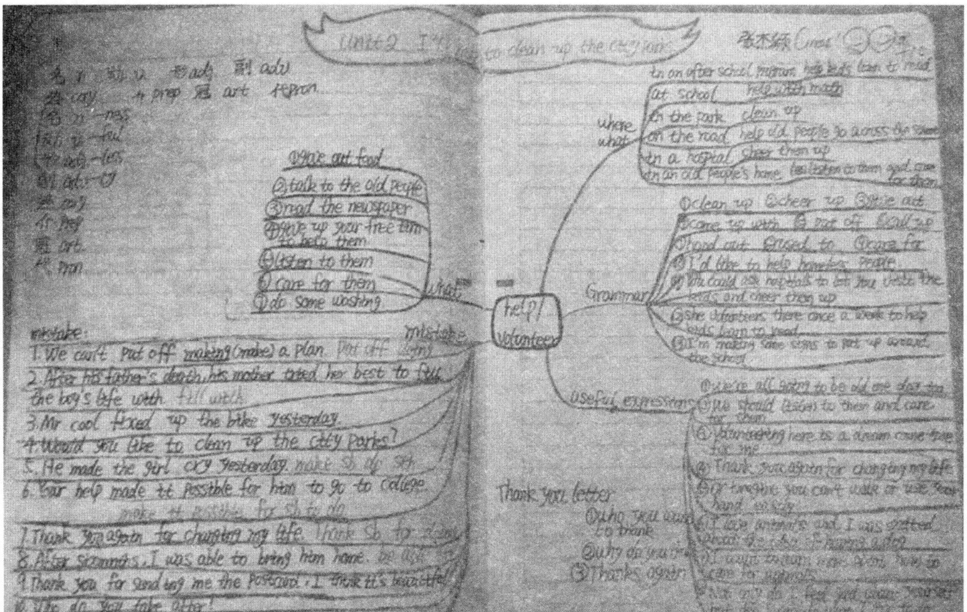

图 1.26　英语学科林卿老师指导学生绘制的“词汇应用”思维导图

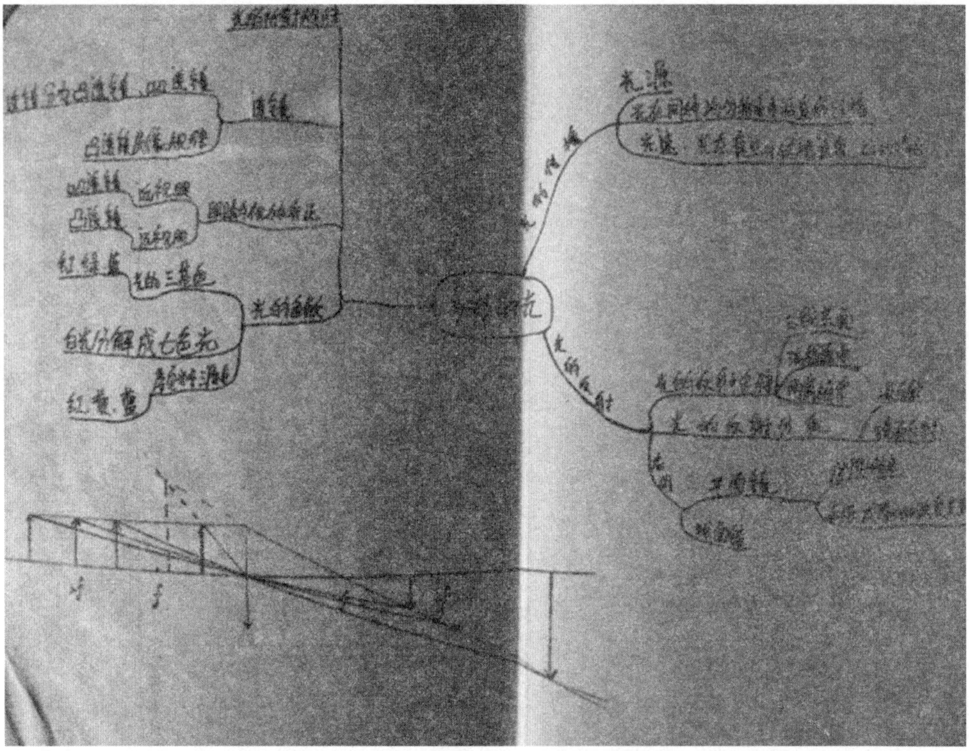

图 1.27　物理学科杨冬梅老师指导学生绘制的“九年级复习”思维导图

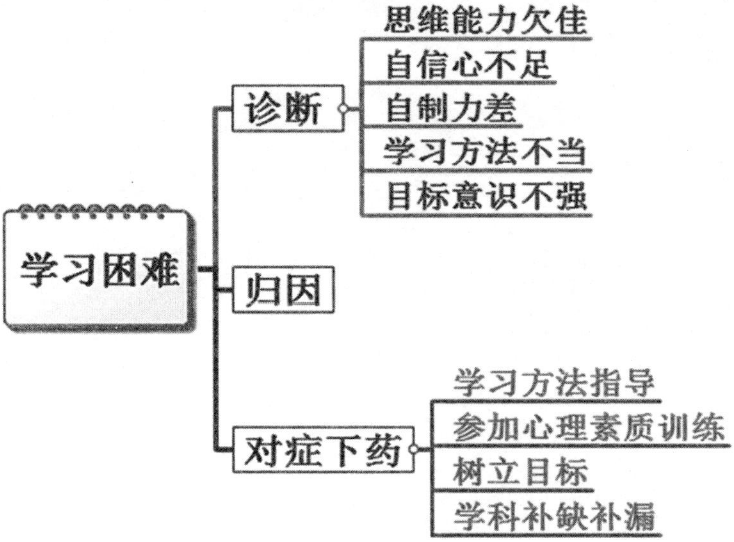

图 1.28　道德与法制学科沈倩倩老师的“主题班会”思维导图

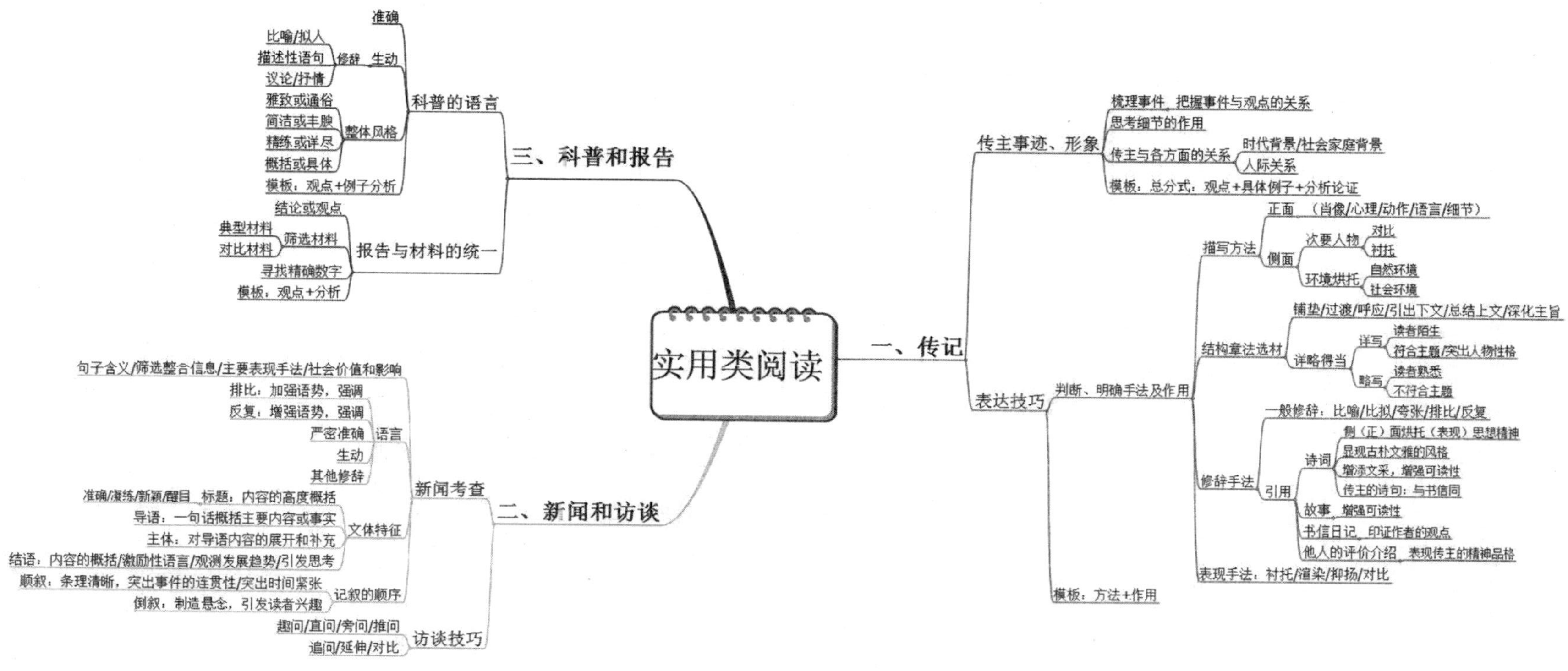

图 1.29　语文学科汤露老师的“高三复习”思维导图

（4）“以‘思维导图’为基点的初中历史课堂教学应用研究”，获得厦门市教科院立项通过（课题编号：zsx2014096），其开题报告思维导图见图 1.30。

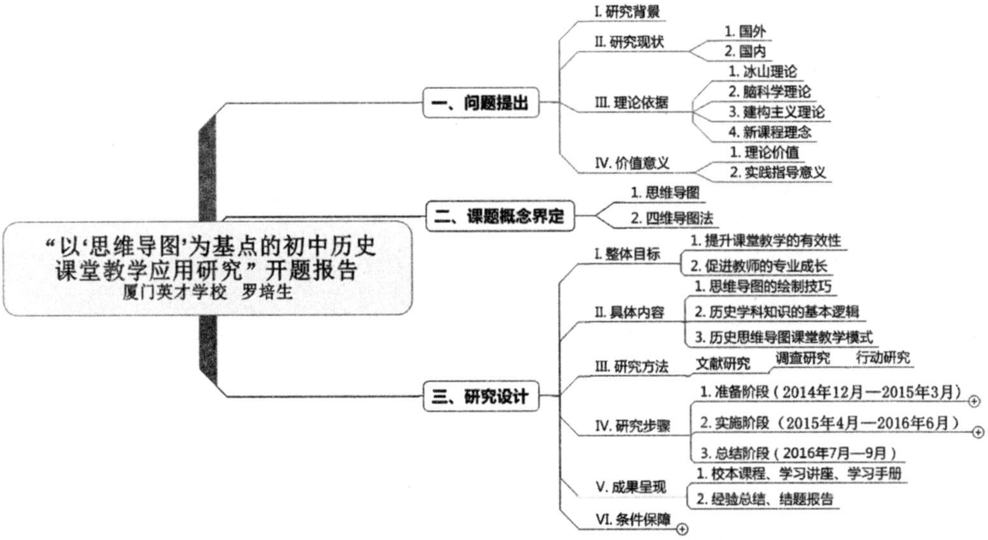

图 1.30　“以‘思维导图’为基点的初中历史课堂教学应用研究”开题报告

（5）2015 年，在这几年教学实践和课题研究的基础上，我把所思、所想、所做进行总结提升，在马蔚斌老师的建议和指导下，完成了本书的编写。

它的编写只是对我这几年教学探索的记录、总结、提升，希望能为下一阶段教学的开展提供更有力的理论、实践指导。它呈现的是一种理念、方法，介绍的是一系列的学习支架工具，全书虽然更多的是以历史学科为例，但它也同样适合其他学科，欢迎更多的教师加入，也恳请各位同人批评指正。

第四节　思维导图教学法概论

一、思维导图教学法的理论依据

1. 脑科学理论——左右脑分工理论

美国心理生物学家罗杰·斯佩里通过著名的“割裂脑”实验，证实了大脑不对称性的左右脑分工理论，因此荣获 1981 年诺贝尔生理学和医学奖。

由“割裂脑”实验得知：左脑主要负责逻辑理解、记忆、时间、语言、判断、排列、分类、分析、书写、推理、抑制、五感（视、听、嗅、触、味觉）等，思维方式具有连续性、延续性和分析性。因此左脑可以被称作“意识脑”“学术脑”“语言脑”。

右脑主要负责空间形象记忆、直觉、情感、身体协调、视知觉、美术、音乐节奏、想象、灵感、顿悟等，思维方式具有无序性、跳跃性、直觉性等。斯佩里认为右脑具有图像化机能，如企划力、创造力、想象力；与宇宙共振共鸣机能，如第六感、透视力、直觉力、灵感、梦境等；超高速自动演算机能，如心算、数学；超高速大量记忆机能，如速读、记忆等。右脑像万能博士，善于找出多种解决问题的办法，许多高级思维功能都取决于右脑。只有把右脑潜力充分挖掘出来，才能表现出人类无穷的创造才能。所以右脑又可以被称作“本能脑”“潜意识脑”“创造脑”“音乐脑”“艺术脑”。

右脑的神奇功能征服了全世界，斯佩里为全人类做出了卓越的贡献，受到全世界人民的爱戴，被誉为“世界右脑开发第一人”，其重要研究成果是人类大脑科学研究的重大里程碑。

人的左脑主要从事逻辑思维，右脑主要从事形象思维，是创造力的源泉，是艺术和经验学习的中枢。一些资料显示，右脑的存储量是左脑的 100 万倍。然而现实生活中 95%的人，仅仅使用了自己的左脑。有人甚至指出，人类的大脑功能异常强大，大多数人只运用了大脑的 3%～4%，其余的都沉寂在右脑的潜意识之中。这种说法也许比较夸张，但人的大脑的确蕴藏着极大的潜能，这种潜能至今还“沉睡”着，所以深入挖掘左右脑的智能区非常重要。

按照左右脑分工理论，我们日常的学习侧重的是左脑，对于右脑的功能使用甚少。思维导图中的文字、逻辑等因素体现的是左脑的功能，色彩、图片、线条的层次感等因素体现的是右脑的功能。使用思维导图进行学习能协调左右脑的功能，充分发挥大脑的学习潜能，使我们的学习效率最大化。

2. 冰山理论①

该理论的基本构架最初由著名心理学家弗洛伊德提出，主要是以比喻的方式来介绍他的人格理论。他认为人的人格就像海上冰山一样，露出来的仅仅是一小部分，即有意识领域，剩下的绝大部分处于潜意识领域，而恰恰是潜意识的部分在很大程度上决定了人的行为。后来，经其他心理学流派的补充，冰山理论日趋完善，并被广泛应用于心理学、医学、管理学等领域。

另外，在文学领域，著名作家海明威也提出过冰山理论。1932 年，海明威在他的纪实性作品《午后之死》中，第一次把文学创作比作漂浮在大洋上的冰山，他说：“冰山运动之雄伟壮观，是因为他只有八分之一在水面上。”意思是说在文学作品中文字不过是“八分之一”，情感和思想才是“八分之七”。

① 参考刘濯源老师发表于其博客上的《通过系统创新实现素质教育“软着陆”——关于“素质教育冰山模型”的构建与应用》一文。

总之，冰山理论就是指冰山“可见的部分”（显性因素）只是整体的一小部分，而那些隐藏在“海平面”以下的部分（隐性因素）才是真正的主体，也恰恰是起着决定作用的部分。所以，无论是做研究、做管理，还是做教育，冰山理论都提醒我们千万不要浮在表面，不要被可见的“冰山一角”所迷惑，要有大局观和整体概念，否则就会“一叶障目而不见森林”，无法把握全局，无法抓住重点。

依据冰山理论，显性因素属于露在外面的“冰山一角”，而隐性因素才是真正的主体，所以显性因素必然由隐性因素来决定。新课程的三维目标包括知识与技能、过程与方法、情感态度与价值观，其中“知识目标”和“过程与方法目标”属于显性因素，可见、可评价；而“技能目标”和“情感态度与价值观目标”则属于隐性因素，尤其是思维、信念层面的，它们往往是隐藏在背后的，很难被规范和考量，但是对学科教育价值的发挥起决定作用的是这些隐性因素，然而传统教学对这方面的教育（尤其是思维的训练）是有所欠缺的。借助冰山理论，通过思维导图进行教学，能够很好地弥补这一不足。

3. 建构主义理论

建构主义是认知心理学派的一个分支。建构主义理论中的一个重要概念是图式，图式是指个体对世界的知觉理解和思考的方式，也可以把它看作心理活动的框架或组织结构。图式是认知结构的起点和核心，或者说是人类认识事物的基础。

建构主义提倡在教师指导下、以学生为中心进行学习，也就是说，既强调学生的主体作用，又不忽视教师的指导作用。教师是意义建构的帮助者、促进者，而不是知识的传授者与灌输者。学生是信息加工的主体、是意义的主动建构者，而不是外部刺激的被动接受者和被灌输的对象。学生要成为意义的主动建构者，就要在以下几个方面发挥主体作用。

（1）要用探索法、发现法去建构知识的意义。

（2）在建构意义的过程中要主动去搜集并分析有关的信息和资料，对所学的知识要提出各种问题、假设并努力加以验证。

要把当前学习内容所反映的事物尽量和自己已经知道的事物相联系，并对这种联系进行认真的思考。联系与思考是意义建构的关键。如果能把联系与思考的过程同协作学习中的协商过程（即交流、讨论的过程）结合起来，建构意义的效率会更高、质量会更好。

建构主义理论认为，学习并非对教师所授予知识的被动接收，而是学生以自身已有知识和经验为基础对所学知识的主动探索、主动发现和对所学知识意义的主动建构。思维导图就是把大脑的所思所想按照一定的维度，以图文并茂的方式进行可视化的一个工具，它侧重的是主动思考，培养的是自主学习能力。因此，应用思维导图进行学习完全符合建构主义理论。

4. 新课程理念

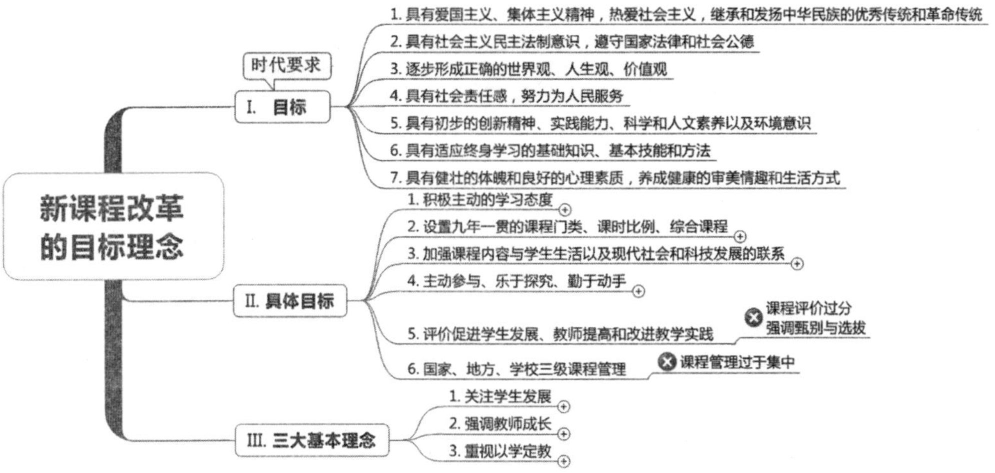

图 1.31　新课程改革的目标理念

这张思维导图呈现的是新课程改革的目标和理念，新课程非常注重学生“学会学习、学会思考，达到终身学习的发展目标”。接下来我们以《义务教育历史课程标准（2011 年版）》（以下简称“历史新课标”）为例，了解对历史学科是怎么具体要求的。

【第二部分　课程目标】

通过多种途径感知历史，学会从当时的历史条件理解历史上的人和事，并经过分析、综合、概括、比较等思维过程，形成历史概念，进而认识历史发展的时代特征和历史发展的基本趋势。

【第四部分　实施建议】

注意历史知识多领域、多层次的联系。

力图从整体上把握历史，而不是孤立、分散地讲述历史知识。特别要注意历史发展的纵向联系、同一历史时期的横向联系、历史发展的因果联系、历史现象与现实生活之间的联系，以及历史学科知识与其他相关学科知识的联系和渗透等。如历史上重大改革的发生，往往有着政治、经济、社会、文化等方面的因素，需要对这些因素进行综合的考察。

思维导图被誉为开启大脑的“瑞士军刀”，是思维训练的利器。在绘制思维导图的过程中必须不断地对知识进行分析、综合、概括、比较，这就是思维的过程，纵横关系、因果联系、知识渗透、政治、经济、社会、文化等因素都是我们绘制历史学科思维导图的重要维度。所以思维导图学习完全符合新课程的理念。

随着课程改革的深入和历史新课标的修订，提高历史课堂教学效率、建构高效课堂成为教学教研的重要课题。历史新课标中提出，要注重初中学生的心理特征和认识水平，了解学生的生活经验和知识水平，引导学生学会学习，学会思考，注意从整体上把握历史。所以，在教学中引进图文并茂的思维导图，完全符合历史新课标中的这些理念，不仅能使教师更好地传授基本知识与技能，而且能使学生在轻松愉悦的环境中享受学习过程，激发学习兴趣。

二、思维导图教学法的内涵解析

1. 思维导图教学法的核心理念

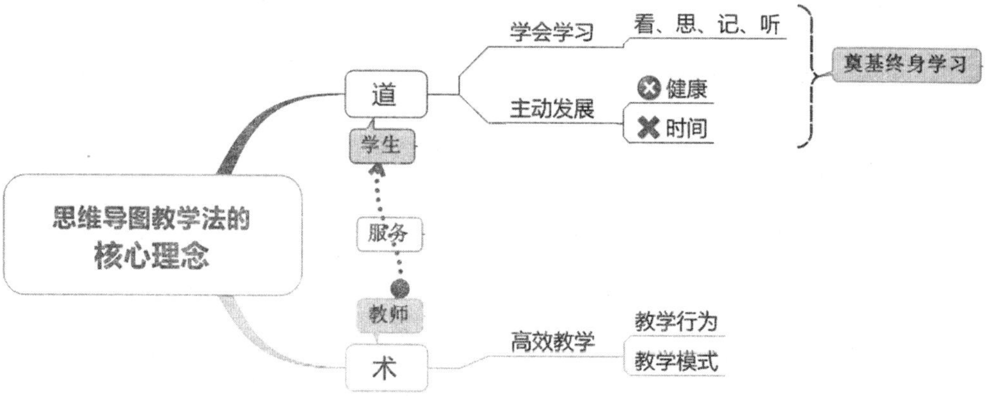

图 1.32 思维导图教学法的核心理念

图 1.32 呈现的就是思维导图教学法的核心理念，它是对新课程改革核心理念的继承和发展，它的提出让新课程教学的“道”的落实变得更为具体，让学会学习、高效学习等理念有据可依，对学校日常教与学的开展具有很强的指导作用。

2. 思维导图教学法的概念

简单来说，思维导图教学法就是以脑科学为基础，以信息技术为支撑，以思维训练为核心，借助快速阅读、思维导图、快速记忆、快速听力等支架工具，进行系统教学的方法（见图 1.33）。

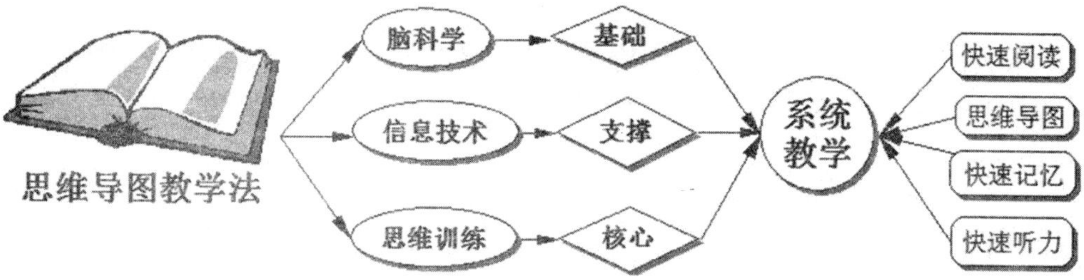

图 1.33 思维导图教学法

（1）以脑科学为基础。

随着现代教育的发展，教育学门派众多，这让我们一线教师有些无所适从。在我们教育学生时经常会说到一句话“要用大脑学习”，可是我们对自己的大脑又了解多少呢？

研究发现，人类对自身大脑的开发和利用并不是 100%，也就是说我们每个人都还有潜力可以挖掘。

因此，思维导图教学法提倡遵循大脑的规律、用大脑喜欢的方式来学习，挖掘大脑潜能，创造无限可能！

（2）以信息技术为支撑。

信息技术的飞速发展促使各行各业急剧变革。在教育领域，网络、移动终端、数字电视、数字化终端等新媒体的普及与广泛应用，掀起了新一轮教育信息化浪潮，呼唤着新一轮的基础教育课程改革，对中小学教师也提出了全新的要求。

面对新形势，教育部印发了《关于实施全国中小学教师信息技术应用能力提升工程的意见》，明确提出："建立教师信息技术应用能力标准体系，完善顶层设计；整合相关项目和资源，采取符合信息技术特点的新模式，到 2017 年底完成全国 1000 多万中小学（含幼儿园）教师新一轮提升培训，提升教师信息技术应用能力、学科教学能力和专业自主发展能力；开展信息技术应用能力测评，以评促学，激发教师持续学习动力；建立教师主动应用机制，推动每个教师在课堂教学和日常工作中有效应用信息技术，促进信息技术与教育教学融合取得新突破。"

另外，"00 后"的孩子是伴随着信息化成长的，可以说他们都是"数字化的原住民"。如果我们继续用昔日的方法教育学生，将剥夺学生的未来。我们只有用数字化的教学理念去教育学生才能更好地适应这一发展趋势。思维导图教学法的应用涉及图像的编辑，音频、视频的录制和编辑及各种软件的应用等众多信息技术，所以思维导图教学法适应了这一趋势，以信息技术为支撑，关注的是学生未来的教育、未来的发展。

（3）以思维训练为核心。

随着学生学段的升高，思维训练的重要性与日俱增，但是思维看不见、摸不着，其训练是我们传统教育的一个"软肋"，因此思维可视化教育应运而生，并成为教育的一个热门话题。我们可以借助思维导图、模型图、流程图、概念图等支架工具，把思维可视化，增强学生对知识的理解和记忆，进而提升学生的学习效率。

关于思维呈现工具，很多人会问思维导图与概念图、思维地图有什么区别，请看图 1.34 和图 1.35。

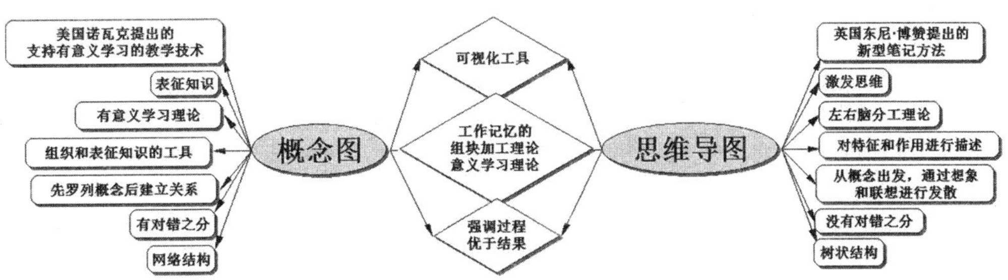

图 1.34　概念图与思维导图的异同

图 1.34 是思维地图中的双气泡图，它呈现的是概念图和思维导图的异同比较。概念图是美国康奈尔大学的诺瓦克博士根据奥苏贝尔的有意义学习理论提出的一种教学技术。概念图和思维导图被形容为可视化工具的“孪生兄弟”，两者之间有相同之处也有区别。图 1.34 中间的部分是相同点，两旁的部分是不同点，从上到下依次是历史渊源、直接目的、理论基础、定义、制作步骤、评判标准、表现形式。概念图和思维导图是不同人在不同场合为解决不同问题而提出来的可视化认知工具。在进行思维激发、整理等工作时，思维导图比较适合，在要学习、记忆的概念较多且关系较复杂时，概念图更适合，在具体应用时两者是可以互相借鉴的。

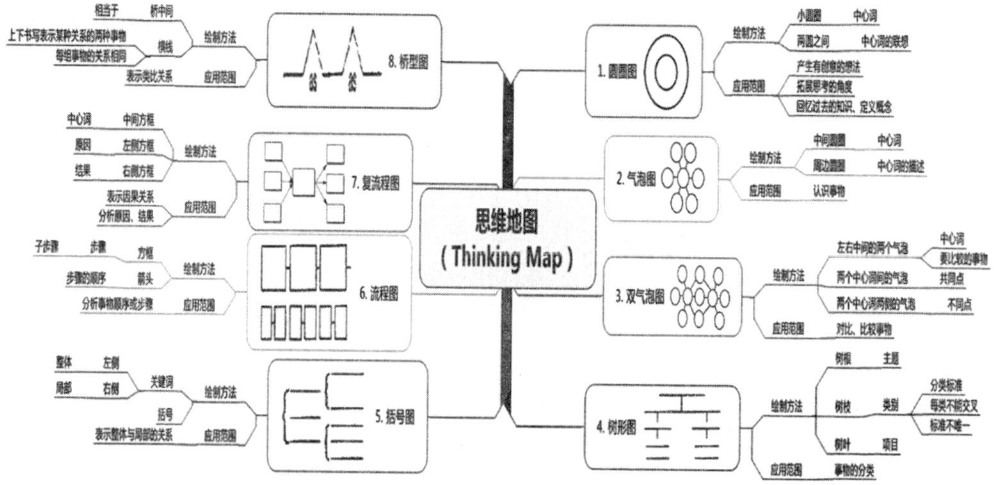

图 1.35　思维地图

图 1.35 介绍的是思维地图，思维地图是 David Hyerle 博士在 1988 年开发的一种帮助学习的语言工具。它的开发建立在语义学、认知心理学等理论基础之上。惠特学院的 Albert Upton 和 Richard Samson 在语义学和认知心理学的基础上，共同研究创建了“Upton－Samson”模式，此模式用来促进学生对知识的理解，提高小组合作解决问题的能力等。David Hyerle 博士便以此模式为指导，开发了思维地图。思维地图能够促进学习者进行交流和思考，也能从中了解学习者如何与其他学习者进行交流。人类具有最基本的交流语言，如字母、数字、科学符号、音乐符号、软件编码、国际手语、盲文等，所有这些语言都有基本的认知结构，如排序、分类、比较等。思维地图便基于这种认知结构，发展出八种基本类型。

（4）借助快速阅读、思维导图、快速记忆、快速听力等支架工具。

思维导图教学法是在四维系统学习法的基础上提炼出来的，它遵循阅读、理解、记忆、巩固的学习规律，涉及的内容非常广泛，借助快速阅读、思维导图、快速记忆、快速听力等支架工具，真正落实新课程教学的核心理念，其中思维导图是最重要的工具。

3. 思维导图教学法的特点

思维导图教学法具有以下特点。

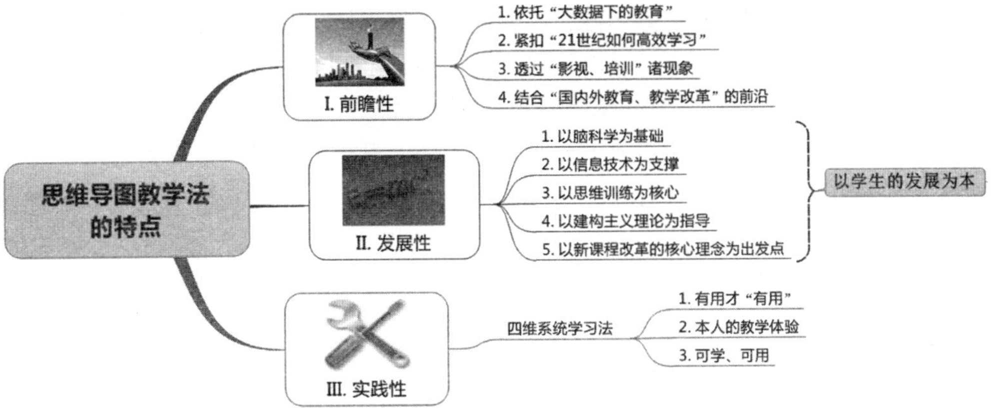

图 1.36　思维导图教学法的特点

（1）前瞻性。

思维导图教学法是我依托“大数据下的教育”这个时代背景，紧扣“21 世纪如何高效学习”这个热门话题，透过“影视、培训、教辅市场”等生活现象，结合“国内外教育、教学改革的前沿”提出的，这一教学方法未必适合全体教师，但它是一位一线教师的积极思考，是一种有益的尝试。

（2）发展性。

① 以脑科学为基础，提倡用大脑喜欢的方式来学习，让学习回归自然。

② 以信息技术为支撑，提倡教学要适应教育信息化的发展趋势，关注学生的未来。

③ 以思维训练为核心，突破传统教育的瓶颈，借助思维导图等支架工具，把思维可视化，增强学生对知识的理解和记忆。

④ 以建构主义理论为指导，用图式的方式诠释知识，把新课程改革最重要的教育理论落到实处。

⑤ 以新课程改革的核心理念为出发点，提出了一些具体的解决办法，有利于实现新课程改革的发展目标。

（3）实践性。

快速阅读、思维导图、快速记忆、快速听力就是四种学习支架工具，它们的应用需要一些理念来支撑，而工具的威力也只有在实际应用中才能得以体现，正所谓“有用才‘有用’”。它们都是基于我在教学中的一些亲身体验提出的，目的是让教师觉得可学、可用。

三、思维导图教学法的教学价值

1. 开展思维可视化教育，提升学习品质

学习能力包括注意力、观察力、记忆力、思维力、想象力、创造力、理解力，以及语言表达能力、操作能力、运算能力等。随着学生核心素养的确定，各学科的核心素养也纷纷出炉，大多数学科素养都指向与思维相关的素养。从中我们可以看出，思维能力是学习能力中最为核心的能力，所以思维训练显得尤为重要。然而在传统教育中思维训练更多的是靠教师的“说”、学生的“悟”来完成，它是传统教育的一个“软肋”。因此，思维可视化教育应运而生。

思维可视化是指运用一系列图示技术把本来不可视的思维（思考方法和思考路径）呈现出来使其清晰可见的过程。可视化后的思维更有利于理解和记忆，因此可以有效地提高信息加工及信息传递的效能。实现思维可视化的技术主要包括两类：图示技术（思维导图、模型图、流程图、概念图等）及生成图示的软件技术（MindManager、MindMapper、FreeMind 等）。

思维导图就是把大脑中的所思所想，按照一定的维度，借助图文并茂的方式使之可视化的一个工具。其中的导图是形式，思维才是核心。运用思维导图进行学习，就能充分协调左右脑，最大限度地开发我们的学习潜能，提高学习效率，提升学习品质。

2. 培养学生的自主学习能力

2015 年，我校初中部开始实施“晚自习老师不进班级，把时间还给学生”的举措，以期达到培养学生的自主学习能力的目标。如何培养学生的自主学习能力？思维导图就是一个很好的训练工具。思维导图学习中很重要的一个目的就是培养学生主动思考、自主学习的能力，这无疑与学校的目标是相符的。于是我率先在教学中尝试应用思维导图这一工具，不断与教师、学生分享，使越来越多的教师和学生加入学习、应用思维导图的队伍中来，学生在历史学科中掌握了思维导图的绘制方法后，也将其应用到其他学科的学习上，如图 1.37。

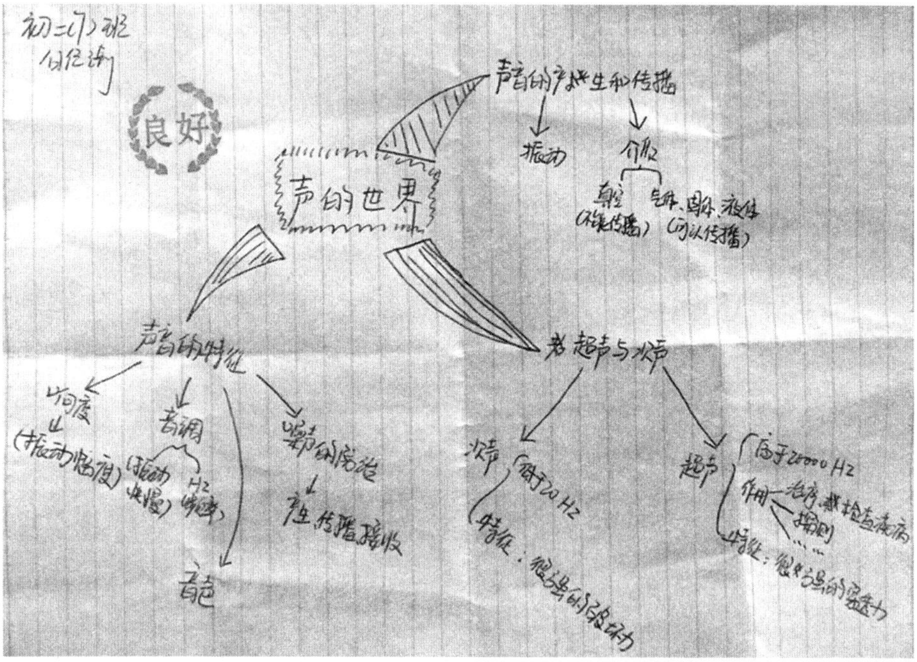

图 1.37　八年级物理

学生拿着一幅幅五颜六色、图文并茂的思维导图笔记进行学习，心情肯定不一样；当学生绘制好一幅精美的思维导图时，感觉它就像一件艺术品，学习的成就感油然而生，学习的自信心也会随之增长，这个过程体现了“乐学”。

每张思维导图体现的都是学生的主动思考，“这个地盘我做主，我怎么思考我就怎么画”，熟练掌握这个方法后，不论学习哪一门学科，使用起思维导图来都能得心应手。其实，不单单是学习，思维导图对以后的工作也有不小的影响，这个过程体现了“会学”。

思维导图呈现的是发散性思维，只要坚持着画，就是在训练思维能力，以后碰到问题自然会想到从多个角度去解决；只要坚持使用思维导图，自主学习能力就能加强，成绩定会提升，这个过程就是“学会”。

学生乐学、会学、学会，就是我们新课程改革要达到的目标——高效学习。

3. 适应教育信息化发展需要，提升信息涵养和信息技术应用能力

2015 年 5 月国际教育信息化大会在山东青岛开幕，习近平同志在贺信中明确提出：当今世界，科技进步日新月异，互联网、云计算、大数据等现代信息技术深刻改变着人类的思维、生产、生活、学习方式，深刻展示了世界发展的前景。因应信息技术的发展，推动教育变革和创新，构建网络化、数字化、个性化、终身化的教育体系，建设“人人皆学、处处能学、时时可学”的学习型社会，培养大批创新人才，是人类共同面临的重大课题。

2015 年 7 月，中国学习与发展大会在北京召开，这是一场教育信息化的盛宴。本次大会以“基础教育变革：未来教师、未来教室、未来教育”为主题，探讨现阶段社会环境下教育教学改革的方向。

教育信息化俨然成为时代发展的要求，可是对这个趋势很多教师知之甚少，有的教师感觉力不从心。在这几年的工作、学习中，我致力于提升自己的信息素养和技术应用能力，用信息技术支撑我的教与学。下面介绍一些我个人在思维导图教学中经常使用的一些软件，这些技术的应用对教学效果的提升起到了非常大的帮助作用。

（1）美图秀秀：这是一款使用简单、便捷的图像编辑工具，它具有图片特效、美容、抠图、拼图、场景、边框、饰品等功能。21 世纪，人类已经进入了“图像时代”，思维导图、快速记忆、快速阅读都要充分应用图像的功能，有了这款简单、便捷的工具，可以让你对需要编辑的图像“信手拈来”。

（2）QQ 影音：这是一款支持海量格式且占用资源极小的影音播放器，同时还支持视频截取、音视频合并等功能，使用简单，在进行速听训练时是你的得力助手。

（3）格式工厂：这是一款图像、音频、视频等文件格式转换器，一些音频、视频文件播放不了时，使用这款软件进行处理，可以让你的问题迎刃而解。

（4）文语通和音频编辑软件：它们的主要功能是进行音频合成和变速处理，这是速听训练的两款专业软件。

（5）YY 语音：是网络课堂工具，可以进行网络在线课程，其使用能大大拓展传统教育的范畴。

（6）Camtasia Studio：这是一款非常简单的微视频录制软件，用这款软件录制

视频、音频等非常简便、快捷。

（7）思维导图软件：①MindMapper，这是我最初使用的思维导图软件，操作非常简单，适合电脑水平相对一般的人使用，使用熟练后再用其他思维导图软件也就能触类旁通了。②MindManager，是应用最为广泛的一款软件，商务功能强大，为一些职场人士所青睐。③iMindMap，这是思维导图创始人东尼·博赞监制开发的一款思维导图软件，具有手绘的功能，支持3D特效功能，还可以绘制流程图，而且演示效果非常强大。MindManager和iMindMap两款软件相互兼容，都支持激光笔功能，是我个人使用最多的两款思维导图软件。④inspiration，使用方便，可以绘制各种各样的流程图、概念图。

（8）云技术支持的具有网络存储功能的软件：有道云笔记，支持多种附件格式，能够实时增量式同步，并采用“三备份”存储技术，支持网页剪报功能，在网页中看到喜欢的文章不需要复制粘贴，使用这一功能就能将其直接保存在“笔记”中。360云盘和百度网盘都是轻便好用的网络U盘，无限免费空间，大容量，图片、文档、音乐轻松存；备份的文件不占本地空间，能够安全备份所有珍贵照片、文档资料到云端，随时查看，永不丢失；还可以通过手机、网页随时查看。

对这些软件的熟练使用一定能大大提升我们的现代信息技术应用能力，对我们的专业成长、教育教学起到巨大的辅助作用。

4. 促进教师的专业成长

教育改革顺利进行的最关键因素就是教师，教师的专业成长至关重要。基础教育的各项改革对教师的专业成长提出了很高的要求，但是面对各地教育发展的不均衡、教师专业素质的差异、培训机制的不完善等状况，教育改革容易出现“穿新鞋，走老路”的现象。面对教育改革中遇到的问题，我们提倡破旧立新，但是我们要思考：“旧”可以破，“新”如何立？“旧”与“新”如何衔接？现在我们的教育派系很多，专家很多，理论更多，但是一线教师需要的是切实的指导，需要的是教学支架工具。我就是带着这些思考开始教学探索的。

思维导图教学法对教师也提出了很高的要求：以脑科学为基础，以信息技术为支撑，以思维训练为核心。它立足于阅读、理解、记忆、巩固等学习规律，借助快速阅读、思维导图、快速记忆、快速听力四种支架工具进行落实，在此基础上再进行创新。

（1）阅读。

快速阅读的提出适应大数据教育的发展，强调要利用碎片时间进行数字化的阅读，扩大阅读量，提升阅读效率；强调通过视觉机能图、曼陀罗卡片、舒尔特表等工具进行训练，提升阅读速度。阅读速度和阅读效率的提升，是快速阅读的两大标志，这种能力在知识裂变、信息倍增的今天至关重要。

（2）理解。

在教学中强调知识理解的重要性，强调厘清知识间的内在联系，这就是思维的过程，可以说在学习力中思维能力是最为重要的。思维，是看不见、摸不着的，思维导图教学法提倡通过思维导图、概念图、流程图等支架工具进行可视化教育，并特别强调思维导图的应用，强调从“点、线、面、体”四个维度进行训练，从而大大提升学习者的思维品质。思维导图就是一个将思维可视化的工具，能把人的思路呈现出来，学习者边听边看，自然容易理解，教育教学的效率就会大大提升。

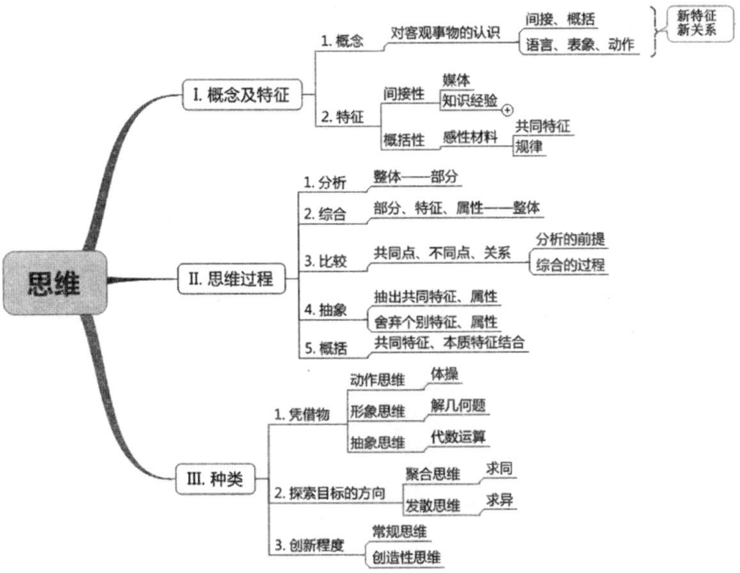

图 1.38　思维

（3）记忆。

英国著名哲学家培根曾说：“一切知识的获得都是记忆，记忆是一切智力活动的基础。”在教学中我们常常会强调记忆方法的重要性，但是如何进行高效记忆呢？在实际应用中，教师们更多的是强调先理解再记忆，更多的是让学生自己思考，这会让学生感到无所适从，困苦不已。图 1.39 是关于记忆的一般概述，这是每一位教师的必修课，但是现实中真正去做的却很少。而思维导图教学法中提到的快速记忆方法，不仅能帮助教师提高记忆能力，也能给教师以指导，使教师能为学生提供一些具体的记忆方法的指导。

（4）巩固。

四维系统学习法提倡遵循艾宾浩斯记忆规律，采用快速听力进行复习巩固，这对文科学习有很大的启示。文科需要学习、记忆的内容多，而且语文、英语的学习都会涉及听力，听是我们接受信息很重要的一种方式。快速听力就是在此基础上，借助信息技术，制作个性化的视听复习材料，采用多样化的方式进行复习，为高效复习提供支架工具的。

由此可见，思维导图教学法遵循教与学的规律，立足于教育教学理论，为教师的具体操作提供了一些支架工具，让教师在此基础上进行创新，使教师获得了专业成长。

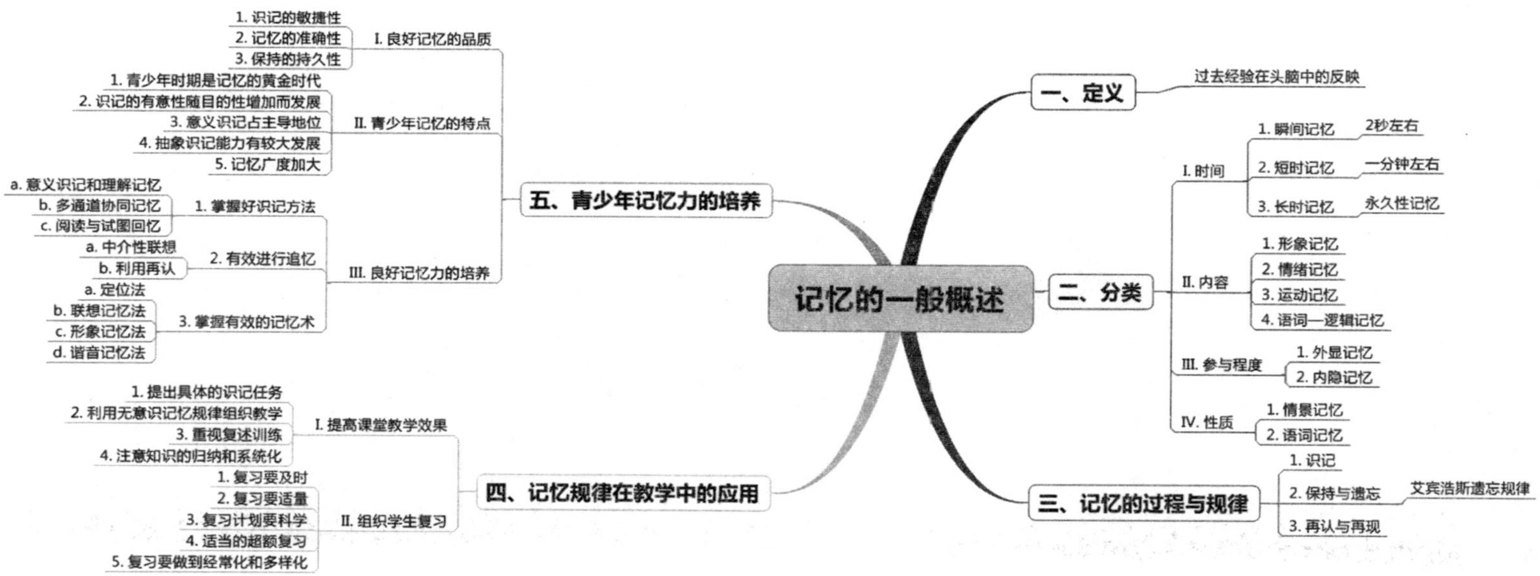

图 1.39　记忆的一般概述

5. 有利于小学、初中、高中的衔接教育

不同学段之间的衔接教育的重要性是众所皆知的，关键是如何进行衔接教育。小学、初中、高中的衔接教育的主要做法都是从学习、习惯、心理、兴趣等方面进行考虑。不过，习惯、心理、兴趣的衔接容易把握，但是学习上的衔接不好落实。

借助思维导图教学法可能就会达到柳暗花明的效果。

思维导图教学法对“学会学习”提出了明确的参考指标，即教学生学会阅读、学会思考、学会记忆、学会听等，然后借助快速阅读、思维导图、快速记忆等支架工具，让有关学生学习方法的教育有据可依。

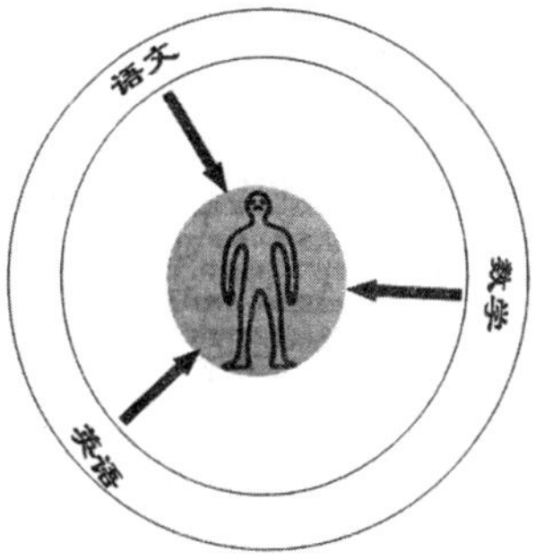

图 1.40

图 1.41

图 1.42

图 1.40 呈现的是小学生的学习状态，由于小学阶段科目较少，用死记硬背的方法，大多数学生也能考出不错的成绩；到了初中，如图 1.41 所示，学习科目明显增多，很多学生继续用小学阶段的方法，结果可想而知，原来轻轻松松就能考 90 分的，现在却可能不及格了。所以，在小升初衔接时，要针对这一阶段学生的特点开展相应的教育——思维导图教学法。

在记忆方法上，以形象记忆为主，用四维系统学习法中的快速记忆法进行训练，让学生掌握串联法、定桩法，通过联想和想象提升他们的记忆能力。针对小学高年级学生，也可以开展思维导图的训练，学生不一定能理解相关的原理，但只要他用“画画”的方式进行学习即可。在阅读训练上，通过使用“引导物”、训练专注力、改进阅读策略等手段，提升学生的阅读效率、阅读速度。如果在小学高年级时教师把这些方法的训练渗透在平时的学习中，等学生升入初中时，就能主动将这种方法用于对各科的学习了。

初中阶段的学习可以在形象记忆的基础上，把快速记忆的三大方法（串联法、定桩法、思维导图记忆法）进一步强化，使学生能够将各种方法熟练应用在各学科的学习中；随着思维能力的发展，在教师的引导下，了解五大常用逻辑（见第二章），提升思维导图的应用能力。到了高中阶段，强化思维训练，熟练掌握五大常用逻辑，提升思维品质，切实提高学习效率。在阅读训练上，中高考的课外阅读要求更高了，阅读速度的提升也很有必要，运用思维导图教学法可以提高学生的阅读效率，使学生的阅读速度达到每分钟 500～600 字。通过思维导图教学法，学生的记忆能力、思维能力、阅读能力都获得了提升，便能如图 1.42 所示，从容应对各科的学习，实现“全脑学习乐作舟”的发展目标。

四、思维导图教学法的实施现状

思维导图教学法的核心是思维训练，思维导图是呈现思维的一种工具。思维导图虽然有诸多好处，但它并未真正走入“寻常百姓家”，并进而成为学习者的亲密伙伴，究竟是什么原因呢？我个人觉得主要有以下三个原因。

1. 教育的功利心作怪

如今，人心浮躁，多追逐名利，教育也不例外。在众多的宣传中，思维导图被包装成“包治百病”的灵丹妙药，很多人就是抱着这种高期望开始使用思维导图的，自己都还没弄明白什么是思维导图，期望值自然达不到，所以后来就放弃不用了。

东尼·博赞说过：当你画够 100 张精品导图时，你才算真正“入门”了；当你画够 1000 张精品导图时，你才算真正“会用”了；当你画够 5000 张精品导图时，你才算真正“领悟”了。要想真正参透其中的奥妙必须善思考、勤练习、多实践。

对知识的学习是需要积累的。同理，对思维导图的掌握也是需要沉淀的。思维导图是一个工具，它的作用是在用的过程中体现出来的，所以也只有在用的过程中才能悟出其窍门所在。

2. 不屑一顾心理作祟

一些人看到思维导图和过去自己常常使用的大括号很相似，就觉得思维导图不过如此，不屑于使用。实际上，我们常常使用的大括号主要是体现整体和部分的关系，只是一种简单的图示，而思维导图因其使用了图形、符号、代码、颜色、线条等辅助手段，在思维激发和思维整理上的功能都超过了传统的大括号，在艺术性方面也更胜一筹，加上各种思维导图软件的辅助，其功能更得到了大大的拓展。

3. 学习应用不得其法

随着互联网技术的发展，思维导图的应用发展很快，其主要途径有互联网课程、社会培训机构、图书。互联网课程主要是指通过 YY 语音、腾讯、网易等网络课堂进行学习，这类课程更多地应用于职场，其训练更多地停留在方法层面，授课教师多为职场人士，一线教师很少，没有把技术与学科深度结合，对学校教育的影响不大。社会培训机构的学习则往往需要支付一笔不菲的费用，这让很多教师望而却步。大多数教师是通过网络和图书接触到思维导图的，这是教师学习思维导图最实惠、最便捷的方式。

比如，我个人对思维导图的学习主要是通过书籍进行的，相关书籍至少购买了 50 本以上。我阅读的这些书籍主要有以下四类。

（1）职场应用类，作者大都是职场人士，一线教学经验不足，侧重相关方法介绍，关于学科的应用案例都是浅层次的。

（2）教辅资料类，也用到思维导图元素，但只是换一种形式呈现知识点，并没有阐述具体的应用方法，其学习的有效性值得商榷。

（3）专家学者类，这类书籍对于方法的介绍很系统，侧重于理论研究，与学科的深度融合不够。

（4）一线教师类，这类书籍非常少。

关于思维导图的学习、应用，大多数教师都是通过自学形式进行的，然后在实践中独自摸索，这个过程是比较艰难的，虽然投入了很大的热情和精力，但由于缺乏对思维导图的科学认识和对其使用方法的掌握，在具体应用中会存在很多不足，效果始终不明显。我个人就是这样一步步在困惑、迷茫中走来的。

总之，受这三种因素的影响，很多思维导图使用者未从“知之者”成为“好之者”和“乐知者”，并最终成为“受益者”。很多人觉得思维导图“没用”，往往是因为他没有“用”，没有坚持“用”，没有把它融入自己的学习、工作、生活之中去“用”，自然也无从感受到它的魅力。

第二章

思维导图教学法的实践应用

新课程改革的核心理念是要求教师的“教”要帮助每一个学生合理、高效地学习，使每一个学生都得到充分发展。新课程教学的“道”是“让每位学生学会学习、主动发展，并奠基终身学习的基础”，新课程教学的“术”则是指为实现这一目标所采取的教学行为、教学模式等，“术”是为“道”服务的。思维导图教学法对落实新课程核心理念具有极大的推动作用，具体从“读、思、记、听”四个维度进行落实，让每位学生会阅读、会记忆、会思考、会听，提升自主学习能力，实现主动发展，这不仅仅是学生时代的需要，更是终身学习所必备的。

第一节　思维导图教学法的实施关键

一、思维导图的绘制

绘制思维导图主要有两种方法：一种是手绘，另一种是软件绘制。早期受信息技术的限制，一般都是手绘；随着软件应用技术的发展，各种思维导图软件“百花齐放”。两种思维导图绘制方法各有千秋，大家可以各取所需，选择自己喜欢的方式呈现思维。

（一）手绘

1. 绘制工具

手绘思维导图工具一般包括纸张、笔、大脑等。

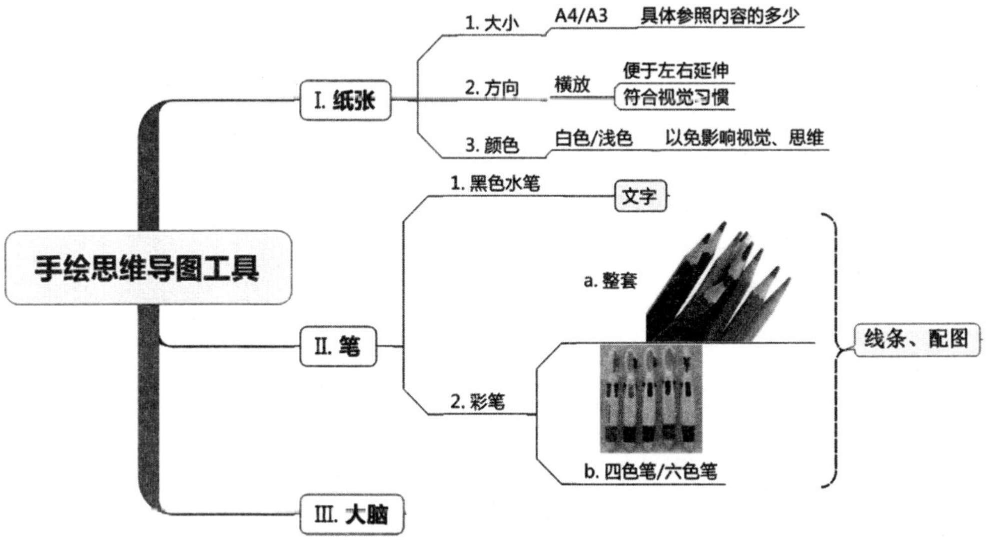

图 2.1　手绘思维导图工具

手绘思维导图时，有时还会用到橡皮擦、涂改液（修正贴纸）、不干胶等，方便绘制时修改、补充、标记。整体来说，有纸、笔就可以信手挥笔来呈现自己的思维内容了。

2. 绘制方法

可以以四步导图法绘制思维导图，见图 2.2。

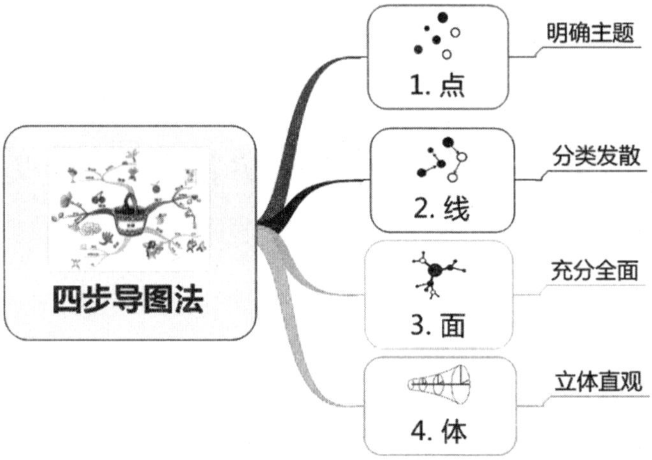

图 2.2　思维导图绘制方法——四步导图法

接下来我们就以人教版九年级上册世界历史中的前 3 个单元（见图 2.3）为例阐述四步导图法的应用。

第一单元　人类文明的开端
　　第 1 课　人类的形成
　　第 2 课　大河流域——人类文明的摇篮
　　第 3 课　西方文明之源
　　活动课一　古代世界文化之旅
第二单元　亚洲和欧洲的封建社会
　　第 4 课　亚洲封建国家的建立
　　第 5 课　中古欧洲社会
第三单元　古代文明的传播与发展
　　第 6 课　古代世界的战争与征服
　　第 7 课　东西方文化交流的使者
　　第 8 课　古代科技与思想文化（一）
　　第 9 课　古代科技与思想文化（二）

图 2.3　人教版九年级上册世界历史部分目录

（1）点——明确主题：确定中心主题，明确绘制对象，好的中心主题可以大大提高思维导图的吸引力（见图 2.4）。

图 2.4　四步导图法——点

【注意点】

① 纸张横放，标题写在纸的中间。

② 中心主题要求图文并茂：文字字体比后面的分支大 2 倍以上，颜色用黑色，白纸黑字符合平时的书写习惯；主题图醒目突出，好的中心主题要求一目了然，能够迅速抓住人的注意力。

（2）线——分类发散：这一环节就是按照一定的维度对中心主题进行展开，形式上是发散，内容上是对主题知识进行分类（见图 2.5）。

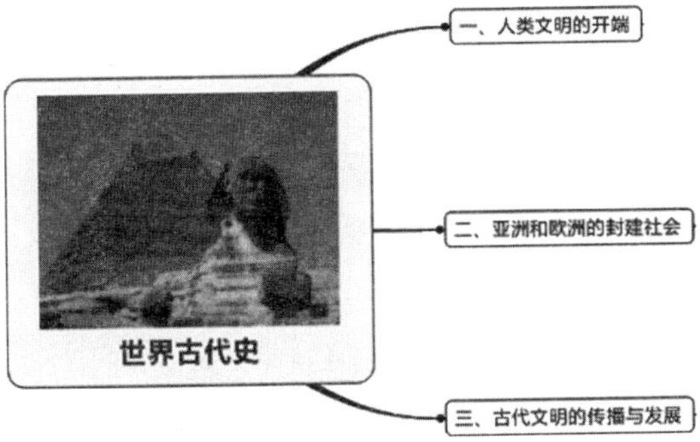

图 2.5　四步导图法——线

【注意点】

① 在这一环节对思维导图进行合理布局，要求平衡美观，具体可以参考以下类型（见图 2.6～图 2.10）。

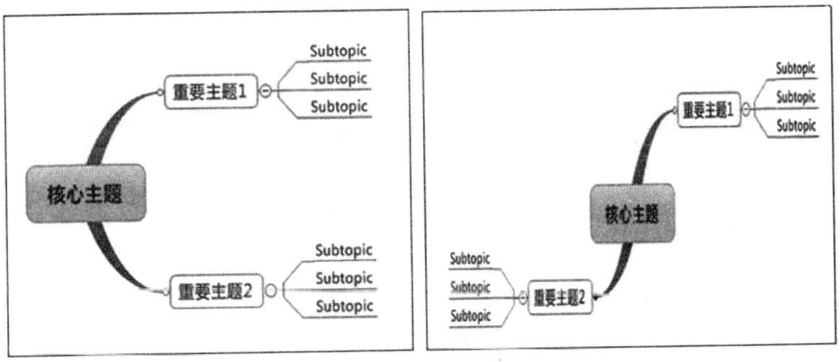

图 2.6　二线导图布局（内容少用左侧的右向型，内容多用右侧的四周发散型）

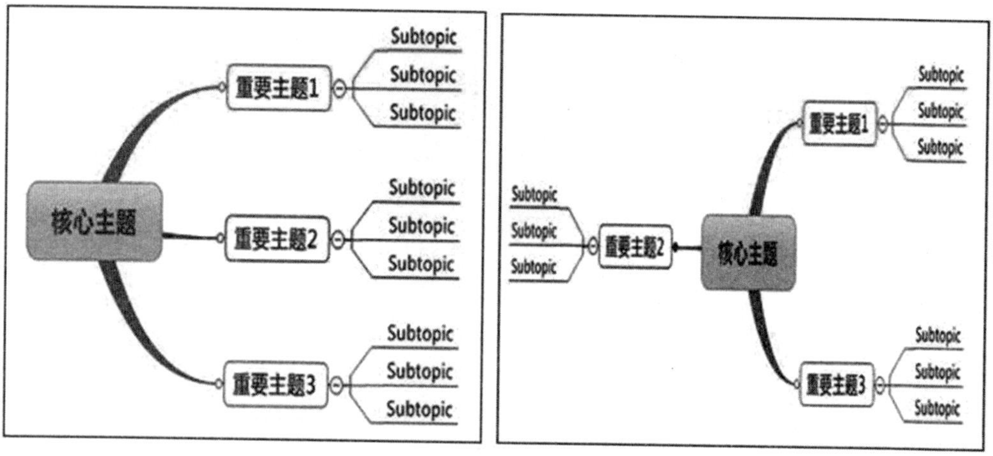

图 2.7　三线导图布局（内容少用左侧的右向型，内容多用右侧的四周发散型）

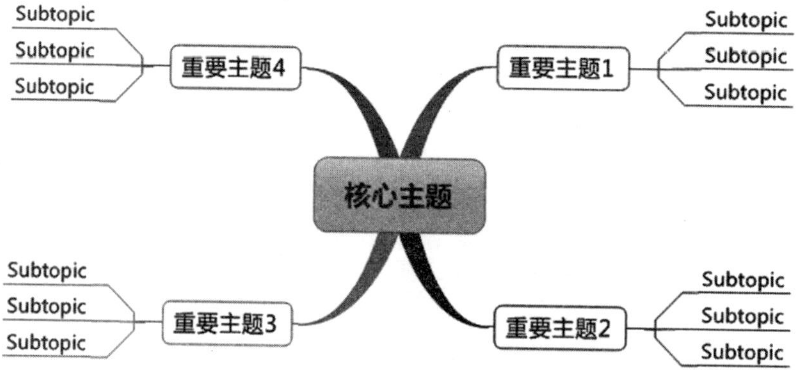

图 2.8　四线导图布局

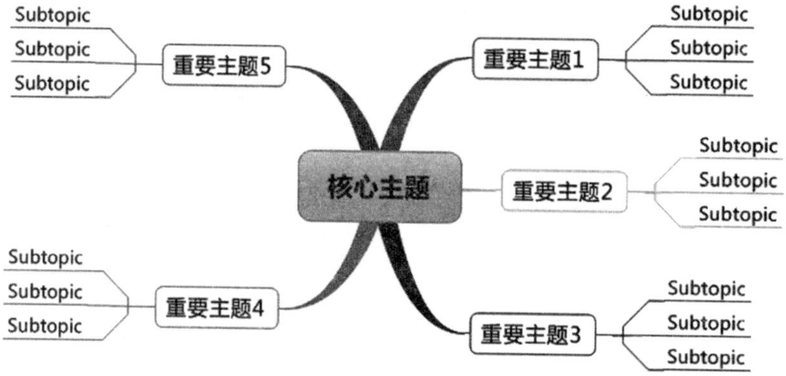

图 2.9　五线导图布局

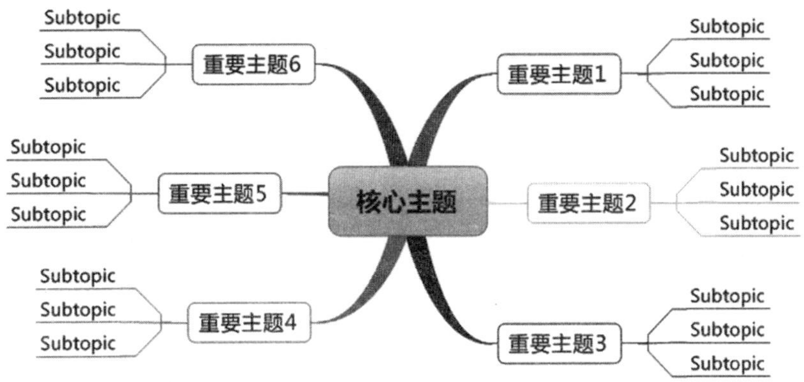

图 2.10　六线导图布局

除以上几种类型外，思维导图的布局还有其他类型（见图 2.11），大家可以根据自己的喜好、需要进行选取。

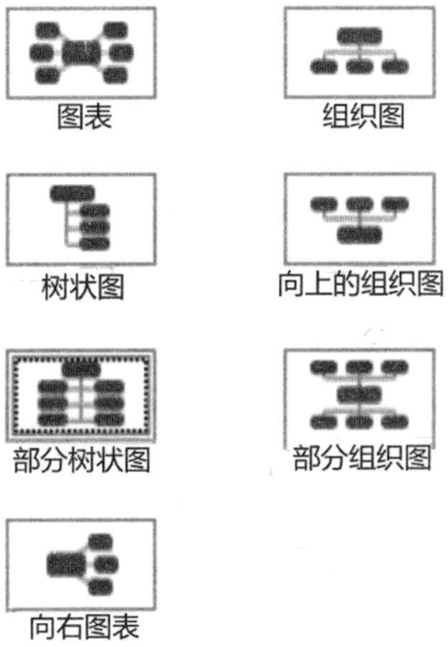

图 2.11　思维导图其他布局类型

② 思维导图的分支最好控制在 3～7 个，超过 7 个就必须再次进行归类，这样更符合记忆规律。

③ 对主题知识进行归类，这个步骤最能体现思维的过程，具体方法会在后文中阐述。

（3）面——充分全面：就是对“点、线”全面展开（见图 2.12）。

【注意点】

① 确保所有知识要点都在思维导图之内，做到不重复、不遗漏。

② 为了便于管理信息、引导思维，建议给所有知识要点标上序号，不同层级用不同类型的序号，以使思维导图的层次更加清晰。

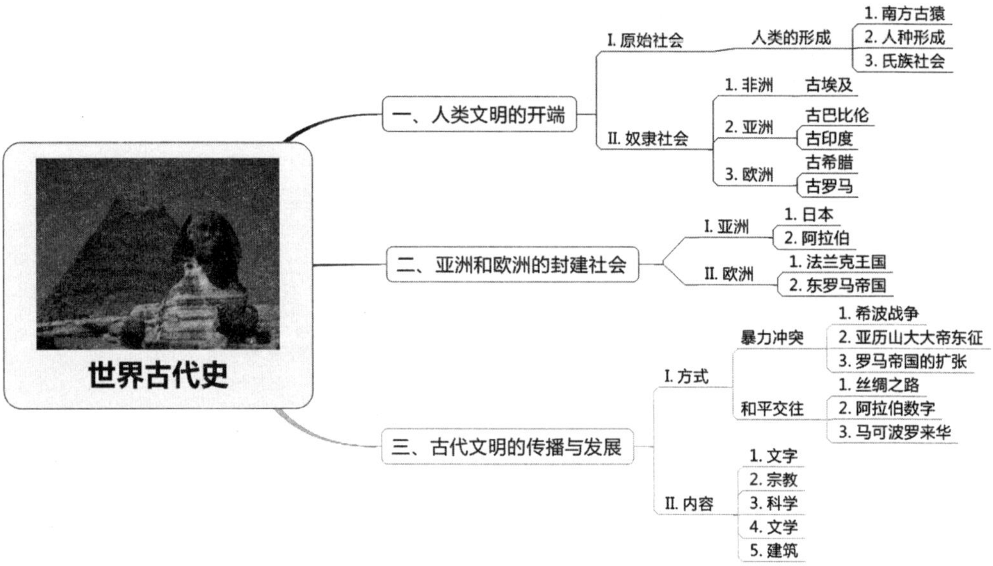

图 2.12　四步导图法——面

（4）体——立体直观：给思维导图配图添色，让它立体、直观地呈现知识（见图 2.13）。

【注意点】

① 文字：统一用黑色字，符合平时的书写习惯；文字写在线条上面，便于管理信息，引导思维；书写要从左到右，先图后文字或者图在上文字在下，以关键词为主，可用短语，少用句子。

② 线条：前后分支线条要连贯；从中心主题往外线条应由粗到细，体现层次感；文字或图有多长线条就多长；一个分支可以用包围线。

③ 配图：不是越多越好，重要或者不好理解的知识才有必要配图，以加深印象；必须与文字有关联；不必追求漂亮，只要自己理解即可，丑点的图片也许更会令人记忆深刻。

④ 色彩：同一分支用同一种颜色，以最为活泼鲜艳的红、黄、蓝、绿为主，少用暗色；上下分支的色彩要有区别。

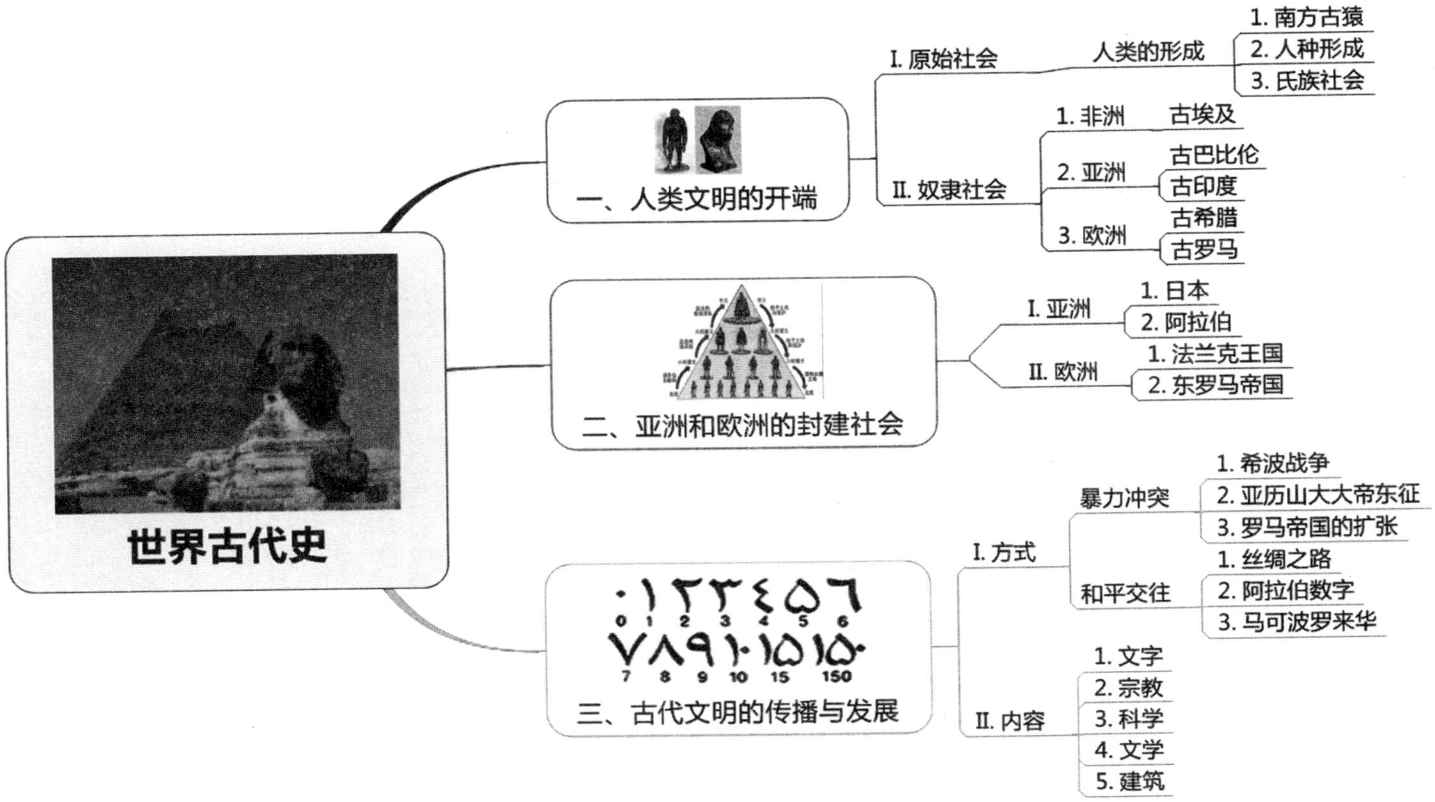

世界古代史
一、人类文明的开端
I. 原始社会
人类的形成
1. 南方古猿
2. 人种形成
3. 氏族社会
II. 奴隶社会
1. 非洲
古埃及
2. 亚洲
古巴比伦
古印度
3. 欧洲
古希腊
古罗马
二、亚洲和欧洲的封建社会
I. 亚洲
1. 日本
2. 阿拉伯
II. 欧洲
1. 法兰克王国
2. 东罗马帝国
三、古代文明的传播与发展
0 1 2 3 4 5 6
7 8 9 10 15 150
I. 方式
暴力冲突
1. 希波战争
2. 亚历山大大帝东征
3. 罗马帝国的扩张
和平交往
1. 丝绸之路
2. 阿拉伯数字
3. 马可波罗来华
II. 内容
1. 文字
2. 宗教
3. 科学
4. 文学
5. 建筑

图 2. 13　四步导图法——体

⑤ 注意反差对比：绘制思维导图的目的之一是加深记忆，对比强烈的东西定会令人印象深刻，所以在绘制过程中要注意图片与文字对比，线条颜色（彩色）与文字颜色（黑色）对比，线条冷、暖色彩对比。

上面我们从四个步骤正面阐述了思维导图的绘制方法，后面备注的注意点都是我在教学、使用过程中总结出来的。建议初学者在绘制思维导图时，按这四个步骤进行，熟练掌握相关技巧后，则不必拘泥于这四个步骤，配图添色从一开始就可以同时进行，这样能提高效率。

（二）软件绘制

用软件绘制思维导图是信息化社会的整体趋势，尽管它不能完全取代手绘思维导图，但是其方便高效，便于保存与传播，为越来越多的职场人士所青睐。现在面世的思维导图软件也越来越多，常见的思维导图软件有 MindManager、NovaMind、iMindMap、XMind、MindMapper、FreeMind 等。我们可以通过软件管家，或各类搜索引擎，或朋友的介绍，找到自己需要的思维导图软件。各种思维导图软件的功能大同小异，大家可以根据自己对软件个性化需求的不同，选择不同的思维导图软件。

（三）手绘与软件绘制的优劣

要弄清楚这个问题，我们首先要理解思维导图的内涵。思维导图就是把大脑的所思所想按照一定的维度，用图文并茂的形式进行可视化的工具。思维导图中的图片、图标、色彩、线条的立体感等体现的是右脑功能，但这些只是“形”；思维导图侧重的是“神”，即思维，只有思维清晰的导图才具有生命力，才能发挥其效能，所以用思维导图进行学习就是调动左右脑的功能，充分发掘大脑的潜能，实现学习效果最大化。另外，我们使用思维导图的目的是简化学习、优化效果，理解了这些之后对于思维导图是手绘好还是软件绘制好就好分辨了。

思维导图是一个思维呈现的工具，无论手绘还是软件绘制，其实都是脑绘，都是对思维的可视化，只是用以呈现的工具有些差异而已。根据我个人的学习经验，建议初学者先手绘，手绘能让注意力更集中，对大脑的刺激更大，进而对内容的印象更深刻，这样更能感受思维导图的效能，能更好地掌握思维导图的绘制技巧。熟练掌握手绘技巧后再使用软件绘制。软件绘制保存方便，便于修改，效率更高。很多初学者一开始就使用软件绘制思维导图，这容易走进误区，即制作思维导图就是使用一个软件而已，因而弱化了对思维的修炼，久而久之就会觉得思维导图不过如此，最后可能就觉得思维导图没用了。

对于学生而言，很多教师建议其高中之前以手绘为主，因为学生自控力较弱，一旦过于依赖电脑，容易得不偿失。但是，教育信息化的发展势不可当，面对伴随数字化成长的学生，如何使用技术支持当前的学习这一问题值得我们思考。根据我的使用经验，可以这样尝试：在星期一至星期五的正常学习中使用手绘“天导图”，周末可以使用软件绘制“周小结导图”，一个月后再综合整理成为“月总结导图”，这样不断循环。这样操作既能照顾到学生的身心健康，又能切实提高学生的学习效率，因为积累的学习资料是最适合自己的。

二、基础思维的训练

在中国学生发展核心素养中，“学会学习”是六大核心素养之一（见图2.14）。怎样才是“学会学习”呢？我个人是这样理解的：“学会学习”就是通过日常教学，教会学生听、说、读、写，使学生形成自主学习的能力。其中，阅读、思维、记忆三种能力至关重要。在各学科核心素养（见图2.15）中，大多指向思维或与之相关的素养，由此可见，思维能力是其中最为核心的能力。在我们的日常教学中，随着学段的升高，教师们也都感觉到了思维能力的重要性，但思维是抽象的，看不见、摸不着，它的训练更多的是靠教师的“说”、学生的“悟”来完成，然而真正能“悟”明白的学生有多少呢？所以，教师们时常发出这样的感叹：“×××怎么这么笨呢，我讲了几十遍，怎么就是不明白呢?!”这说明我们的“说”还不到位，我们的思维训练方法是需要提升的。

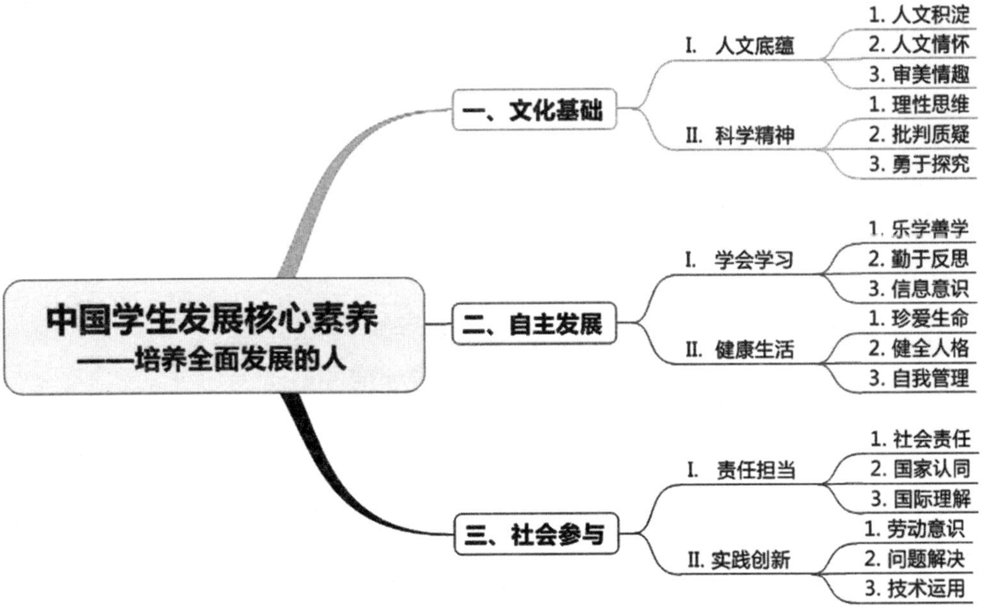

图2.14 中国学生发展核心素养

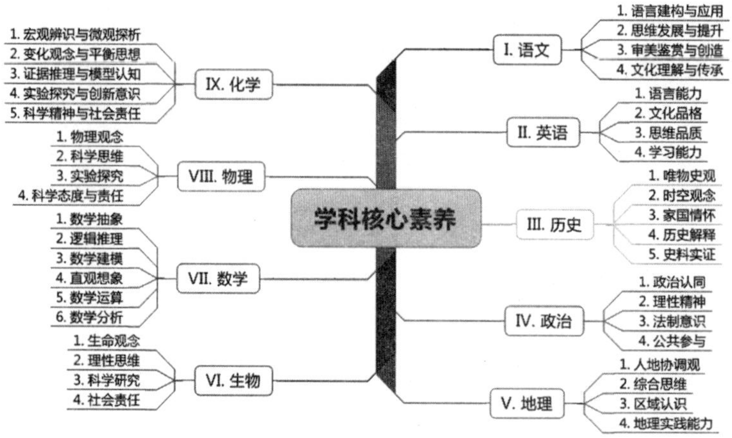

图 2.15　各学科核心素养

思维导图通过不同分支呈现思维，各个分支之间的联系具有一定的规律，这种规律就是分类技巧。那么，如何依据技巧进行思维训练呢？

（一）教育理论中的“思维”

在心理学中，思维是人脑对客观现实概括的、间接的反映，它反映的是事物的本质和事物间规律性的联系。思维过程是运用已有的知识经验，对外界输入的信息进行分析、综合、比较、抽象和概括的过程。我们每位教师都应该非常熟悉思维过程及相关理论，各学科的教学都是在这些理论的指导下进行的，图 2.16 是对思维相关概念的解读，是我们开展思维训练的出发点。

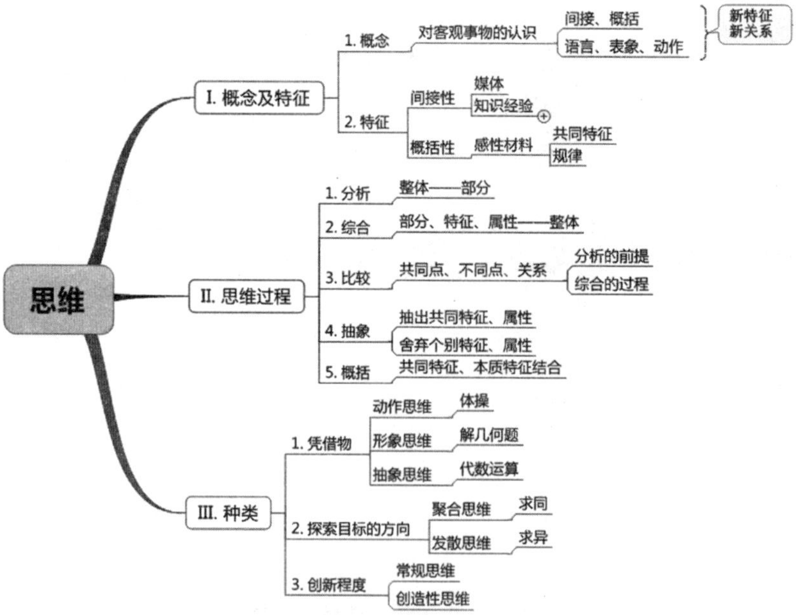

图 2.16　心理学中的“思维”

（二）东尼·博赞的“基本逻辑顺序”

如何有效地激发思维呢？东尼·博赞总结了 11 个技巧，被称为“基本逻辑顺序”（BOI 系统）（见图 2.17）。

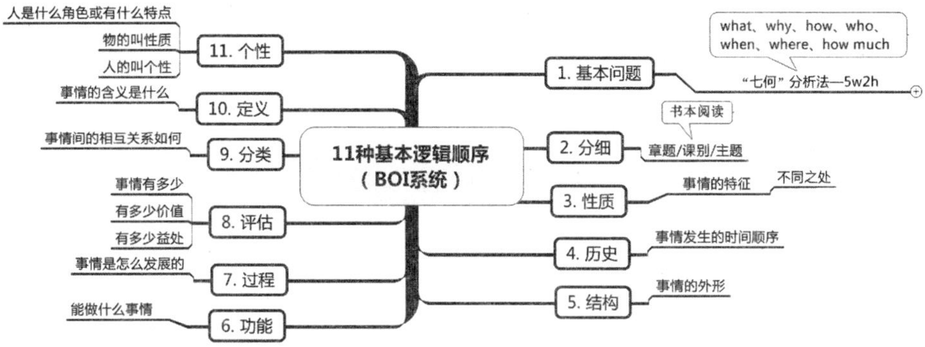

图 2.17　东尼·博赞的 11 种基本逻辑顺序

1. 基本问题

“七何”分析法——5w2h（what、why、when、who、where、how、how much）

5w2h 是一个基本模型，适合应用在对所有问题的分析上。那些不太会思考问题的人，可以从这 7 个元素中选择，进行组合，定能启发灵感。

接下来我给大家提供几个可参考的思维组合。

组合一：what—why—how（是什么—为什么这样—怎么做）。

此组合应用在阅读、上课等学习新知识的时候，直接套用，基本可行。

组合二：why—what—how（问题—分析—方案）。

出现问题时使用，用来找出问题，分析问题，提出解决方案。

组合三：when—where—who—what—how（时间—地点—人物—事件—结果）。

这个组合一目了然，用来分析新闻、事件之类的事情。

2. 分细：章题/课别/主题

这是书本阅读的基本顺序思维。我们读书的习惯都是从大主题开始，逐渐进入小知识点的。

3. 性质：事情的特征

一个事物和其他事物不同的地方，就是它的特征。凡是让你分析事物的性质，就是让你说出它和其他事物的不同之处。

4. 历史：事情发生的时间顺序

针对历史时间，或者回忆时应用。

5. 结构：事情的外形

如果让你从结构上分析一个事物，就是让你从外表进行分析。

6. 功能：能做什么事情

通常我们都会问“这个东西可以干什么”，就是问功能。

7. 过程：事情是怎么发展的

把事情的前因后果列出来，和时间分析有点类似，但不完全按照时间进度来分析。

8. 评估：事情有多少、有多少价值、有多少益处

在评价一件事、总结一件事的时候使用这种思维。

9. 分类：事情间的互相关系如何

按照事物的关系，进行分组归类。

10. 定义：事情的含义是什么

一般用在分析“是什么”的问题上。

11. 个性：人是什么角色或有什么特点

分析物的叫性质，分析人的叫个性。

（三）六顶思考帽

六顶思考帽（见图 2.18）是英国学者爱德华·德·博诺博士开发的一种思维训练模式，是一个全面思考问题的模型。它提供了“平行思维”的工具，避免将时间浪费在互相争执上，强调的是“能够成为什么”，而非“本身是什么”，是在寻求一条向前发展的路，而不是争论谁对谁错。

六顶思考帽在具体应用中，“白帽”是陈述问题事实；“绿帽”是提出解决问题的方案；“黄帽”是评估该方案的优点；“黑帽”是评估该方案的缺点；“红帽”是对该方案进行直觉判断；“蓝帽”是总结陈述，做出决策。

运用六顶思考帽，将会使混乱的思考变得清晰，使团体中无意义的争论变成集思广益的创造，使每个人都变得富有创造性。

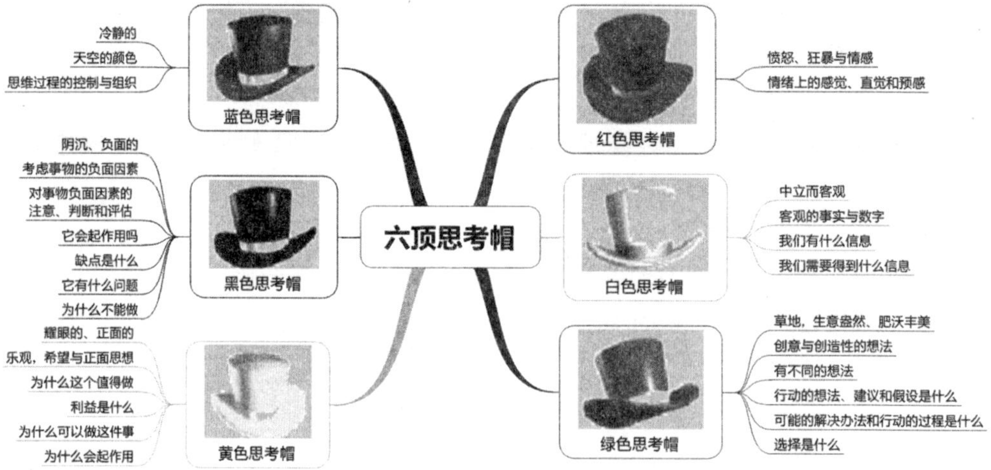

图 2.18　六顶思考帽

(四) 布卢姆的教育目标分类和安德森的认知目标分类

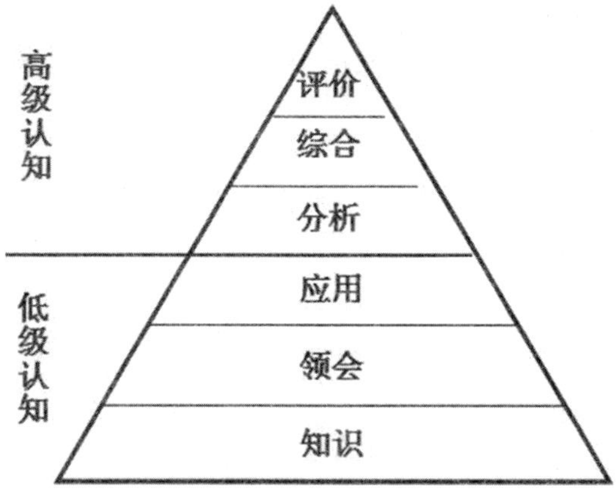

图 2.19　布卢姆教育目标分类 (1986 年)

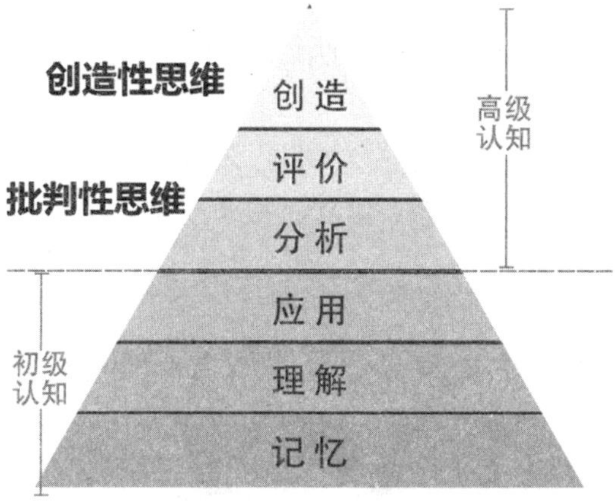

图 2.20　安德森认知目标分类 (2008 年)

如图 2.19，根据布卢姆的教育目标分类，知识、领会和应用属于低级认知能力，而分析、综合、评价属于高级认知能力。如图 2.20，2008 年，安德森等人对布卢姆的教育目标分类进行了修订，其中重要的变化是将“知识”改成“记忆”，将“领会”改成“理解”，将“综合”改成“创造”，并与“评价”换位。从这里可以看出，分析、评价、创造属于高级认知能力。通过进一步分析我们可以发现，分析和评价更多的是“求真”，带有更多的批判性思维成分，创造更多的是“求新”和“求异”，带有更多的创造性思维成分。因此，批判性思维和创造性思维是思维训练的两大导向。

(五) 五大常用逻辑

教育理论中的思维分析，以及专家对思维训练的解读，为我们进行思维训练提供了借鉴。专家关于思维训练的论述很多，作为教师不仅要学习，更重要的是要把它们内化，使之为己所用，成为提升思维能力的利器。在蔡劲松老师“五行逻辑”的基础上，结合自己的教学实践，我总结了教学的五大常用逻辑（见图 2.21）。

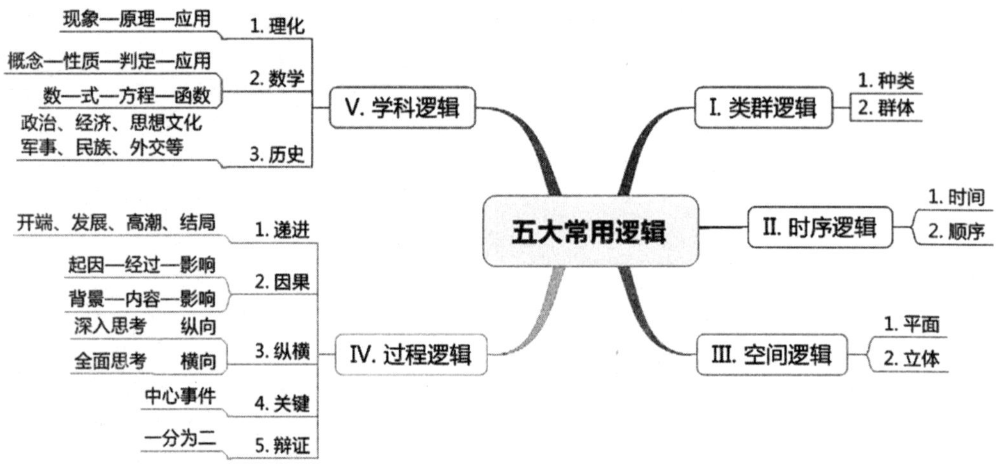

图 2.21　五大常用逻辑

1. 类群逻辑

俗话说“物以类聚，人以群分”，对于客观世界的认知，我们的大脑会本能地进行区分，如记忆下面 20 个词语：

玫瑰、太阳、桌子、天空、篱笆、月亮、水池、流星、礁石、贝壳、房子、大树、轮船、床、海洋、窗口、白云、章鱼、花园、椅子

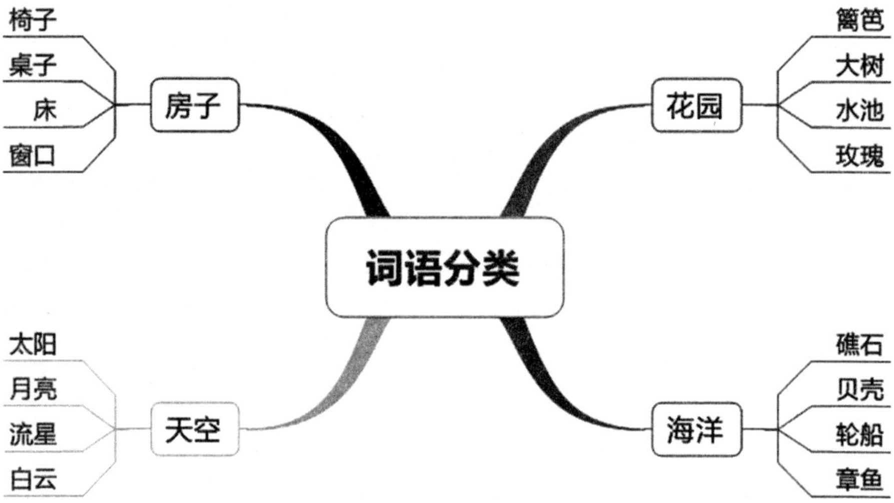

图 2.22　词语分类

记忆这 20 个词语时，我们的大脑马上就想到对它们进行分类（见图 2.22），当然这种分类可以有很多种方法。大脑的这种反应是基于以前的生活经验和知识基础的，这个过程体现的就是建构主义理论。用好类群逻辑对学好各学科都有很大的帮助。

第三单元　新民主主义革命的兴起
　　第 10 课　五四爱国运动和中国共产党的成立
　　第 11 课　北伐战争
　　第 12 课　星星之火，可以燎原
　　第 13 课　红军不怕远征难
　　活动课二　模拟导游——重走长征路
第四单元　中华民族的抗日战争
　　第 14 课　难忘九一八
　　第 15 课　“宁为战死鬼，不作亡国奴”
　　第 16 课　血肉筑长城
第五单元　人民解放战争的胜利
　　第 17 课内战烽火
　　第 18 课战略大决战

2.23　人教版历史八年级上册第三至第五单元目录

图 2.23 呈现的主题是“新民主主义革命”，面对 3 个单元 9 课的内容，知识间的内在联系不够清晰，学生不好理解。我们可以这样分析：新民主主义革命讲述的是无产阶级领导、推翻国民党反动统治的革命，无产阶级的代表组织是中国共产党，所以新民主主义革命就是中国共产党建立中华人民共和国的革命，简单来说新民主主义革命讲述的是国民党和共产党两党的恩怨——和与战，归纳起来就是国共两党的两次合作、两次内战，这样学生就非常好理解了，其他内容再按照一定逻辑添加进去，就形成了一张“新民主主义革命”的知识体系图（见图 2.24）。

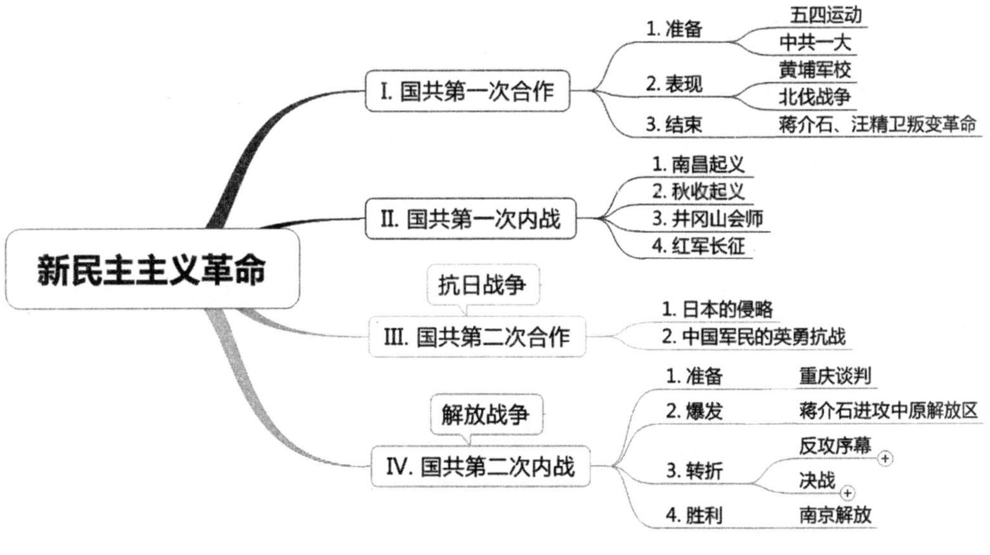

图 2.24　新民主主义革命

历史学科讲述的是人类活动的历史，知识点往往很多，有些内容不好掌握，如果以人物的活动为主线去学习，或许就能找到“柳暗花明又一村”的感觉。所以以“人物”为线去描述历史也是一种很好的学习方式。

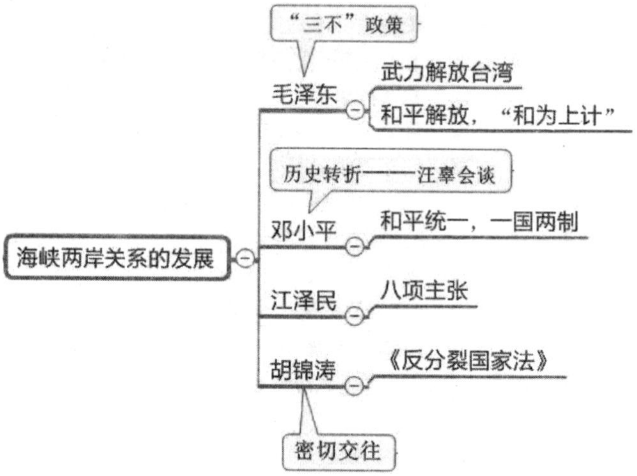

图 2.25 海峡两岸关系的发展

图 2.25 是人教版八年级下册第 14 课"海峡两岸关系的发展"的思维导图，图中以中华人民共和国的四代领导人为线，把不同时期的国家对台政策体现了出来，同时把两岸关系演变的过程也展示了出来，这样学习起来就容易多了。

2. 时序逻辑

时序逻辑包括时间、顺序、程度等秩序的思维逻辑对象。

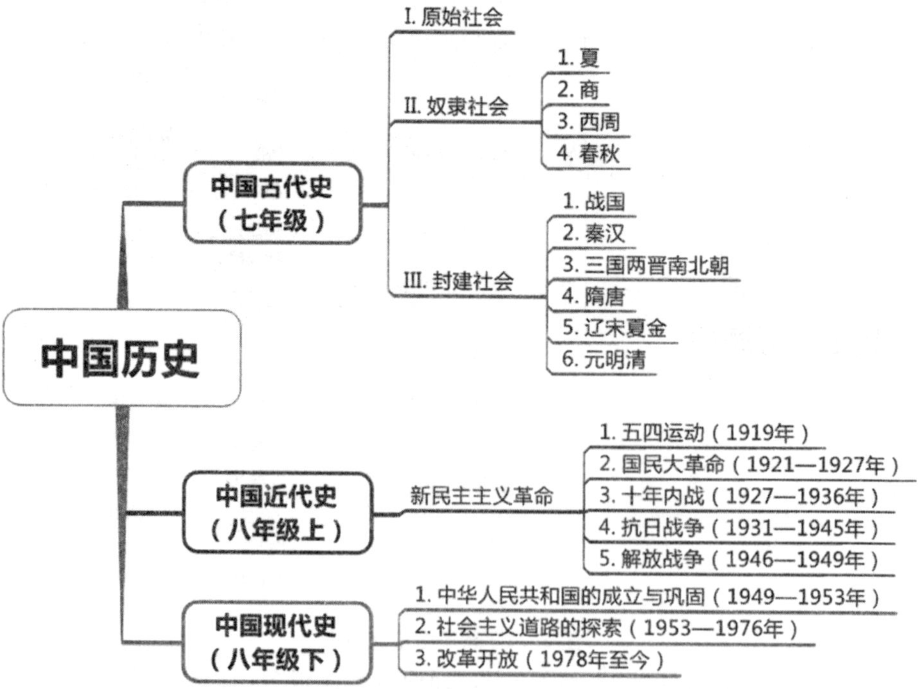

图 2.26 初中中国历史

图 2.26 是初中历史中国史的思维导图，一级、二级、三级分支都是以时间为线索而展开的，这样层层发散，易于学生理解、记忆。

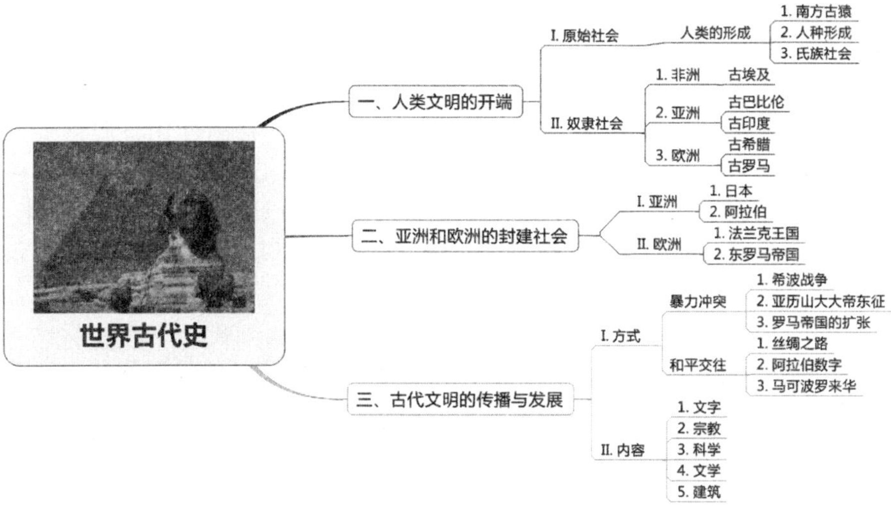

图 2.27　世界古代史

图 2.27 是初中历史世界古代史的思维导图，一级分支是以教材的单元为顺序构建的，这也是时序逻辑的一种形式。

3. 空间逻辑

空间逻辑与时序逻辑是相对的，我们的时间、活动都发生在一定的空间范围内，认识了空间逻辑，就可以对事物存在的环境、活动发生的背景有充分的认识。

历史事件的发生肯定离不开地点，它可以是一个具体的地方，也可以是一个国家；它可以是平面的，也可以是立体的。所以用“空间”的形式来演绎历史也是一种重要的方式。

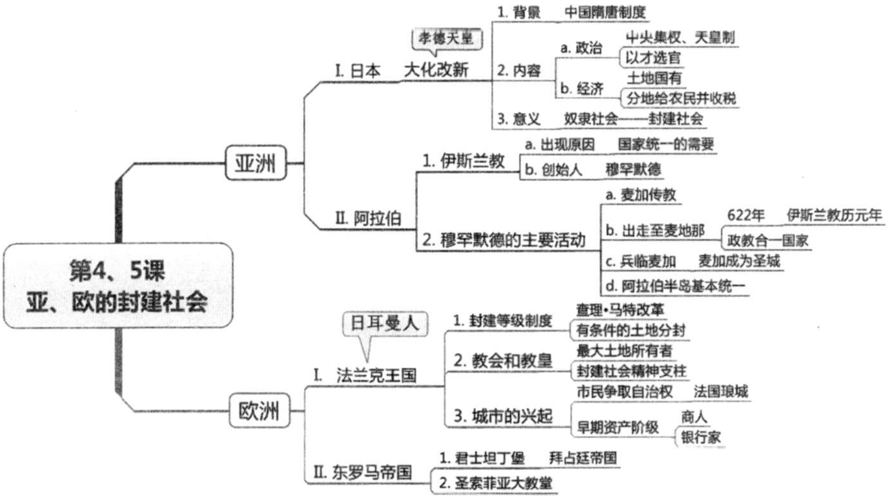

图 2.28　亚、欧的封建社会

图 2.28 是人教版九年级上册第二单元“亚洲和欧洲的封建社会”的思维导图，一级、二级分支都是按照空间的逻辑进行展开的，这样就把该单元较为散乱的知识点有机地联系起来了，便于学生理解、掌握。

4. 过程逻辑

过程就是有开始、发展、结束的完整阶段，是由时间、活动、人物等要素构成的。国际标准化组织（ISO）曾对过程下了这样的定义：任何使用资源将输入转化为输出的活动或一组活动可视为一个过程。若干小过程相互关联、影响，构成更大的过程。分析问题时，我们需要用系统的眼光去考虑，思路才会更全面、清晰。

根据事物发展关系，过程逻辑可以从递进、因果、纵横、关键、辩证等角度进行呈现。

（1）递进逻辑。

递进是指按一定顺序推进、由浅入深的过程。历史事件的发展往往包含着递进的过程。

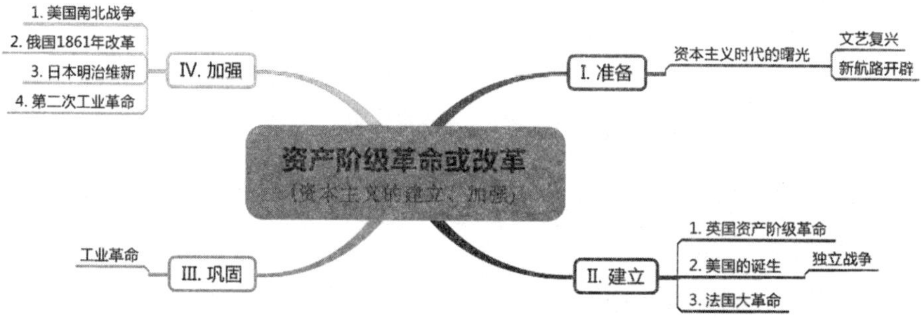

图 2.29　资产阶级革命或改革

图 2.29 是世界近代史“资产阶级革命或改革”的思维导图，这部分讲述的是资本主义发生、发展、成熟的历史，这本身就是一个递进的过程。在教材中内容比较散乱但很重要。在教学中我按照“准备、建立、巩固、加强”这样的递进关系把这几课的内容有机地联系起来，学生容易理解、掌握。

对于事物递进发展过程的表述可以做适当的变通。

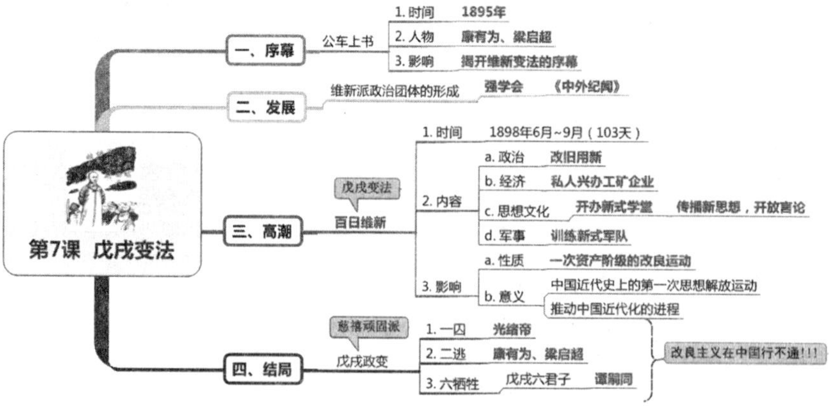

图 2.30　戊戌变法

图 2.30 是人教版八年级上册第 7 课的思维导图。该图按照“序幕、发展、高潮、结局”的递进关系，把戊戌变法的过程呈现出来，学生掌握起来就容易多了。

（2）因果逻辑。

因果是指原因和结果，意为有什么样的结果就会有什么样的原因。叙事六要素中的后 3 个是事情的起因、经过、结果，它讲述的就是事物发展的因果关系，这种关系可以表现为原因（背景）、经过（内容）、影响。

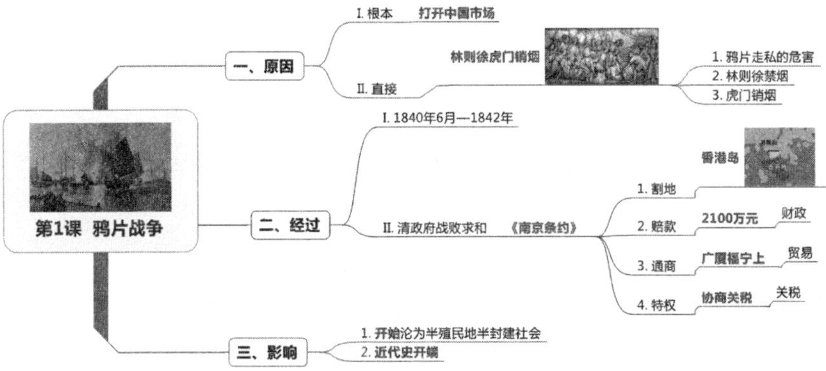

图 2.31　鸦片战争

图 2.31 是人教版八年级上册第 1 课的思维导图，导图通过“原因、经过、影响”因果关系把主体知识联系起来，在具体学习中还可以进一步细化，进而把整篇课文、整个专题的知识完整地展现出来。

（3）纵横逻辑。

纵是指深入思考，横是指全面思考。其实，我们学习、解题的过程也应如此，特别是在中高考总复习时，也应先全面思考，再深入思考。

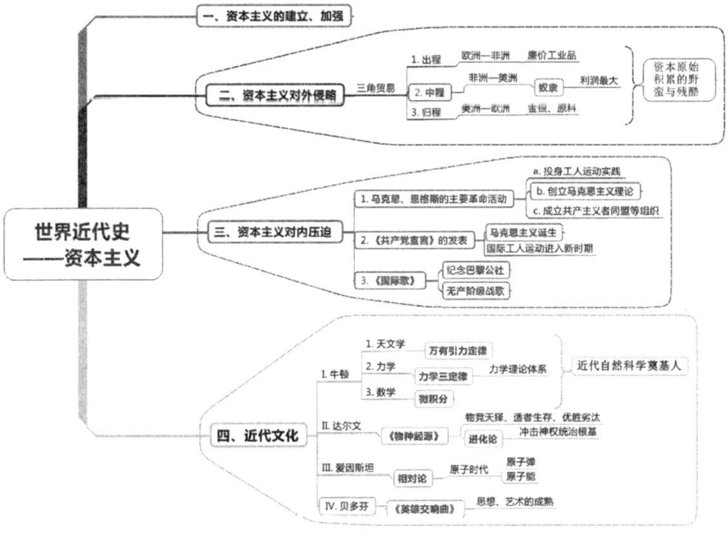

图 2.32　世界近代史——资本主义

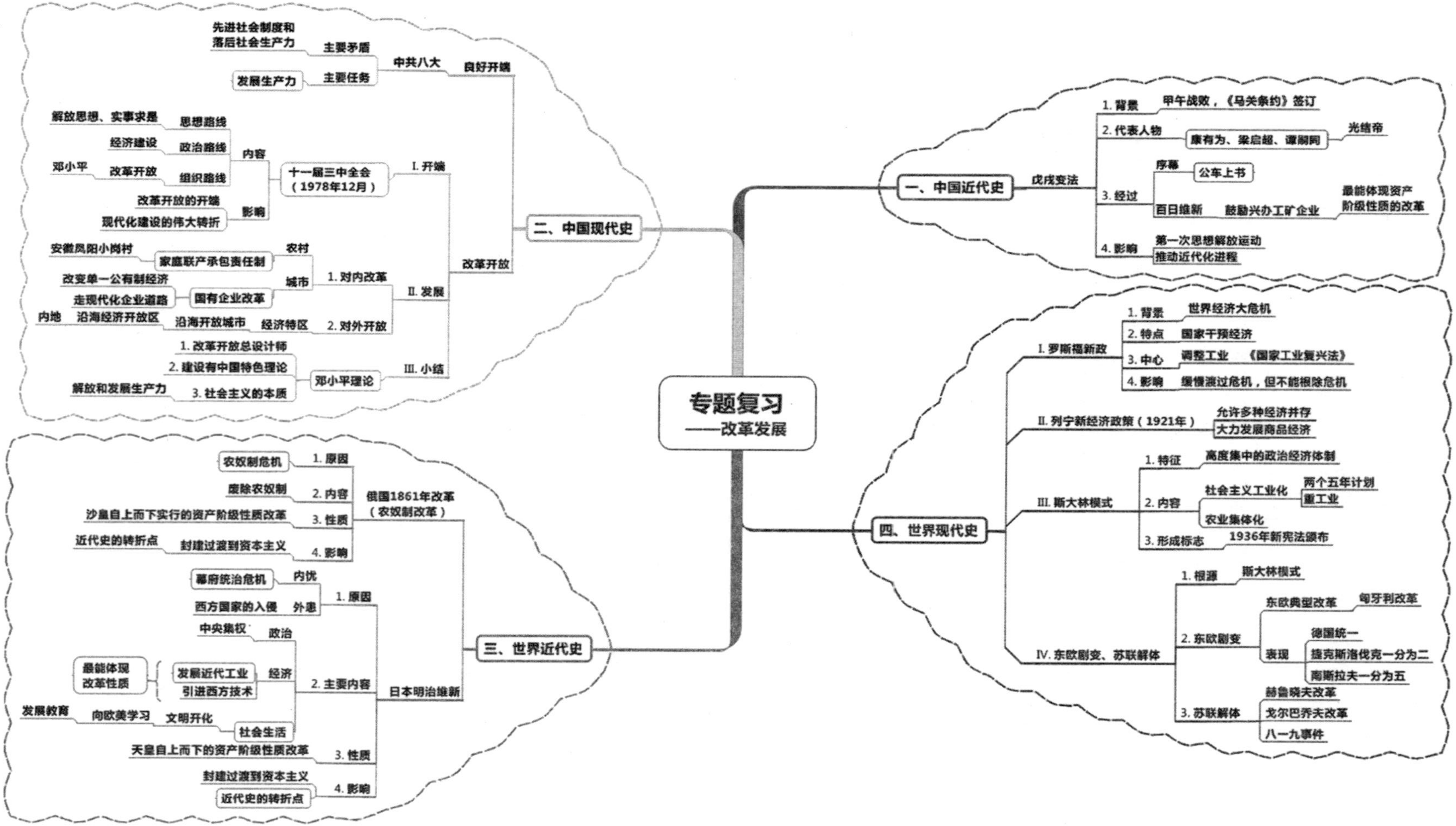

图 2.33　专题复习——改革发展

图 2.32 是我在中考总复习时用思维导图梳理的知识点，这是注重基础、全面复习的过程，我称之为“全面思考”；刚好 2008 年是改革开放 30 周年，所以我用图 2.33 进行“改革发展”的专题复习，这是提升难度、深入复习的过程，我称之为“纵向思考”。综合起来就是用纵横逻辑进行有效的复习。

（4）关键逻辑。

关键是对事情起重要作用的因素或事物重要的部分。根据事物发展的关键（中心事件）组织学习，也是很有效的一种方式。

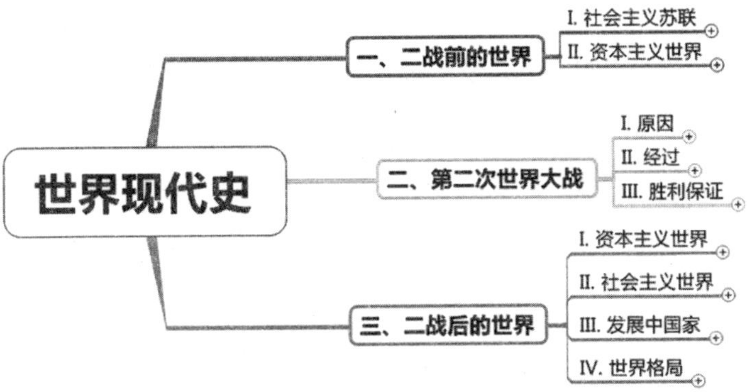

图 2.34　世界现代史

图 2.34 是人教版九年级下册的思维导图，导图以二战为中心事件，把整个世界现代史的知识联系起来，较好地构建了知识体系。

（5）辩证逻辑。

辩证，形容看问题的眼光全面，是人们通过判断、推理等思维形式对客观事物辩证发展过程的正确反映，即对客观辩证法的反映。辩证思维最基本的特点是将对象作为一个整体，从其内在矛盾的运动、变化及各个方面的相互联系中进行考察，以便从本质上系统地、完整地认识对象。在对历史人物、历史事件进行认知时，更应该用辩证的思维进行分析和评价。

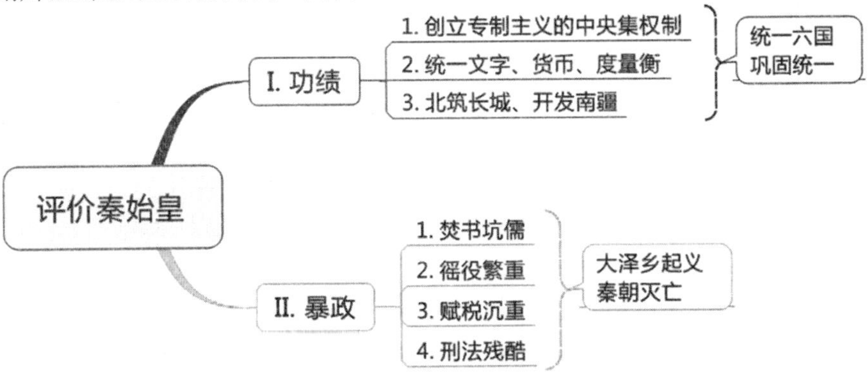

图 2.35　评价秦始皇

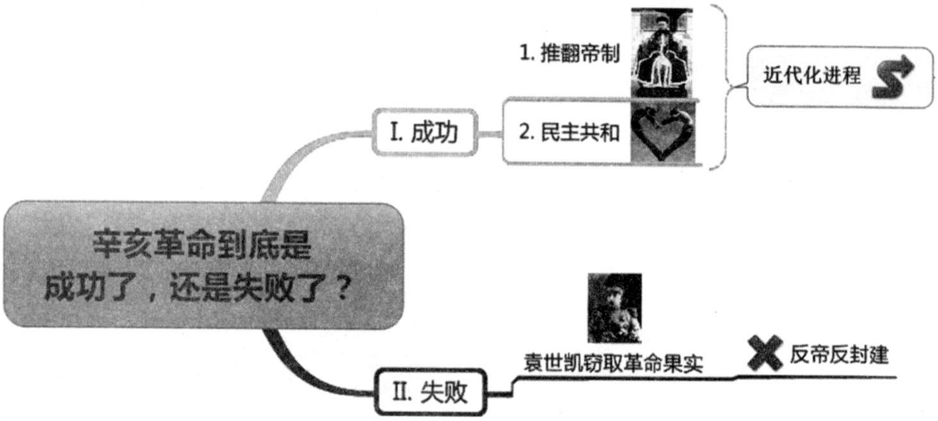

图 2.36　评价辛亥革命

5. 学科逻辑

每个学科都有自己的特点，大家可以根据学科特点进行思维训练，我称之为“学科逻辑”。

历史学科的教学往往从政治、经济、民族关系、外交关系、科技、思想文化等方面展开，这是历史知识分类最为重要的一种方式，在中学各阶段的学习中都表现得很明显。教材在具体内容的选取上不一定都会包括这些方面，而会根据历史新课标、知识的重要程度进行取舍。

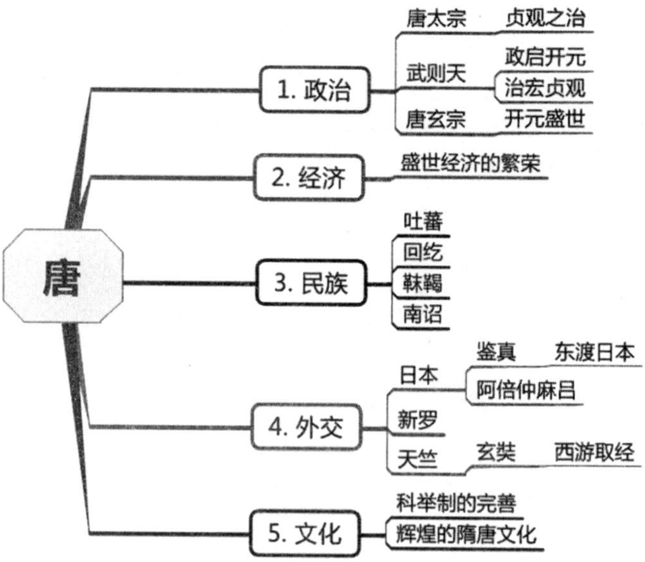

图 2.37　唐朝

图 2.37 是人教版七年级下册第一单元的思维导图。唐朝是我国封建社会的繁荣时期，内容较为重要，所以教材对它的描述就比较全面，安排了 7 课时，从政治、经济、民族、外交、文化等方面进行介绍。

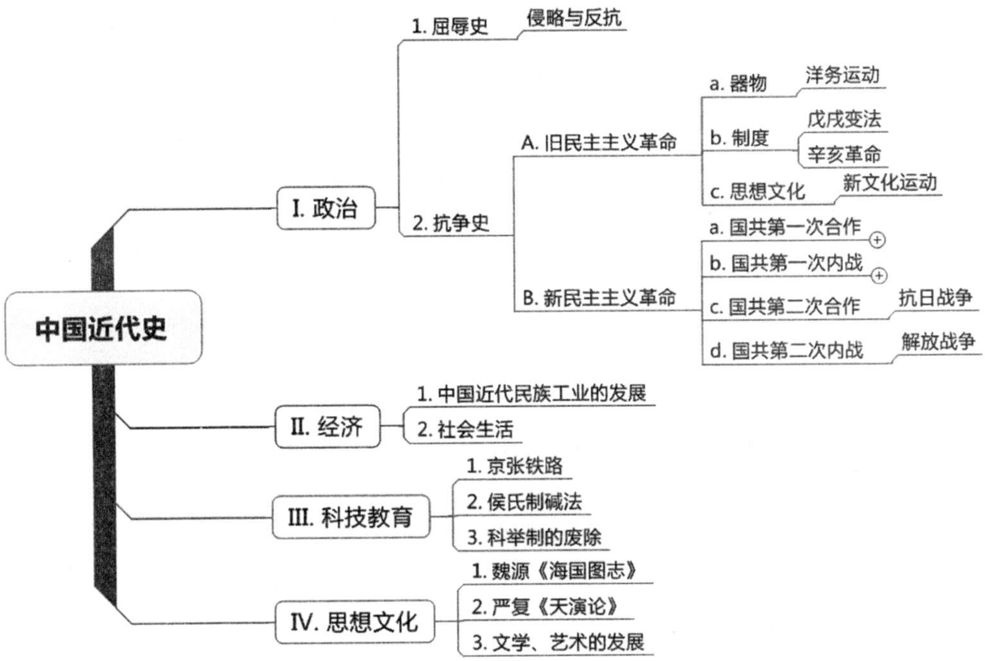

图 2.38　中国近代史

图 2.38 是人教版八年级上册中国近代史的思维导图，中国近代史讲述的是中华民族的屈辱史、抗争史，这主要是对政治的描述；从教材编排上看，还安排了经济、科技教育、思想文化等方面的内容。

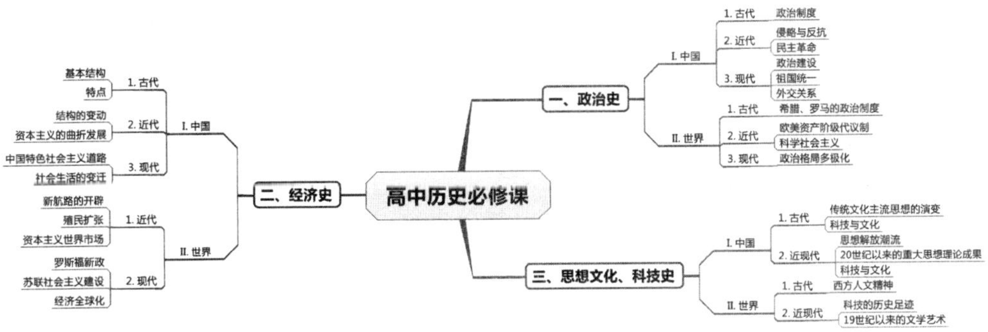

图 2.39　高中历史必修课

图 2.39 是高中历史必修的思维导图，高中历史必修部分分三个学习模块，从人类社会政治、经济、思想文化、科学技术等领域安排了 24 个古今贯通、中外关联的学习专题。

图 2.40 是普通高等学校招生全国统一考试大纲（文科・课程标准实验版）历史必考内容“近代中国”的思维导图，一般在高三总复习第二轮复习时使用，它采用的是纵向复习方式（第一轮复习往往按照教材顺序横向进行知识点的复习），把同一时期的历史按照政治、经济、思想文化等内容综合起来进行复习。第一轮复习注重

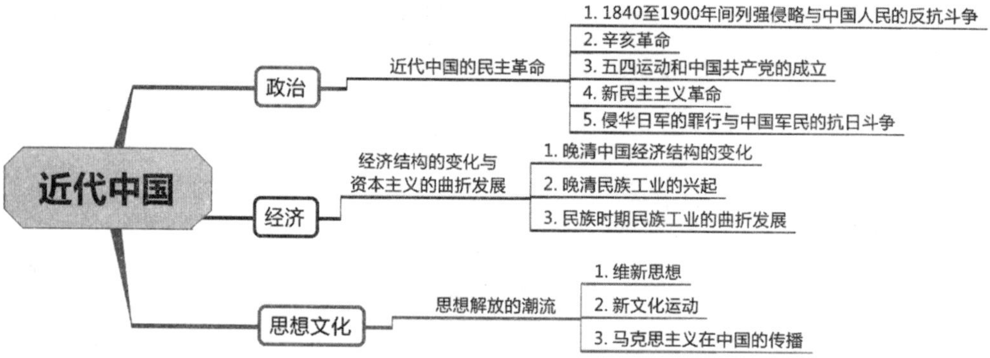

图 2.40　近代中国

知识的基础性、全面性，第二轮复习则突出了综合性，提升了难度，是总复习中不可或缺的一个环节。

值得注意的是，上面的案例分析更多的是以单一方式呈现的，多用于新课教学，在具体应用时要灵活变通，同一知识可以从不同逻辑角度进行演绎。另外，在月考、期中考试、期末考试、中高考的复习中，应采用多种方式综合展开，这样才能更完整地构建知识体系。请看图 2.41 和图 2.42。

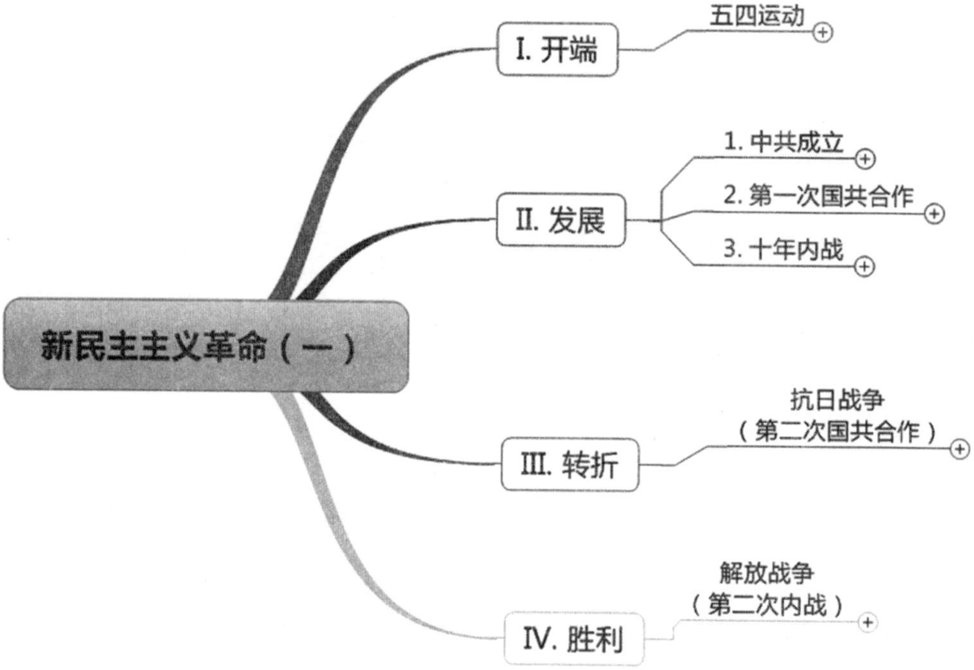

图 2.41　新民主主义革命（一）

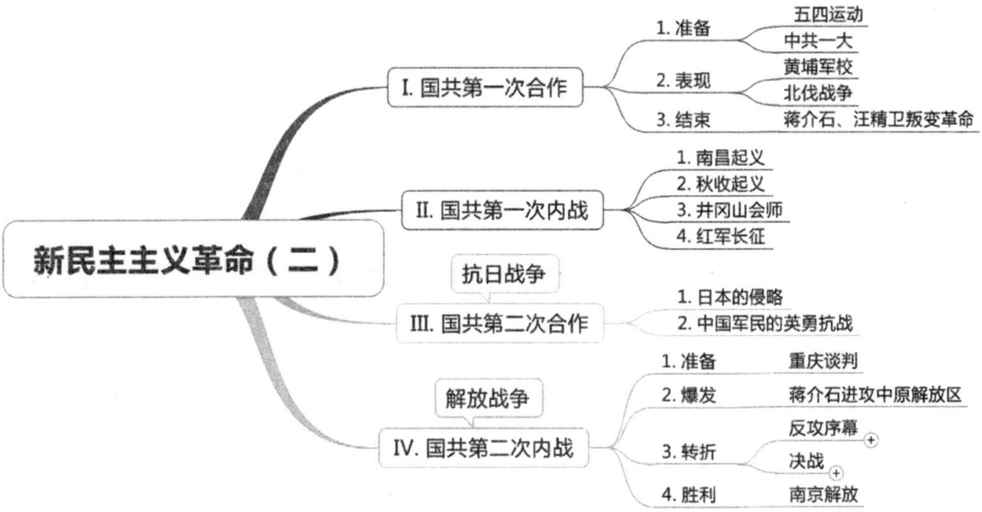

图 2.42　新民主主义革命（二）

图 2.41 是按照过程逻辑中的递进逻辑进行呈现的，图 2.42 是按照类群逻辑进行展开的。从这两张思维导图中可以看出，同一知识可用不同逻辑来呈现，它们没有对教材进行机械搬用，充分体现了思考的过程，这种思维导图更具生命力，我称之为“智慧式思维导图”。

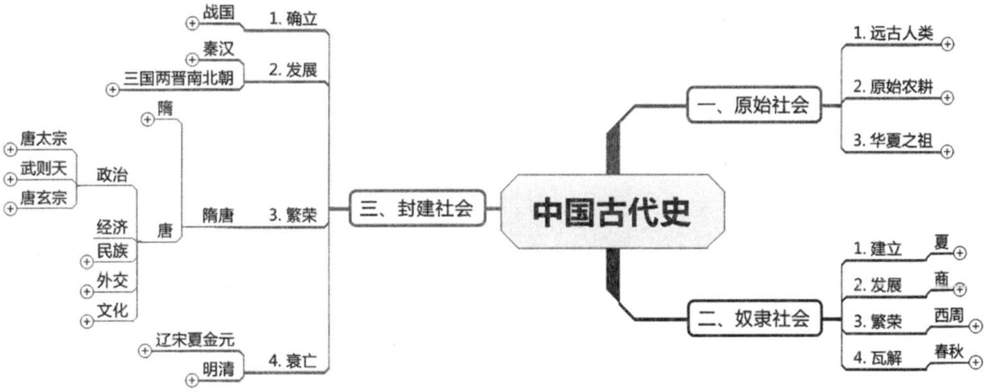

图 2.43　中国古代史

图 2.43 是七年级中国古代史的思维导图，图中一级分支是按照时序逻辑展开的，二级分支主要是按照递进逻辑展开的，三级、四级分支又是按照时序逻辑展开的，五级分支是按照学科逻辑展开的，六级分支是按照类群逻辑展开的。如果纸张够大，这张思维导图还可以进一步细化，把七年级上、下两册的知识点全部展现出来。它综合应用了多种方式进行展开描述，通过这些方式把知识之间的内在联系很好地体现了出来，完整地构建了中国古代史内容的知识体系，便于学生理解、记忆。

综上所述，五大常用逻辑是我在学习、应用中的总结，它们很好地帮助我提升了思维水平，我在日常教学、工作中遇到的问题基本上都能迎刃而解。思维的个性化特征是比较明显的，前面四种逻辑都带有普遍性，因此虽然案例都是历史学科的，但同样适用于其他学科，各学科教师需要根据自己所教学科的特点进行归纳、总结。

关于思维训练方法的具体应用，在教科书、教育理论书籍中没有过多的描述，还需要自己在日常教学中不断思考、总结，这五大常用逻辑的提出也只是抛砖引玉，希望大家进行更深层的思考。

思维导图的绘制技巧是思维导图教学法实施的前提，基础思维的训练是思维导图教学法实施的关键。此外，思维导图教学法要想真正得以有效应用、对学生产生实效，我觉得还有两个因素很重要。

第一，教师的引导。

这几年我一直都在应用思维导图进行教学，关于它的使用效果经历了以下几个阶段。

① 最初只用在历史学科上，虽然学生在历史学习中掌握了这种方法，但是无法自动将其迁移应用到其他学科。而其他学科教师没有掌握这种方法，没办法引导学生进行相应学科的深度使用，最终影响了思维导图的实效性。

② 接下来，英语学科加入，加深了学生对思维导图的理解，学生在具体应用中更加自觉，两个学科互相映衬，提高了学生在应用中的自觉性，进而提升了学生的学习效果。

③ 最后，语文、物理、政治等学科加入，尤其是在班主任的引导下，大大提高了思维导图的运用效果。

一个新事物的出现，一个人说它好，可能大家还意识不到它的好，当大家都说它好时，才会有更多人去关注它。这就是思维导图在教学应用中的写照。思维导图就是一种工具，掌握起来非常简单，但只有将其与具体学科结合起来才能使其对学习的实效性发挥得淋漓尽致，所以，在与学科的深度结合中，学科教师的引导至关重要。

第二，学生应用氛围的营造。

在有关思维导图教学法应用的问卷调查中，我设计了一道多项选择题“你觉得什么因素影响了思维导图使用的效果”，90％以上的学生都选择了“其他同学参与不积极”。现在的学生学习动机普遍不强，学习的主动性欠缺，教师说思维导图有多好，学生不一定会重视，如果有良好的应用氛围，那就大不一样了。2013—2015 年在我的“剑桥实验班”中，由于班主任的宣传，学生对我介绍的思维导图学习法格外重视，每节课画的思维导图都很好，两年八次考试成绩都是年级第一名。

所以思维导图教学法效果的发挥，教师的引导很重要，学生应用氛围的营造同样不可忽视。

第二节　思维导图教学法之课堂设计

下面以人教版历史八年级上册第 8 课“辛亥革命”为例，介绍思维导图教学法的课堂设计。

一、明确目标

1. 本单元知识梳理

明确本课在整个单元学习中的位置，进而导入新课。

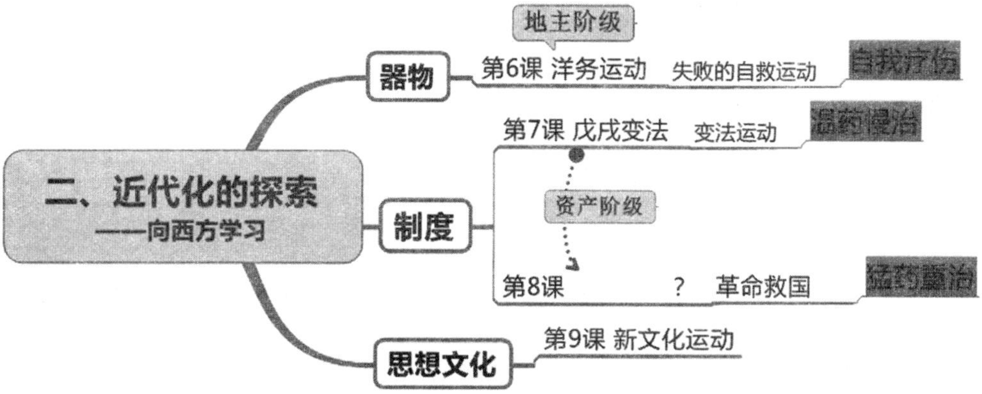

图 2. 44　近代化的探索——向西方学习

2. 明确课标要求

（1）了解孙中山的主要革命活动，知道武昌起义——识记层面的要求。

（2）探讨辛亥革命的历史意义——运用层面的要求。

3. 解读课标，确立本课的学习目标

（1）了解辛亥革命发生的历史背景，掌握孙中山早期的革命活动。

（2）通过对比分析，理解“三民主义”和同盟会革命纲领的对应关系。

（3）通过讨论，能够正确理解革命成败的判断标准，全面认识辛亥革命的成功与失败。

（4）学会用思维导图思考、分析、总结问题。

（5）能够讲述孙中山的主要事迹，培养爱国主义情操。

二、自学绘图

（1）要求学生自学教材，用思维导图梳理、解读本课知识。

（2）在梳理知识的过程中思考、讨论以下两个问题。

问题一：同盟会革命纲领与“三民主义”有何关系？

问题二：有人说：“辛亥革命有成功的一面，也有失败的一面。”你同意这种说法吗？为什么？

（3）在整个过程中，教师不断巡视，参与到学生的学习活动中，指导学生梳理知识，按照设计的问题启发学生思考，为后面两个学习环节的展开做好准备。

三、交流补充

（1）推选代表进行展示交流，可以让学生利用投影仪讲解，也可以让学生将手机拍下的照片传到多媒体上进行展示。这种可视化的展示交流，对其他学生的学习更有帮助。

（2）其他学生进行补充。

在交流补充环节中，教师要以鼓励为主，为学生营造和谐、向上的学习氛围，让主动、先进的学生带动其他学生，充分发挥思维导图的作用。

四、拓展分析

教师根据前两个环节中学生的学习反馈，结合设计的思考题进行精讲。

1. 渗透思维训练，提升学生思维品质

学生学习思维导图之初，往往是根据自己的已有经验构建知识，按照教材中的框题对知识进行简单的梳理，属于浅层次的思考，请看图 2.45。

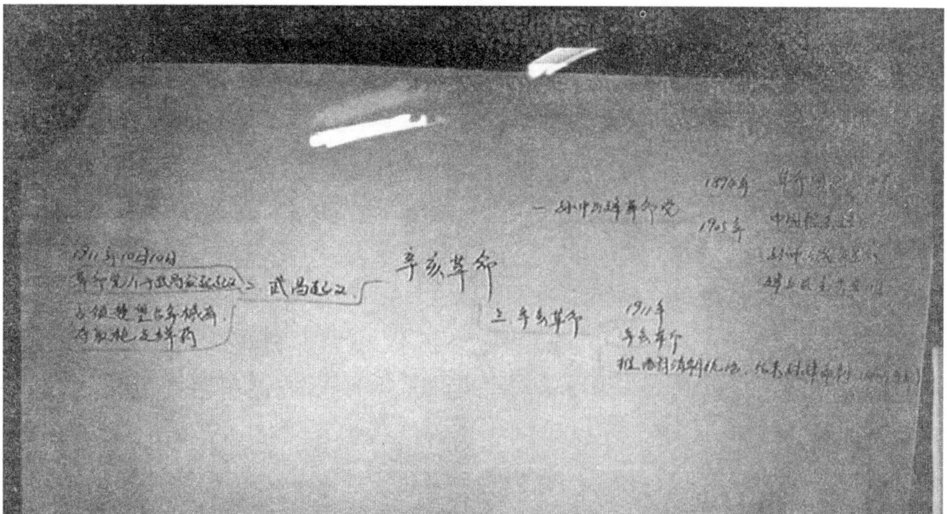

图 2.45　学生浅层次思考下的思维导图

如何提升学生的思维品质，使学生设计出有内容、有深度的思维导图呢？这就要用到前面阐述的五大常用逻辑。

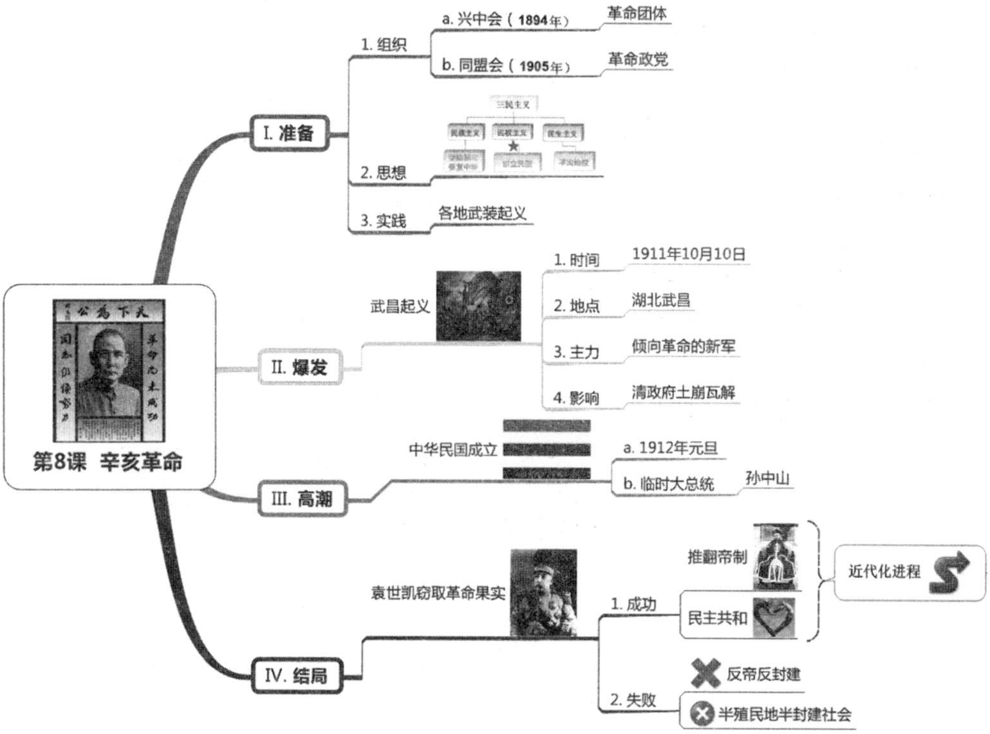

图 2.46　辛亥革命

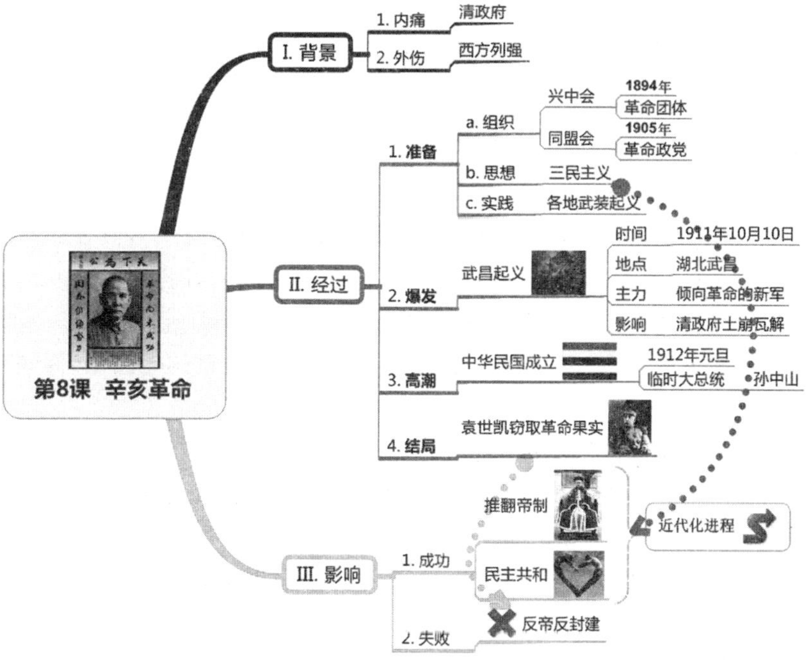

图 2.47　辛亥革命

图 2.46 是按照递进逻辑呈现的，图 2.47 是按照因果逻辑演绎的，两张思维导图有相同之处，也有不同之处，但可以看出都是经过积极思考，按照一定的维度，把知识间的关系以图文并茂的形式可视化出来的。并不是说每节课都要这样做，可以这节课用这种方式思考，下节课用另一种方式思考，只要坚持训练，学生思维能力的提升、学习效率的提高是必然的。这个过程也是培养学生主动学习意识、教会学生思考的过程。

2. 问题引领，培养学生探究意识

根据设计的思考题，引导学生思考，教师精讲、突破难点，培养学生的探究学习精神。

问题一：同盟会革命纲领与“三民主义”有何关系?

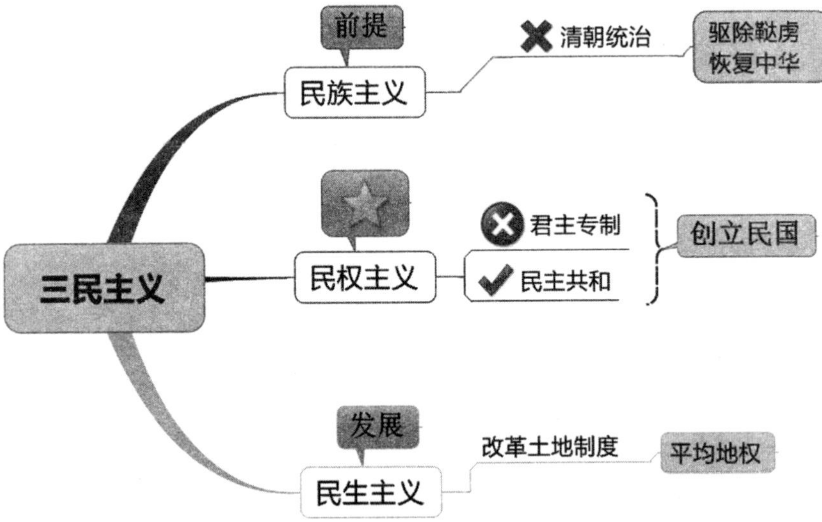

图 2.48　同盟会革命纲领与“三民主义”的关系

图 2.48 把同盟会革命纲领与“三民主义”展示得很清楚。在实施过程中，图中的这些内容完全可以让学生阅读教材后回答，教师用图示对各内容之间的关系进行解读，将思维可视化，易于学生理解、掌握。

问题二：有人说：“辛亥革命有成功的一面，也有失败的一面。”你同意这种说法吗？为什么?

(1) 明确判断革命成败的标准。

(2) 启发思考，引导学生进行讨论，然后教师进行拓展分析。

材料一：

大清皇帝统治大清帝国，万世一系，永永尊戴。君上神圣尊严，不可侵犯。

——《钦定宪法大纲》

中华民国之主权属于国民全体。中华民国人民一律平等，无种族、阶级、宗教之区别。

——《中华民国临时约法》

⇨推翻了清朝的统治，结束了中国两千多年的封建帝制。

材料二：

1915 年，袁世凯公开复辟帝制，遭到全国人民的强烈反对，83 天后被迫取消帝制。1917 年，军阀张勋拥戴清朝废帝溥仪登基，在全国人民的怒斥声中，12 天后复辟丑剧草草收场。

敢有帝制自为者，天下共击之。

——《军政府宣言》

世界潮流浩浩荡荡，顺之则昌逆之则亡。

——孙中山

⇨使民主共和观念深入人心。

材料三：

辛亥革命……开创了完全意义上的近代民族民主革命，极大推动了中华民族的思想解放，打开了中国进步潮流的闸门，为中华民族发展进步探索了道路。

——胡锦涛同志在纪念辛亥革命 100 周年大会上的讲话

⇨推动了中国近代化的进程。

根据设计的思考题，在这一环节中先引导学生说出自己的看法，并说明理由；然后在学生讨论的基础上，教师抛出上述三则材料，再次启发学生思考，引导学生得出答案，体现论从史出；最后教师用两张分析辛亥革命成功与失败的思维导图，呈现分析过程，将思维可视化，使学生很好地理解、记忆相关知识，进而突破本课的教学难点。

五、随堂测评

1. 选择题（必做题）

（1）电视剧《走向共和》中塑造了许多历史人物，其中为民主共和国做出了贡献，堪称民主革命先驱的是（　　）。

A. 毛泽东　　B. 孙中山　　C. 李大钊　　D. 袁世凯

（2）中国第一个统一的资产阶级革命政党是（　　）。

A. 保国会　　B. 兴中会　　C. 同盟会　　D. 国民党

（3）孙中山领导辛亥革命的指导思想是（　　）。

A. 三民主义　　B. 马列主义

C. 联俄联共扶助农工　　D. 创立民国，平均地权

（4）有位老人说他出生在民国三年，他具体出生在（　　）。

A. 1914 年　　B. 1911 年　　C. 1912 年　　D. 1913 年

（5）“皇帝倒了，辫子割了”八个字是少年瞿秋白对一历史事件功绩的概括。此事件是（　　）。

A. 洋务运动　　B. 戊戌变法　　C. 辛亥革命　　D. 五四运动

（6）有学者说辛亥革命最终失败了，其主要依据是（　　）。

A. 孙中山辞去了临时大总统的职务

B. 袁世凯窃取了辛亥革命的果实
C. 未改变中国半殖民地半封建社会的性质
D. 未能使民主共和观念深入人心
2. 阅读材料（选做题）
“驱除鞑虏，恢复中华，创立民国，平均地权。”
请回答：
（1）提出上述革命纲领的革命政党是什么？
（2）根据所学知识，解释该革命纲领的内容。
（3）这个革命纲领可以用什么思想来概括？

第三节　思维导图教学法之评价设计

一、新课程核心理念的落实

新课程的核心理念是让每个学生学会学习、主动发展。思维导图教学法从“读、思、记、听”四个维度落实新课程的核心理念，在课堂上通过教师的教和学生的学加以实现。

新课程的“教师观”和“学生观”对师生的角色、地位已经明确做出了界定，即教师起主导作用，学生占主体地位。但是，如何在课堂上充分发挥教师的主导作用、体现学生的主体地位呢？教着教着，很多教师就回到了老路，成了所谓的“穿新鞋，走老路”。究其原因，主要还是对新课程的核心理念理解不到位，对其落实把握不准确，注重学生“学什么”，而对学生“如何学”则涉及很少。思维导图教学法要求把阅读、思考、记忆、听力等学习能力的提升落实在教学中，借助思维导图、思维地图、概念图、流程图、快速记忆、快速阅读、快速听力等支架工具，在课堂上发挥教师的主导作用、突出学生的主体地位，真正教会学生学习，切实落实新课程的核心理念。

二、系统教学的开展

“由面到点”地开展教学是思维导图教学法的重要理念。“面”就是构建一本书或一个单元的知识框架，“点”就是每一课的具体学习，由面到点的过程就是我们一直强调的“先见森林，再见树木”，它主要通过思维导图工具呈现出来，通过系统教学，真正把高效课堂落到实处。

我们可以把传统的学习理解为“简单学习”，也就是通过简单的理解、记忆、练习把每节课、每个单元的知识学一遍。它更多关注的是“学什么”，注重的是“点式学习”“线式学习”，这种学习方式对大多数学生平时的学习还能适用，但是一到中考、高考的总复习，随着知识点的倍增，就会让不少学生明显感觉后劲乏力，原因就是这种学习方式已不适应此时的学习需要，这就需要开启学习的第二步“系统学习”。

所谓系统学习，就是通过归纳、总结、整理，把众多散乱的知识点联系起来，在我们大脑里面建立一个完整的知识体系，然后借助思维导图等工具将其可视化，切实提高学习效率。

思维导图教学法就是从“面”开始切入，宏观把握方向，然后具体落实到“点”，最后在复习时又回到“面”，形成一个完整的知识体系的。当我们把知识体系梳理清楚，学习也就变得简单、轻松了，这是在真正减轻学生的学习负担。

三、思维训练的渗透

思维导图教学法打造的是一个学习系统，“点、线、面、体”不仅是思维导图的绘制技巧，更是一种思考模式，可以渗透在整个学习过程中。思维导图中的“导图”强调的是发散，“思维”强调的是集中，从宏观来说，发散思维和集中思维是两种最基本的思维。发散思维也叫辐合思维、放射思维，它由一个主题散发联想，是一切创新、发明、创造的基础。集中思维也叫聚合思维、收敛思维、求同思维，思维集中统一方向，让思维条理化、简明化、规律化。那要如何集中呢？可以参照前文介绍的五大常用逻辑。

尽管五大常用逻辑的提法还有待进一步完善，但它们都是我对教学实践的思考与尝试。类群逻辑、时序逻辑、空间逻辑、过程逻辑是我们每个人在学习、工作中经常用到的，把它们与思维导图结合起来，可以很好地将思维可视化，这样的思维导图才更具生命力，也才更有实效性。学科逻辑需要充分把握学科的特点，必须对学科有很好的领悟与内化，它体现的是教师的专业素养，它是每个学科学习的核心逻辑。

以这五大常用逻辑为基础进行创新思维训练可以有效提升批判性思维能力。把这些思维渗透在教学中，对学生思考力的提升也一定会很有帮助。

四、教学效果评价

1. 随堂测评

随堂测评是指课堂上通过习题对学生一节课的学习进行及时巩固和评价。它是对教学效果的反馈，所以这些习题务必精选精练，选题的时候要着重考虑以下几点。

（1）参照中考题型，把握中考方向。

（2）知识面的覆盖（重点、难点）。

（3）注意分层要求。

2. 思维导图评价

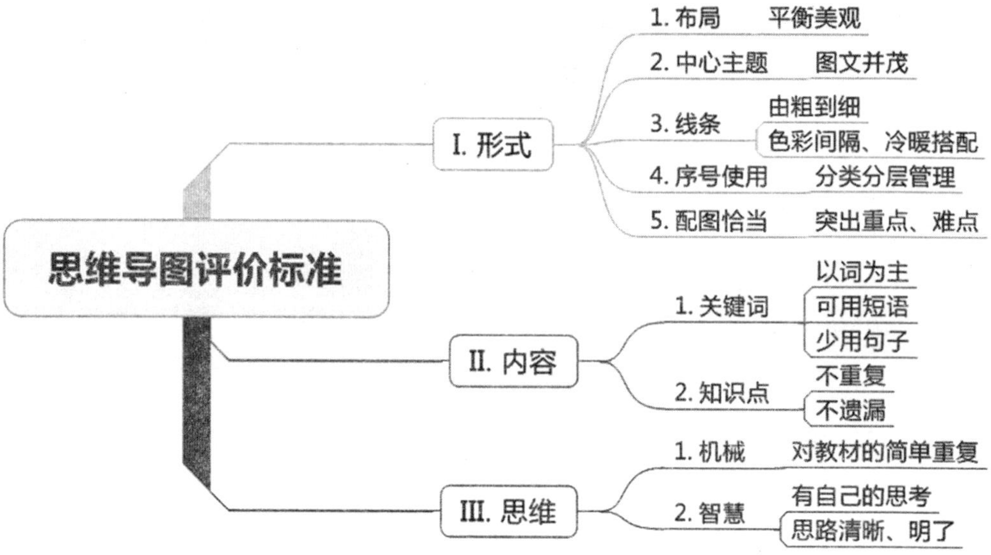

图 2.49 思维导图评价标准

一张好的思维导图是要经过多次修改的，学生课前预习时可以画简单的预习导图，课堂上与老师和同学们交流后做适当的补充（草图即可），课后重新整理，按照思维导图的规则认真绘制。这也许会多花一些时间，但这是及时复习的需要，是主动思考、主动学习的体现，有了完善的思维导图，后面复习时就便捷、轻松了。对于学生绘制的思维导图该怎样评价呢？图 2.49 只是一个参考，评价时，在学生学习之初要侧重形式，掌握要领之后要侧重内容，能够熟练应用后则要侧重思维。这样循序渐进，有利于学生掌握这种高效的学习方法，不会让学生望而生畏、敬而远之。

第四节　思维导图教学法之教师的教

一、新授课教学

采用思维导图教学法需要学生有绘制思维导图的基础，所以在教学过程中，教师要根据学生对思维导图的掌握、应用情况循序渐进展开教学。

（1）在教学之初，学生绘制思维导图还不熟练，教师可以自己先绘制好思维导图，将一些重要内容设计成填空形式，让学生在思维导图的引领下自学，这样也可以让学生对思维导图的绘制进行模仿，减少学生的畏难情绪。

（2）学生能够绘制思维导图后，可以让学生小组讨论如何用思维导图梳理知识，并完成教师设计的思考题，通过小组合作学习，用集体智慧完成自学。

（3）学生熟练掌握思维导图学习方法后，教师就可以放手让学生独立学习，进而自学教材、绘制思维导图了。

那么，在新课教学中如何有效运用思维导图呢？

1. 碎片式应用

碎片式应用是指在传统教学中，在某些环节有机渗透思维导图元素。

（1）导入新课时。

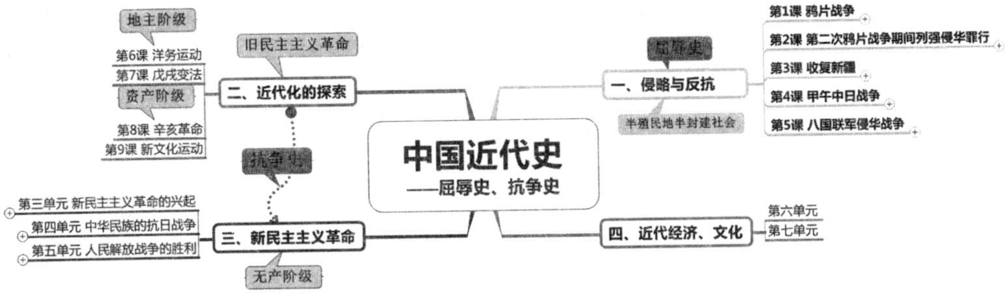

图 2.50　八年级上册知识体系

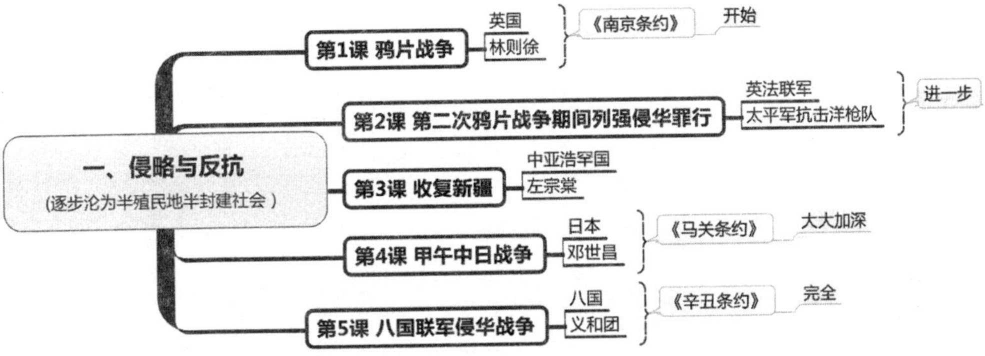

图 2.51　八年级上册第一单元知识体系

图 2.50、图 2.51 是历史八年级上册整本书和第一单元的知识体系思维导图。在教学中，每当学习一本新的教材时，我都会根据教材目录，借助思维导图整理整本书的知识框架，宏观把握一本书的内容；对每个单元的学习也是用同样的思路，先整理一个单元的知识框架，然后对每一课的具体学习都从这里导入，这种由面到点的教学方式，易于学生更好地理解、把握教材。

（2）课中分析问题时。

在教学八年级上册第 14 课中的“西安事变”时，教师往往会启发学生思考：“张学良、杨虎城扣押蒋介石后将如何处理呢？”面对这样的问题，面对当时复杂的形势，学生的回答往往难以到位。在教学时，我借助下面这张图文并茂、言简意赅的思维导图（见图 2.52），迅速打开了学生的思维，学生的回答十分精彩。

图 2.52 “西安事变”中杀蒋还是放蒋？

（3）课后小结时。

图 2.53 是我在讲述七年级下册第 4 课“科举制的创立”一课时，边讲授边板书完成的。课堂小结时，对照这张图能迅速抓住本课的学习重点。

图 2.53 科举制的创立

思维导图是思维训练的有效工具，凡是课堂上的思考都可以借助它来呈现。

2. 整体式应用

整体式应用是整节课都应用思维导图进行教学的一种模式。这种模式我更多的是在九年级教学时应用，因为毕业班的教学任务比较重，学生没有更多的时间来独立绘制思维导图。

首先教师课前编制思维导图学案，设置成填空模板；然后教师制作思维导图课件，课上借助思维导图课件强大的演示功能，边演示边讲解，要求学生边听课边完成相应的填空，以完善思维导图，掌握重点知识。

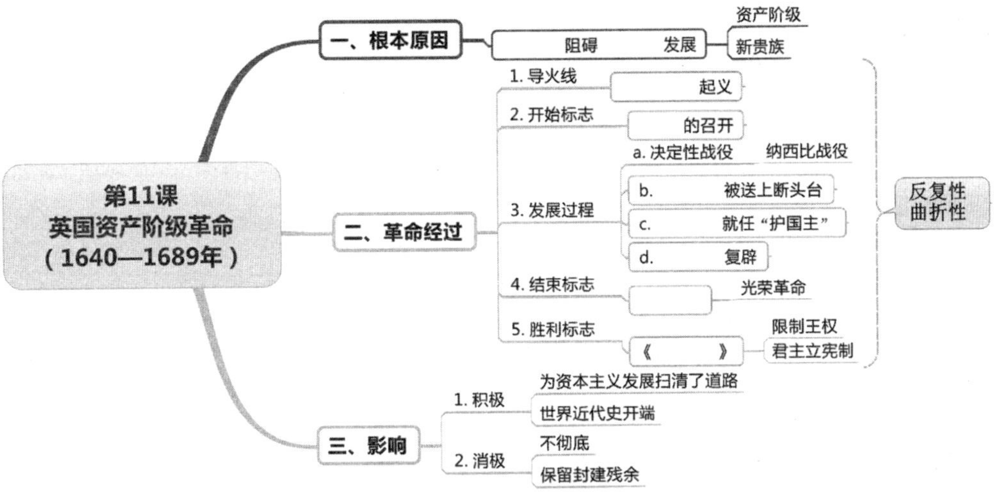

图 2.54　“英国资产阶级革命”思维导图学案

图 2.54 是我在教学九年级上册第 11 课“英国资产阶级革命”时绘制的思维导图学案。由于思维导图学案思路清晰，学生据此能够更好地理解本课的知识体系；同时，学案中的文字言简意赅，使学生既能记好笔记，又能听清教师的讲解；再加上教学时我借助思维导图课件的演示功能，用动感、图文并茂的画面和流动的线条引领着学生的思维，吸引着学生的注意力，从而大大提升了课堂上学生的听课效率。

3. 翻转学习应用

下面以人教版八年级上册第 8 课“辛亥革命”为例介绍。

一、课前自主学习（斜体部分为课前选学内容）
（一）学习任务 1. 通过观看教学视频和阅读教材，你能准确说出同盟会的革命纲领和“三民主义”的主要内容吗？它们之间有何内在联系？ 2. 通过观看教学视频和阅读教材，你能归纳出孙中山早期的革命活动吗？ 3. 通过观看教学视频和阅读教材，你能理解判断革命成败的标准吗？你能描述辛亥革命成功与失败的基本史实吗？如何评价辛亥革命的结局？
（二）自主学习检测 1. 电视剧《走向共和》中塑造了许多历史人物，其中为民主共和国做出了贡献，堪称民主革命先驱的是（　　）。 A. 毛泽东　　B. 孙中山　　C. 李大钊　　D. 袁世凯 2. 中国第一个统一的资产阶级革命政党是（　　）。 A. 保国会　　B. 兴中会　　C. 同盟会　　D. 国民党 3. 中国同盟会成立于（　　）。 A. 檀香山　　B. 武昌　　C. 日本东京　　D. 南京

（续表）

4.（2014年中考）孙中山领导辛亥革命的指导思想是（　　）。 A. 三民主义　　B. 马列主义 C. 联俄联共扶助农工　　D. 创立民国，平均地权 5.（2011年中考）“皇帝倒了，辫子割了”八个字是少年瞿秋白对一历史事件功绩的概括。此事件是（　　）。 A. 洋务运动　　B. 戊戌变法　　C. 辛亥革命　　D. 五四运动 6. 有学者说辛亥革命最终失败了，其主要依据是（　　）。 A. 孙中山辞去临时大总统的职务　　B. 袁世凯窃取了辛亥革命的果实 C. 未改变中国半殖民地半封建社会的性质　　D. 未能使民主共和观念深入人心
（三）拓展学习 1. 观看视频。 2. 猜一猜。 （1）苦孩子出来闹翻身（打一历史名词）；（2）为祖父代笔（打一近代人物）；（3）军人盛世（打一近代名城）。
二、课堂学习活动
1. 讨论并用图表示同盟会革命纲领和“三民主义”的对应关系。
2. 讨论并用思维导图归纳孙中山早期的革命活动。
3. 探讨辛亥革命的历史意义。 （1）根据材料分析辛亥革命的伟大功绩。 材料一： 大清皇帝统治大清帝国，万世一系，永永尊戴。君上神圣尊严，不可侵犯。 ——《钦定宪法大纲》 中华民国之主权属于国民全体。中华民国人民一律平等，无种族、阶级、宗教之区别。 ——《中华民国临时约法》 **【影响一】** 材料二： 1915年，袁世凯公开复辟帝制，遭到全国人民的强烈反对，83天后被迫取消帝制。1917年，军阀张勋拥戴清朝废帝溥仪登基，在全国人民的怒斥声中，12天后复辟丑剧草草收场。 敢有帝制自为者，天下共击之。 ——《军政府宣言》 世界潮流浩浩荡荡，顺之则昌逆之则亡。 ——孙中山 **【影响二】** 材料三： 辛亥革命……开创了完全意义上的近代民族民主革命，极大推动了中华民族的思想解放，打开了中国进步潮流的闸门，为中华民族发展进步探索了道路。 ——胡锦涛同志在纪念辛亥革命100周年大会上的讲话

（续表）

【影响三】 （2）用思维导图呈现辛亥革命的历史意义。
三、用思维导图整理本课学习内容

教育信息化是教育的趋势。在教学中，我也尝试过把思维导图与信息技术结合起来，上面这个案例就是我的一次探索。该案例以思维导图为支架工具，渗透了翻转学习的理念。课前我录制好微视频，准备好另外两个拓展学习视频，要求学生根据“导学指南”提前学习，完成课前自主学习中的三个任务；然后通过“自主学习检测”环节检测学生对基础知识的掌握情况。课堂上让学生通过讨论和合作学习完成后面三个课堂学习任务，并借助图示进行展示，最后通过思维导图整理本课学习内容。

二、复习课教学

1. 用思维导图整理知识，深化理解

图 2.55 和图 2.56 是我在 2015 年中考前复习“世界近代史”时设计的两张思维导图。图 2.55 清晰地呈现了世界近代史的知识脉络，呈现的是资本主义发生、发展、成熟的历史。资本主义的发家史是一部侵略史、肮脏史，所以第一个分支“资本主义的建立、加强”介绍的是资本主义发生、发展的历史，由于这个问题在世界近代史中最为重要，所以通过图 2.56 进行了更为细致的分析；第二个分支“资本主义对外侵略”介绍的是资本主义的殖民扩张史和殖民地人民的抗争史；第三个分支“资本主义对内压迫”介绍的是国内无产阶级的反压迫斗争史；第四个分支“资本主义之间的矛盾”介绍的是资本主义国家在发展过程中、在殖民扩张过程中彼此之间都有矛盾，最终解决不了只好发动战争，第一次世界大战爆发；第五个分支“近代文化”介绍的是资本主义国家在发展过程中的重要文化发展。

图 2.56 呈现的是“资本主义的建立、加强”，这部分内容比较重要，涉及的知识多而杂，如何才能有效地学习掌握呢？用思维导图很好地解决了这一问题，一级分支“准备”“建立”“巩固”“加强”呈现的是递进逻辑，它很好地体现了资本主义建立、加强的历史；后面的知识分支按照类群逻辑、因果逻辑等进行发散，构建了一张很好的知识体系图。

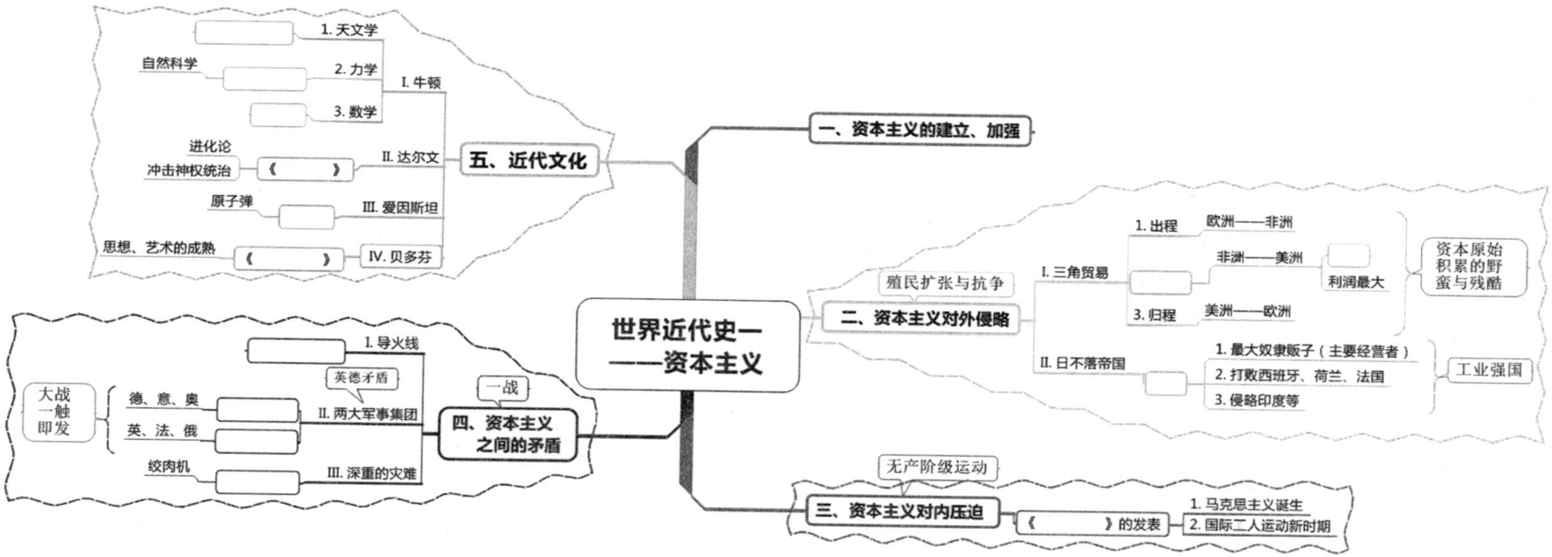

图 2.55　中考复习“世界近代史一”

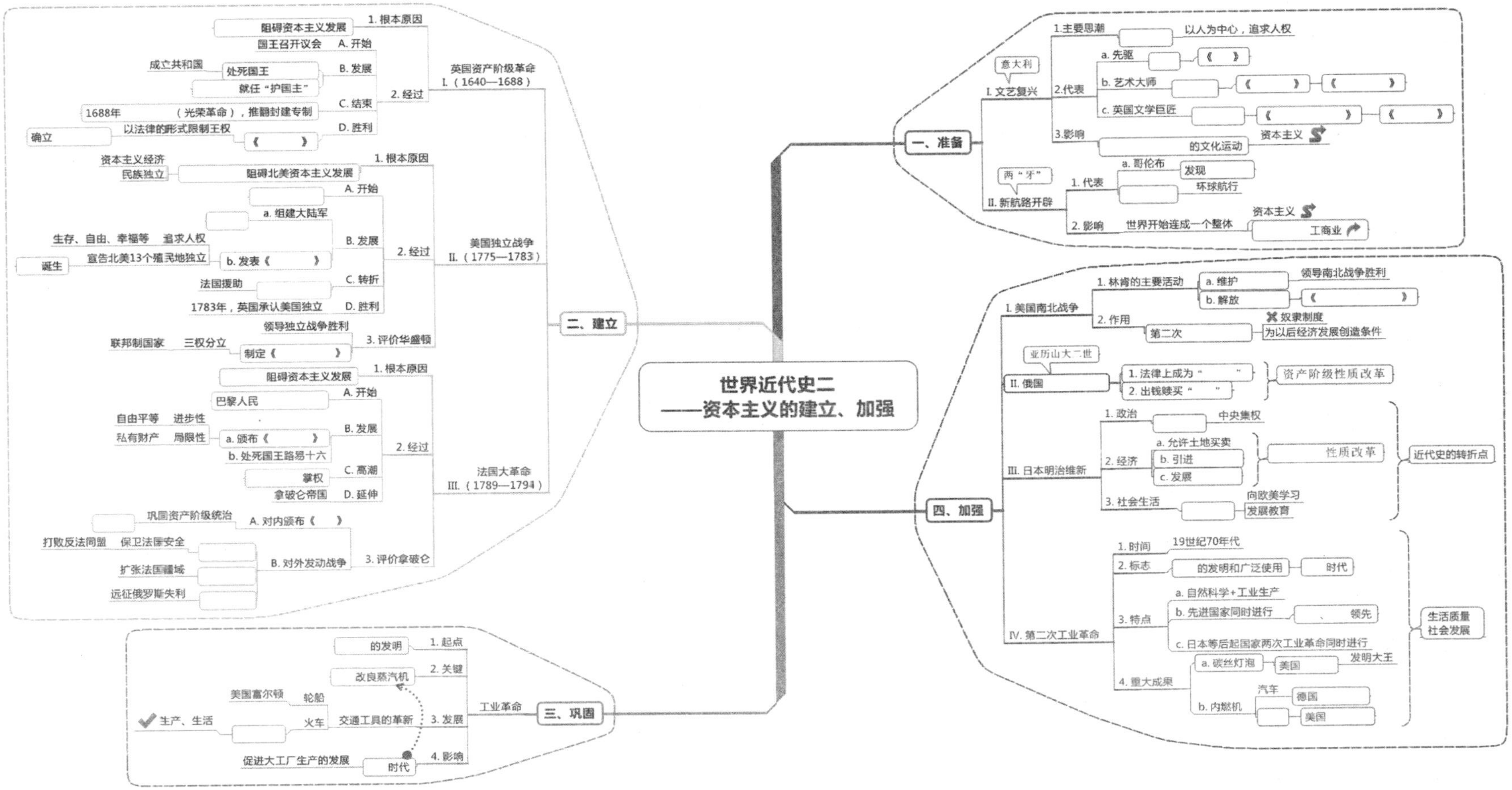

图 2.56 中考复习“世界近代史二”

这两张思维导图之间还体现了“总分”的关系，这也是使用思维导图的一个技巧。很多初学者绘制思维导图往往求全求大，导致一张图太大，不能起到很好的学习效果。我们使用思维导图的目的是简化学习、优化效果，所以“总分”原则是用好思维导图很重要的一个技巧，大家一定要掌握好。

中考复习的知识点必须紧扣考试说明，内容包括七年级到九年级 6 本书，知识点多、综合性强，加上课时紧，所以中考总复习思维导图一般都由我绘制，设计成填空模式，让学生边听边记，这样更有实效。

平时期中考或者期末考时，内容相对较少，我则会进行另外一种设计，下面以八年级下册中国现代史期末复习为例来介绍一下。

（1）由于我在新课教学时都是按照“由面到点”的理念进行的，所以在复习时我一般先强调一本书的整体框架（见图 2.57）。

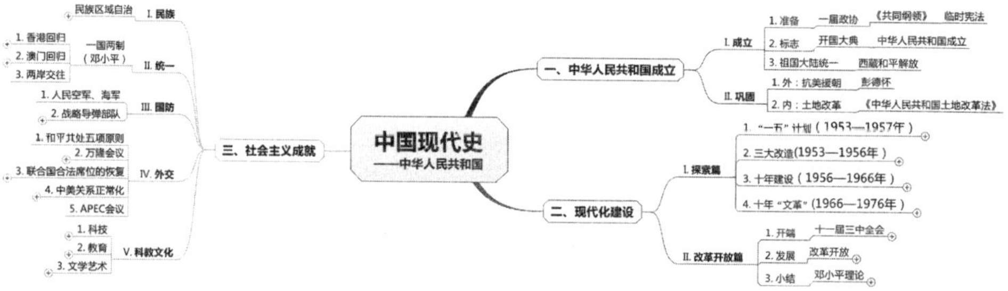

图 2.57　中国现代史知识框架

（2）在我的课堂上都是用思维导图进行教与学的，有些思维导图是填空模式，有些思维导图是学生自己绘制的，于是在复习时我让学生在原来每课思维导图的基础之上，按照我提供的框架重新进行整理，请看图 2.58～图 2.62。

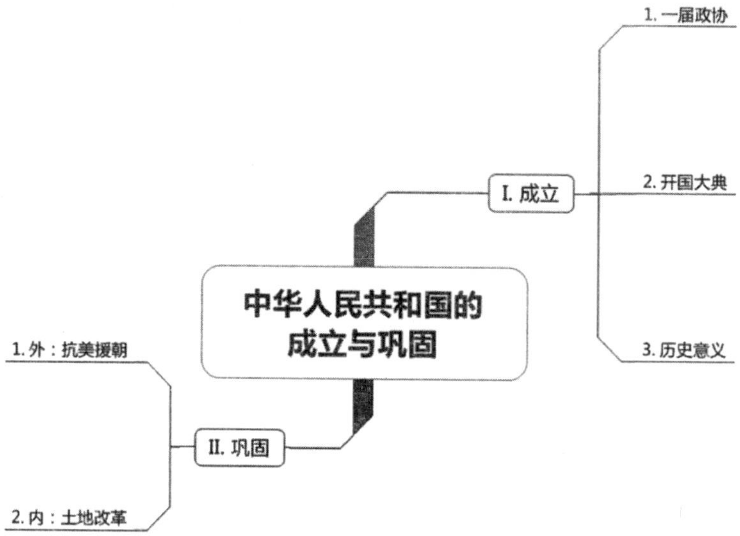

图 2.58　中华人民共和国的成立与巩固

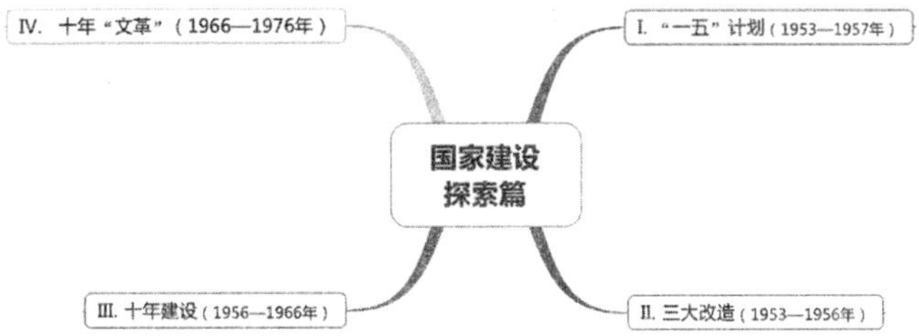

图 2.59 国家建设探索篇

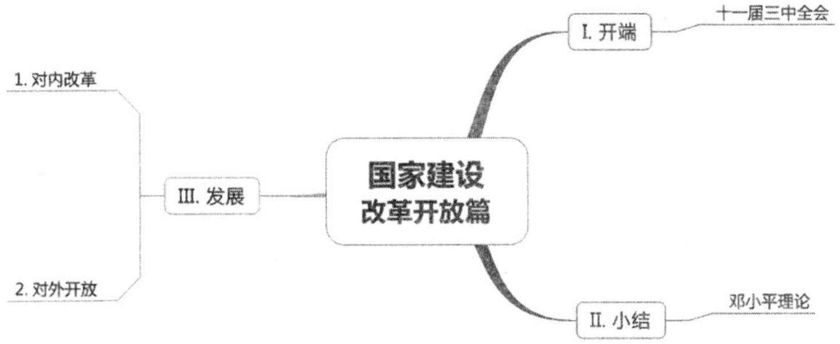

图 2.60 国家建设改革开放篇

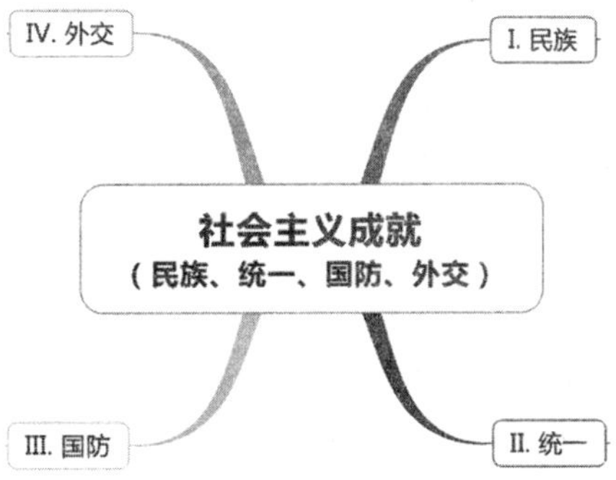

图 2.61 社会主义成就（民族、统一、国防、外交）

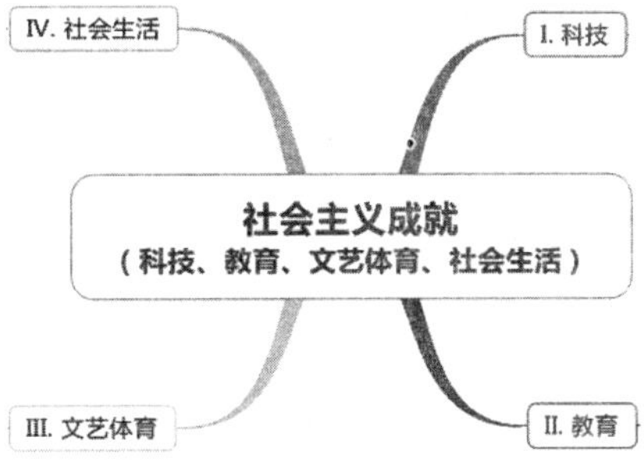

图 2.62 社会主义成就（科技、教育、文艺体育、社会生活）

这样设计旨在让学生复习时动脑、动手，以提升复习的实效性，改变以前教师一手包办的复习模式（准备好一切复习资料），改变学生死记硬背的复习方式。其实，学优生和中等生完全可以自己独立完成思维导图的重新绘制，之所以给学生提供框架，是为了照顾学困生，给他们以引导，使他们能够参与到学习中来。当然，对学困生的要求不能过高，因为他们的基础差，所以他们绘制的思维导图可以适当简单些，教师要以鼓励为主，多指导他们，或者让学优生、中等生帮助他们，激发他们学习的主动意识，比什么都重要。

学生们用这种方法复习，效果很不错。

2013级八年级（5）班的苏同学，学习非常认真，成绩不错，但是并不拔尖。在教学中我要求她多画思维导图，可是她并没有在意，每到考试时都用老办法进行复习。后来，在课堂上我要求每位同学必须画思维导图，坚持了半年，期中考试时她考了班级第一名。期末考试时我没有给学生准备复习资料，而是让他们自己整理。考前她妈妈告诉我："苏××认真画思维导图，不知不觉就记住了，记东西不再像以前那么痛苦了。"苏同学的妈妈是我的同事，看到孩子的变化，在教学中她也要求自己的学生绘制思维导图，她说："思维导图绝对能提升学生的思维品质。"

我班的徐同学起初对思维导图根本没有上心，每次历史考试成绩都在80分左右。到了八年级，在我的"逼迫"下，学生们每节课都得认真地用思维导图记笔记，不知不觉中，徐同学喜欢上了这种学习方式，期中考试历史考了92分——班级第一的好成绩。尝到甜头之后，他在地理、政治等学科的复习中也用上了这种方法。

2. 用思维导图进行专题复习

第一轮复习要梳理知识点，全面复习要点，注重基础，呈现的是横向逻辑；第二轮复习一般要抓住重点、突破难点，注重知识的深入理解、思考，这个过程体现的是纵向逻辑。用思维导图进行专题复习就是很有效的一种方式。

图2.63和图2.64是我在2014年中考复习阶段设计的思维导图，图2.63是"改革开放"的专题复习，这些知识点在第一轮复习的思维导图里面都有呈现，但是分散在各个阶段的历史之中，学生复习效率相对较低。第二轮复习时，我通过这张思维导图把它们综合在一起，一目了然，复习效率大大提升。图2.64是根据教研精神进一步整理的专题复习导图，针对性、方向性更强，更便于学生把握中考方向。

3. 用思维导图指导解题方法

全国各地历史考试形式有别，题型有异，但材料解析题（论述题、探究题等）肯定是共性的，解题方法是相通的。

（1）思维导图四步解题法①。

对材料解析题解题方法的总结有很多，可谓仁者见仁，智者见智。而思维导图四步解题法（又称"点线面体"解题法，如图2.65），则可以让学生的思路更加清晰，得出的答案更有条理。

① 四步解题法是由蔡劲松老师提出的。

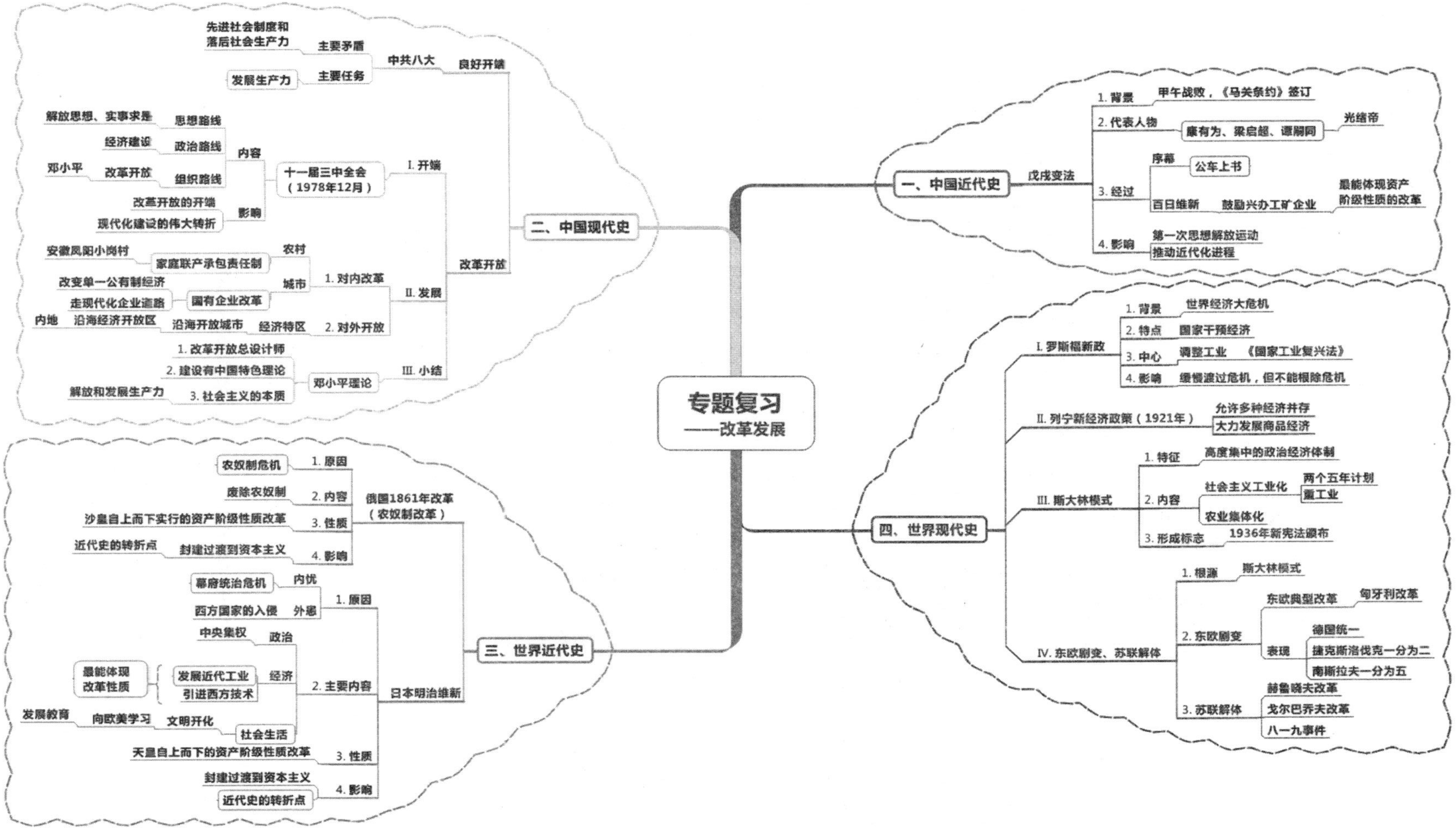

图 2.63　中考专题复习——改革发展

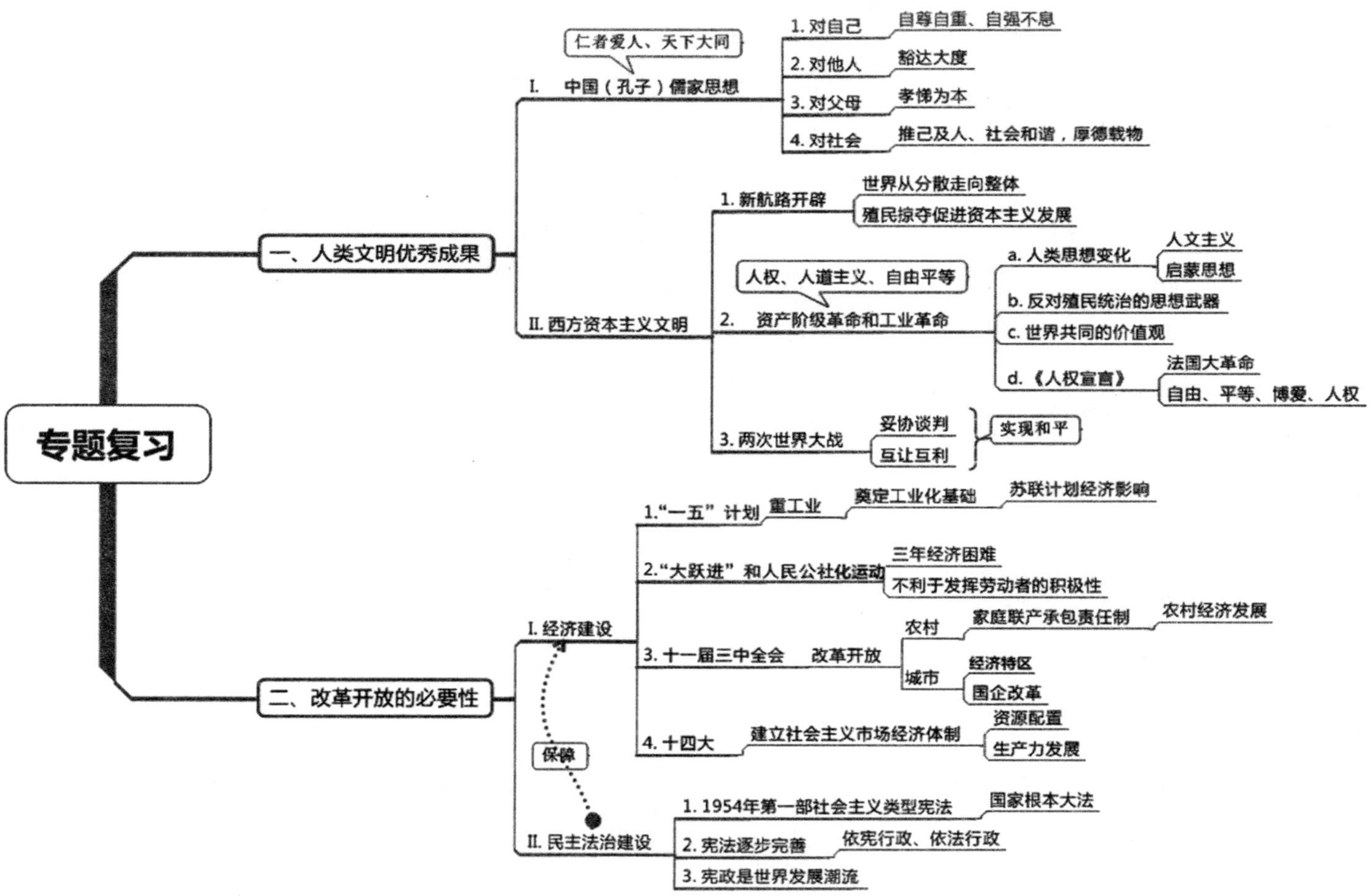
专题复习
一、人类文明优秀成果
I. 中国（孔子）儒家思想
仁者爱人、天下大同
1. 对自己
自尊自重、自强不息
2. 对他人
豁达大度
3. 对父母
孝悌为本
4. 对社会
推己及人、社会和谐，厚德载物
II. 西方资本主义文明
1. 新航路开辟
世界从分散走向整体
殖民掠夺促进资本主义发展
2. 资产阶级革命和工业革命
人权、人道主义、自由平等
a. 人类思想变化
人文主义
启蒙思想
b. 反对殖民统治的思想武器
c. 世界共同的价值观
d.《人权宣言》
法国大革命
自由、平等、博爱、人权
3. 两次世界大战
妥协谈判
互让互利
实现和平
二、改革开放的必要性
I. 经济建设
1.“一五”计划
重工业
奠定工业化基础
苏联计划经济影响
2.“大跃进”和人民公社化运动
三年经济困难
不利于发挥劳动者的积极性
3. 十一届三中全会
改革开放
农村
家庭联产承包责任制
农村经济发展
城市
经济特区
国企改革
4. 十四大
建立社会主义市场经济体制
资源配置
生产力发展
保障
II. 民主法治建设
1. 1954年第一部社会主义类型宪法
国家根本大法
2. 宪法逐步完善
依宪行政、依法行政
3. 宪政是世界发展潮流

图 2.64 中考专题复习

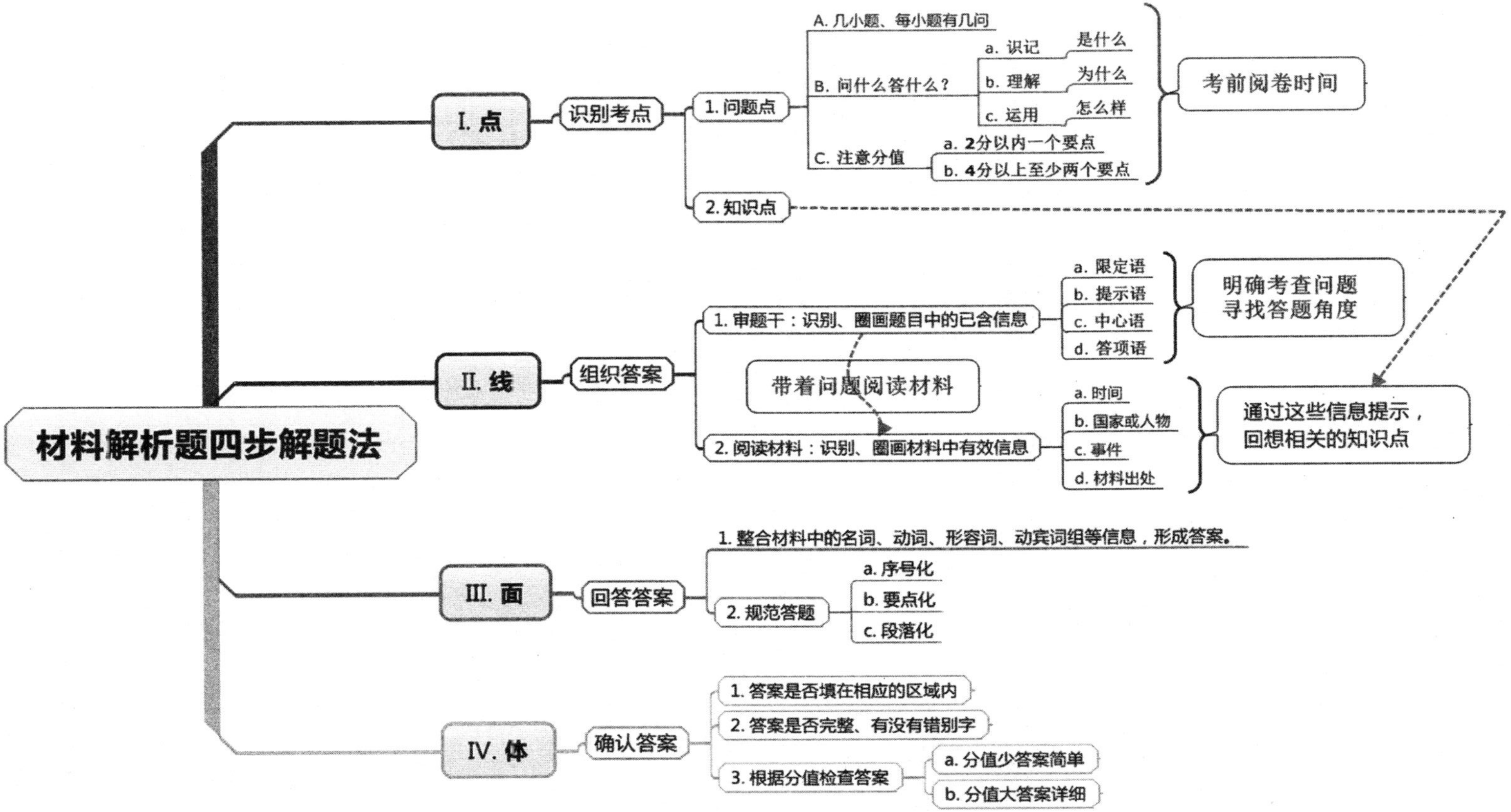

图 2.65　材料解析题四步解题法

（2）思维导图四步解题法的实际应用。

① 例题一（初中历史）。

材料：列宁对此感到很欣慰，他说："在战争结束的时候，俄国就像一个被打得半死的人……而现在，谢天谢地，他居然能够拄着拐杖走动了！"……这个结果是什么呢？结果就是，把市场，实际上就等于把商品、货币、市场机制引进到苏联的社会主义建设里面去，在马克思主义的发展史上，这是一个重大突破。

——《大国崛起》解说词

请回答：

材料中所说的俄国"能够拄着拐杖走动"得益于什么政策？为什么说它是对马克思主义理论的重大突破？

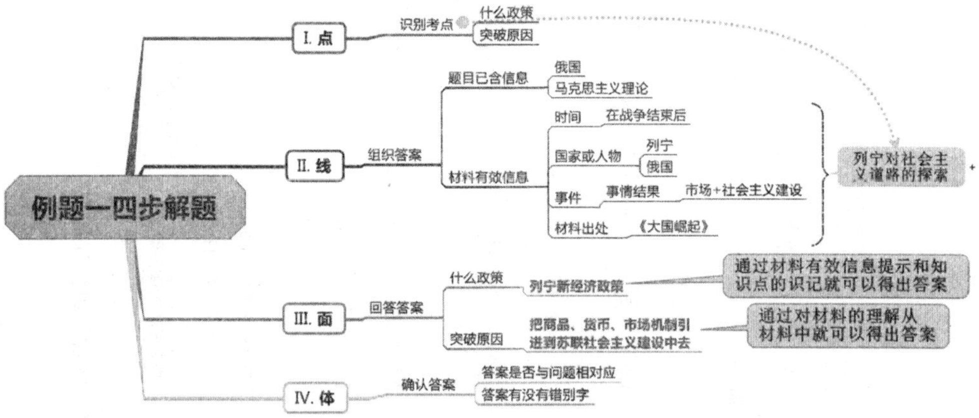

图 2.66　例题一四步解题

② 例题二（高中历史）。

近代以来，为了民族独立和国家富强，先进的中国人进行了艰辛探索，走上了民族复兴之路。阅读下列材料，回答问题。

材料：民国初期，陈嘉庚说："今日国势危如累卵，所赖以维持者，惟此方兴之教育与未死之民心耳。"黄炎培也说："今吾中国至重要，至困难问题，厥惟生计；曰求根本上解决生计问题，厥惟教育。"

——朱英《辛亥革命与近代中国社会变迁》

据材料概括两人共同的救国主张。联系所学知识，指出此类主张的积极意义和无法实现的原因。

在我们平时解答材料解析题时，大都按照上面两道例题的思路，直接在材料中勾画出相关信息，然后再进行答题。图 2.66、图 2.67 则是通过思维导图把这些内容呈现出来，与传统解题方法的差别在于思维模式不一样，传统解题方法用的是线性思维，而思维导图四步解题法体现的是集中发散思维（简称"集散思维"），集中指把材料中的这些内容归纳、提炼出来，发散指从中心主题往外延伸、演绎。基础好的学生用线性思维也能很好地解决问题，但基础一般或者较差的学生就不一定了，因为他们容易被材料中的其他信息迷惑，不能很好地把握关键词，从而影响了答题。

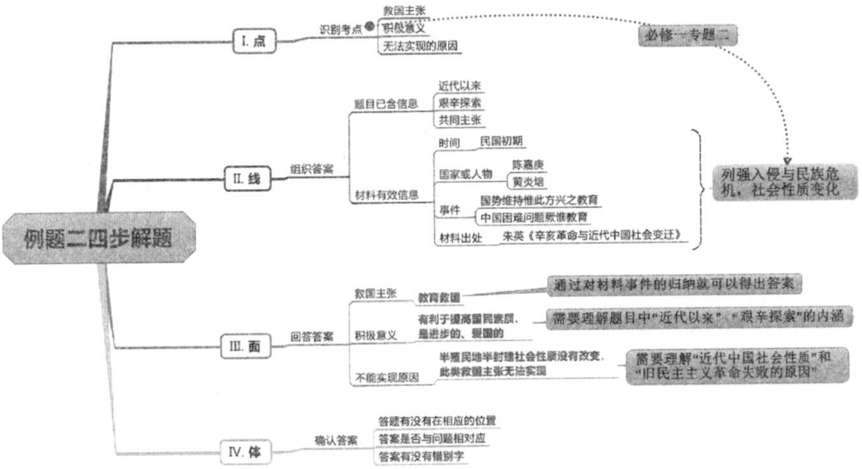

图 2.67　例题二四步解题

而使用集散思维旨在让学生通过图示把答题要素提炼出来，以使学生的思路更加清晰，这是有助于答题的。

可能有人会问："这样做不是很浪费时间吗？"其实不会，首先，"功夫做在平时"，经过平时的训练，学生完全可以做到边看材料边画图，根本不会浪费时间；其次，图 2.66、图 2.67 是为了说明问题，把方法和解题过程综合在了一起，描述得比较详细，在平时训练和考试时则完全可以画得简单些（只要自己能看明白就行）；再次，经过平时的训练，学生已经具备了一定的思维能力，在考试时可以快速地在头脑中画出图，然后就可以直接解决问题了。

三、讲评课教学

每次考试结束，成绩固然重要，但更重要的是进行考试分析，切实为下一阶段的教与学服务。那么，如何才能更高效地进行考试分析呢？下面借助思维导图工具谈谈我个人的看法。

1. 用思维导图呈现考试情况

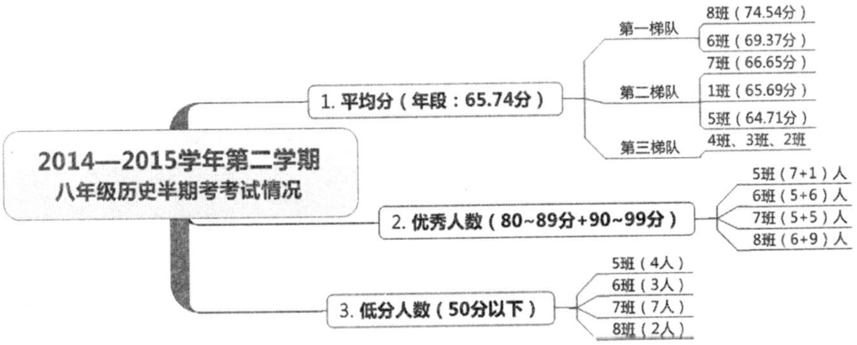

图 2.68　2014—2015 学年第二学期八年级历史半期考考试情况

2. 通过思维导图反馈考试问题

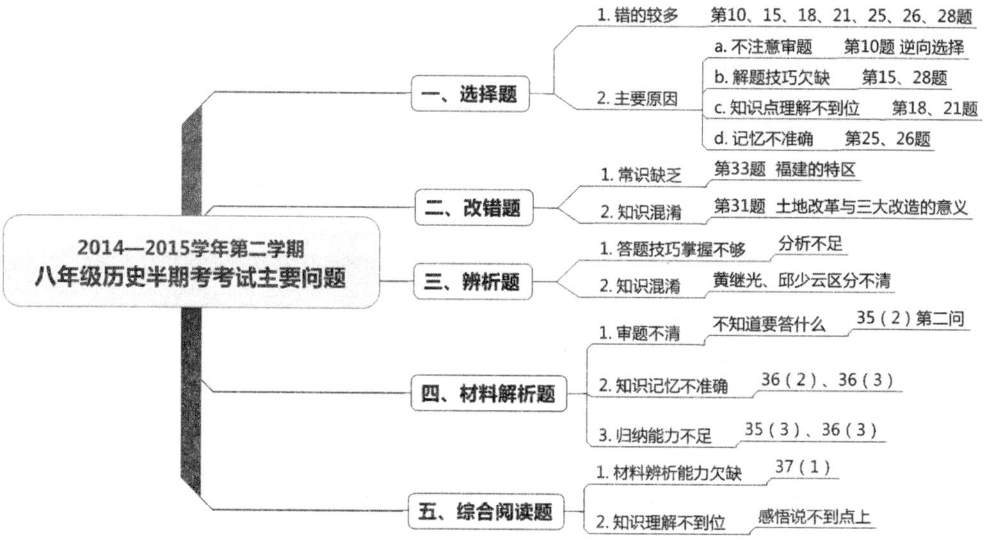

图 2.69　2014—2015 学年第二学期八年级历史半期考考试主要问题

3. 借助思维导图高效分析试卷

(1) 试卷双向细目分析。

下面以高考历史福建卷、中考历史厦门卷为例进行分析。

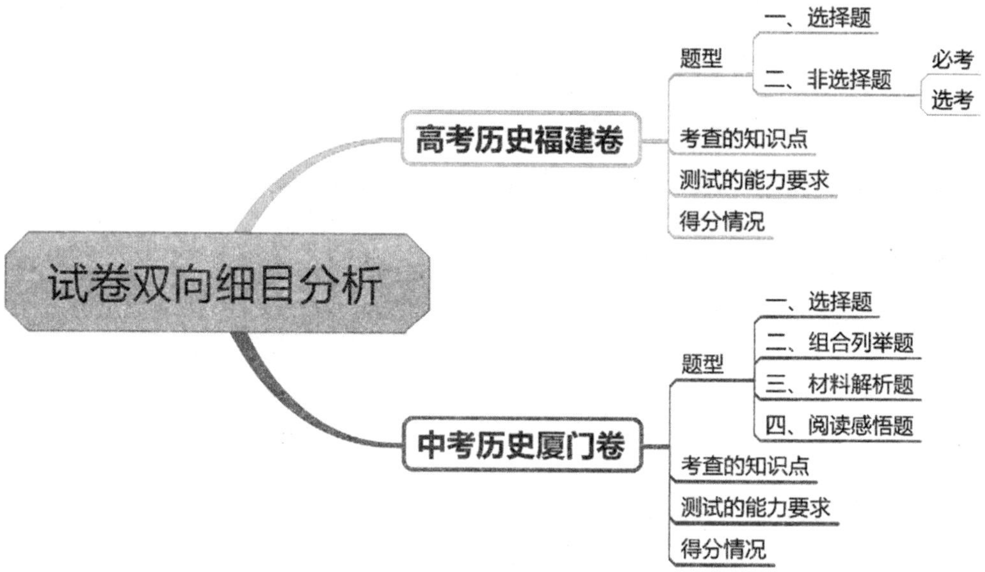

图 2.70　试卷双向细目分析

高考历史福建卷双向细目表

<table>
<tr><th colspan="3">试题</th><th>考查知识点</th><th>能力测试要求</th><th>得分</th></tr>
<tr><td colspan="2" rowspan="12">一、选择题（48分）</td><td>13</td><td>必修三专题二　中国古代文化</td><td>分析</td><td></td></tr>
<tr><td>14</td><td>必修二专题一　古代中国的商业、坊市制度</td><td>记忆、分析</td><td></td></tr>
<tr><td>15</td><td>必修二专题一　古代中国的经济政策</td><td>分析、理解</td><td></td></tr>
<tr><td>16</td><td>必修一专题三　辛亥革命</td><td>理解</td><td></td></tr>
<tr><td>17</td><td>必修三专题三　新文化运动</td><td>记忆</td><td></td></tr>
<tr><td>18</td><td>必修一专题五　中华人民共和国初期的外交（日内瓦、万隆会议）</td><td>记忆、理解</td><td></td></tr>
<tr><td>19</td><td>必修三专题六　神权下的自我</td><td>理解</td><td></td></tr>
<tr><td>20</td><td>必修三专题六　专制下的启蒙、启蒙运动</td><td>理解</td><td></td></tr>
<tr><td>21</td><td>必修二专题五　走向世界的资本主义市场、自由贸易政策</td><td>综合、运用</td><td></td></tr>
<tr><td>22</td><td>必修二专题七　苏联社会主义建设、斯大林模式</td><td>记忆、分析</td><td></td></tr>
<tr><td>23</td><td>必修三专题七　近代以来科技、人类文明的引擎</td><td>记忆</td><td></td></tr>
<tr><td>24</td><td>必修二专题六　当代资本主义的新变化、日本政府主导型</td><td>分析、综合</td><td></td></tr>
<tr><td rowspan="8">二、非选择题（52分）</td><td rowspan="4">必考（37分）</td><td rowspan="4">38</td><td>必修一专题二　列强入侵与民族危机</td><td>记忆、归纳、分析</td><td></td></tr>
<tr><td>必修二专题三　中国社会主义建设道路的探索（1949—1956年）</td><td>记忆、理解</td><td></td></tr>
<tr><td>必修二专题三　社会主义建设曲折前进（1956—1966年）</td><td>概括、分析、比较</td><td></td></tr>
<tr><td>必修二专题三　伟大的历史性转折</td><td>分析</td><td></td></tr>
<tr><td rowspan="4">选考（15分）</td><td rowspan="2">选A</td><td>必修三专题六　马丁·路德宗教改革</td><td>概括、分析</td><td></td></tr>
<tr><td>必修三专题六　马丁·路德、卡尔文宗教改革</td><td>理解、综合</td><td></td></tr>
<tr><td rowspan="2">选B</td><td>选修四专题一　康熙统一政策</td><td>分析</td><td></td></tr>
<tr><td>选修四专题一　康熙对台湾政策</td><td>评价、应用</td><td></td></tr>
</table>

中考历史厦门卷双向细目表

试题		考查知识点	能力测试要求	得分
一、选择题（60分）	1	七上第三单元第 10 课　秦朝的都城	识记	
	2	七上第二单元第 6 课　春秋时期的特点	识记	
	3	七上第三单元第 15 课　西域都护的设立	识记	
	4	七上第四单元第 20 课　北魏孝文帝改革、迁都	理解	
	5	七上第二单元第 5 课　商朝青铜文明	识记	
	6	七下第一单元第 4 课　科举制的诞生	识记	
	7	七下第一单元第 3 课　武则天的统治	理解	
	8	七下第一单元第 7 课　隋唐文化（赵州桥）	识记	
	9	七下第二单元第 12 课　元朝的行政区划制度	识记	
	10	七下第二单元第 14 课　宋元文化（司马光）	识记	
	11	七下第三单元第 15 课　明朝君权加强的措施	理解	
	12	七下第三单元第 16 课　郑和下西洋	识记	
	13	七下第三单元第 21 课　明清文化	识记	
	14	七下第三单元第 19 课　清朝的疆域	识记	
	15	八上第一单元第 4 课　甲午中日战争（开设工厂）	理解	
	16	八上第三单元第 11 课　北伐战争（黄埔军校）	识记	
	17	八上第三单元第 12 课　十年内战、井冈山根据地	识记	
	18	八下第一单元第 1 课　西藏和平解放的意义	识记	
	19	八上第七单元第 21 课　近代文化《天演论》	识记	
	20	八下第二单元第 7 课　“文化大革命”	理解	
	21	八下第四单元第 11 课　民族团结	识记	
	22	八下第四单元第 13 课　海峡两岸的交往	理解	
	23	八下第五单元第 16 课　外交事业的发展	识记	
	24	九上第三单元第 9 课　古希腊早期文化	识记	
	25	九上第四单元第 12 课　《1787 年宪法》	理解	
	26	九上第八单元第 22 课　近代文化（牛顿）	识记	
	27	九下第六单元第 13 课　中东问题的关键	识记	
	28	九下第二单元第 3 课　凡尔赛—华盛顿体系	理解	
	29	九下第一单元第 1 课　俄国十月革命（意义）	理解	
	30	九下第五单元第 10 课　斯大林模式（特征）	识记	

（续表）

试题		考查知识点	能力测试要求	得分
二、组合列举题（20分）	31	（1）七上第二单元第9课　春秋文化（孔子）	识记	
		（2）九上第四单元第10课　文艺复兴（莎士比亚）	识记	
		（3）九上第八单元第22课　近代文化启蒙思想（伏尔泰）	识记	
		（4）九上第八单元第23课　近代文化文学（托尔斯泰）	识记	
		（5）九上第六单元第17课　无产阶级革命导师（马克思）	理解	
	32	（1）九上第一单元第3课　希腊伯利克里改革	理解	
		（2）九上第二单元第4课　日本大化改新	理解	
		（3）九上第二单元第5课　法兰克查理·马特改革	理解	
		（4）九上第六单元第19课　日本明治维新	理解	
		（5）九上第六单元第19课　俄国农奴制改革	理解	
三、材料解析题（12分）	33	（1）八上第四单元第15课　抗日战争及其特征	理解	
		（2）八上第一单元第4课　甲午中日战争割占台湾 八上第四单元第16课　抗战胜利收复台湾	理解	
		（3）八上第四单元第16课　抗战胜利的意义	理解、运用	
四、阅读感悟题（8分）	34	九下第二单元第5课　德国法西斯反犹的罪行、纳粹分子罪行的声讨（平庸的恶）及其感悟	运用	

上面这两份试卷双向细目表是我在2012年对当年中高考做的分析，现在也许时过境迁，题型、题量都发生了变化，但分析方法仍然是通用的。通过双向细目表我们可以非常清楚地知道这次考试有哪些题型、考查了哪些知识点、这些知识点分布在教材的哪部分内容中、属于哪一项能力测试要求。当然我们是没法得知中高考具体得分情况的，但在平时各级各类阶段性考试中完全可以进行得分情况分析，经过这样的分析能真正发现学习中存在的问题，然后做好错题本，这对提升学生学习的有效性是非常有借鉴意义的，而且对中高考考试方向的把握也是很有帮助的。

（2）试卷得失分析。

下面以某学生的试卷为例进行分析。

① 本次考试得失分析（错题分析）。

失分原因大致可以分为以下三种情况。

第一，粗心大意（知道）。就是没有看清楚题目、答题卡填错位置、考试时间没把握好、答题不完整等客观因素造成丢分。

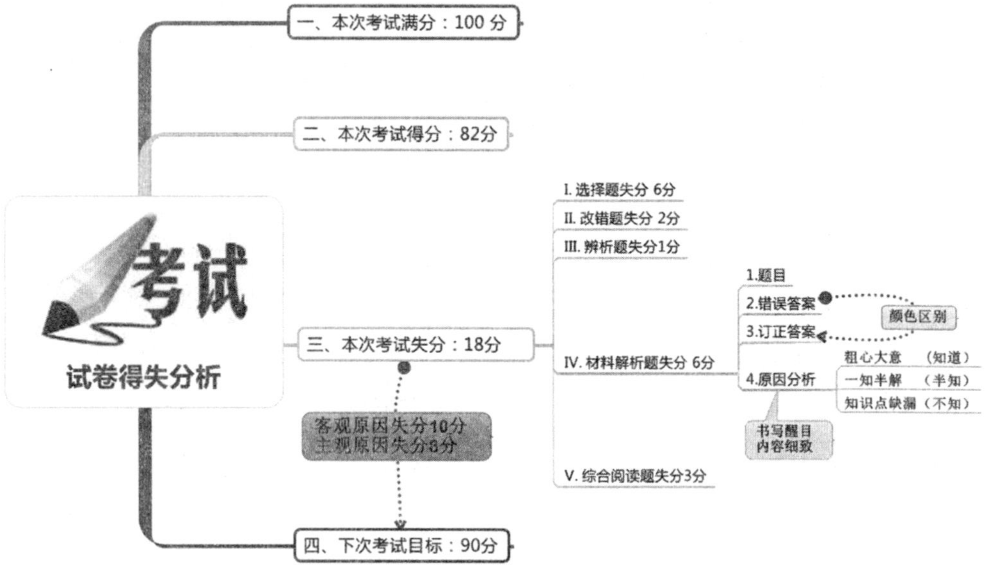

图 2.71　试卷得失分析

第二，一知半解（半知）。现在不少学生比较浮躁，学习不踏实，平时学习时好像都懂了，上课好像也能说，其实并没有牢固掌握，领悟不够透彻，一到考试成绩就不理想，这也是让不少老师困惑的地方。

第三，知识点缺漏（不知）。也就是知识点没有掌握导致考试失分。

失分原因分析是建立错题本的关键，错题本应该包括四个要素：题目，原来的错误答案，订正答案（注意要用不同颜色区别），错误原因分析（最关键的一步，也是最容易被忽略的地方）。错误原因分析一定要细致，如果是因为一知半解，一定要写出没弄明白的地方；如果是因为知识点缺漏，一定要把缺漏的知识点记录在旁，并且要醒目。

经过一段时间的积累，错题本就会成为最宝贵、最适合学生的学习资料。这样做是为了提高下次复习的有效性，避免复习的重复性。在以后的学习过程中要经常翻阅错题本，多看一次等于多检讨一次，这样才能时刻提醒自己，下次考试时才会特别注意，以免犯同样的错误。这样的训练，对考试是非常有帮助的。

通过这个环节的分析，学生能清楚地知道自己学习上存在什么问题，后面的学习就能对症下药，进而提升学习的有效性。

② 制订下次考试目标。

通过分析，学生已经清楚地知道这次考试得分多少、失分多少、主观原因失几分、客观原因失几分，根据这些数据和本次考试失分原因分析就可以比较合理地制订下次考试的目标，这样制订的目标比较切合实际，更能增强学生学习的信心。

但在现实学习中，会这样进行试卷分析的学生少之又少，他们往往觉得太麻烦，不如多做两道题，这是应试教育下题海战术惹的祸。我个人始终认为学习是学会的，不是练会的，尤其是在中高考总复习阶段，用上面介绍的方法进行总结复习，远比搞题海战术更为有效。

第五节 思维导图教学法之学生的学

一、学科“三点本”

掌握了方法，有了充足的动力，我们的学习之旅就可以启航了。首先我们一起来分析学科“三点本”的应用。

“三点本”是指疑点本、重点本、错点本（也叫错题本），它凸显了学习内容的疑点、重点、错点，且对其进行了有效的管理。

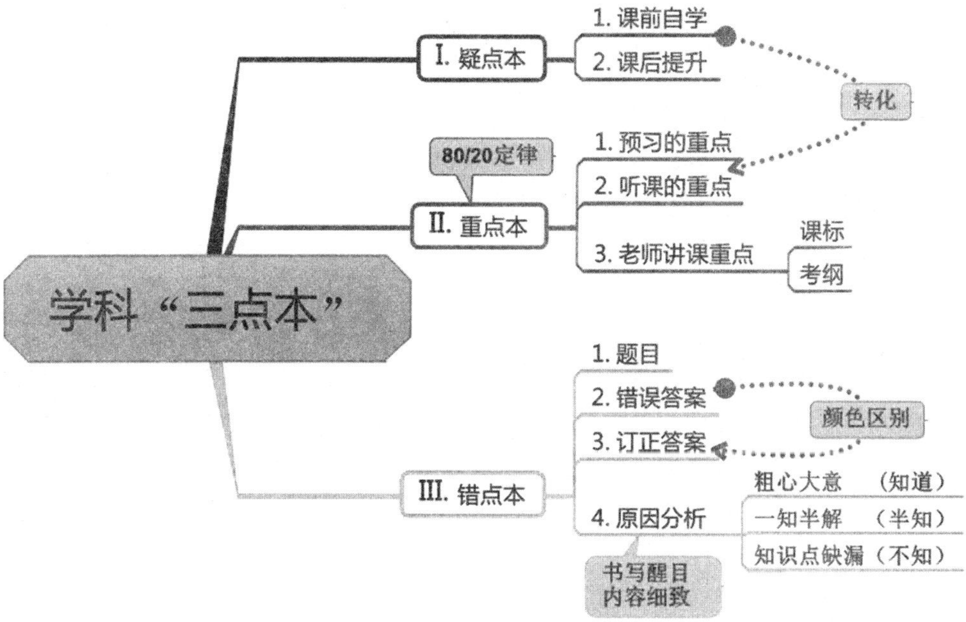

图 2.72 学科“三点本”

1. 疑点本

疑点主要指在课前自学时弄不明白的地方、在课后提升中存在问题的地方，是个人学习重中之重的地方，所以有必要对这些知识点进行管理，建立相应的疑点本。疑点本的建立可大大提高学生学习的有效性、针对性，避免浪费时间在已经掌握的知识点上。

2. 重点本

首先要辩证地认识“重点”，学习的重点可以包括预习的重点、听课的重点、老师讲课重点。“80/20 定律”大家并不陌生，它同样适用于学习，如果说学习的内容是 100%，那么最重要的内容只占 20%，其他 80%的内容大都是对 20%的重点的解释，所以在学习中我们只要掌握好这 20%就能达到不错的水平。在预习时，我们可以针对这 20%的内容预先画出一张思维导图，这就是预习的重点；弄不明白的（学习上的疑点）做好记号，第二天上课时认真听老师是怎样说的，这就是听课的重点，也是个人学习的重点；在课中还要认真听老师结合课标、考纲讲解的本课重点。认真听讲后还是弄不明白的（学习上的难点），就要记录在专门的本子上，要找老师或同学问明白，这就是重点本。

3. 错点本

错点本就是汇集了学习中常错的题目的本子。之所以称为错点本，是因为很多时候都错在同一个知识点上。那么，如何有效编制错点本呢？

首先，确定错题分析对象，它可以是随堂考试、单元考试、月考、期中考、期末考、升学模拟考等考试中的错题，这里并不是要求每次考试都要将所有的错题进行分析，而是要选择比较有代表性的错题进行分析，毕竟学生学习科目多、时间有限。

其次，明确有效的错点本包括四个要素，即题目、原来的错误答案、订正的答案（注意用不同颜色区别）、错误原因分析（最关键的一步）。

如何进行错误原因分析呢？大致可以参考这三种情况：粗心大意（知道），一知半解（半知），知识点缺漏（不知）。

原因分析一定要细致，如果是因为一知半解，一定要写出没弄明白的地方；如果是因为知识点缺漏，一定要把缺漏的知识点醒目地记录在旁。这样做的目的是提高下次复习的有效性，避免复习的重复性。复习频率要高，多看一次等于多检验一次，尤其是毕业班的学生，一定要多看，这样才能时刻提醒自己，下次考试时才会特别注意，以免犯同样的错误，尤其是“粗心大意”这样的错误。

二、学科导图本

学科导图本不是给学生做好完整的学科知识导图，而是教给学生方法，让学生学会如何给一本书、一个单元、一篇课文、一个子目、一个事件等知识绘制思维导图，然后再应用到平时的学习中，学会独立绘制思维导图。思维导图是画给自己看的，是方便自己学习的一个工具，只有集中了自己智慧的思维导图才具有生命力，也才最适合自己。下面以历史学科为例来介绍学科导图本。

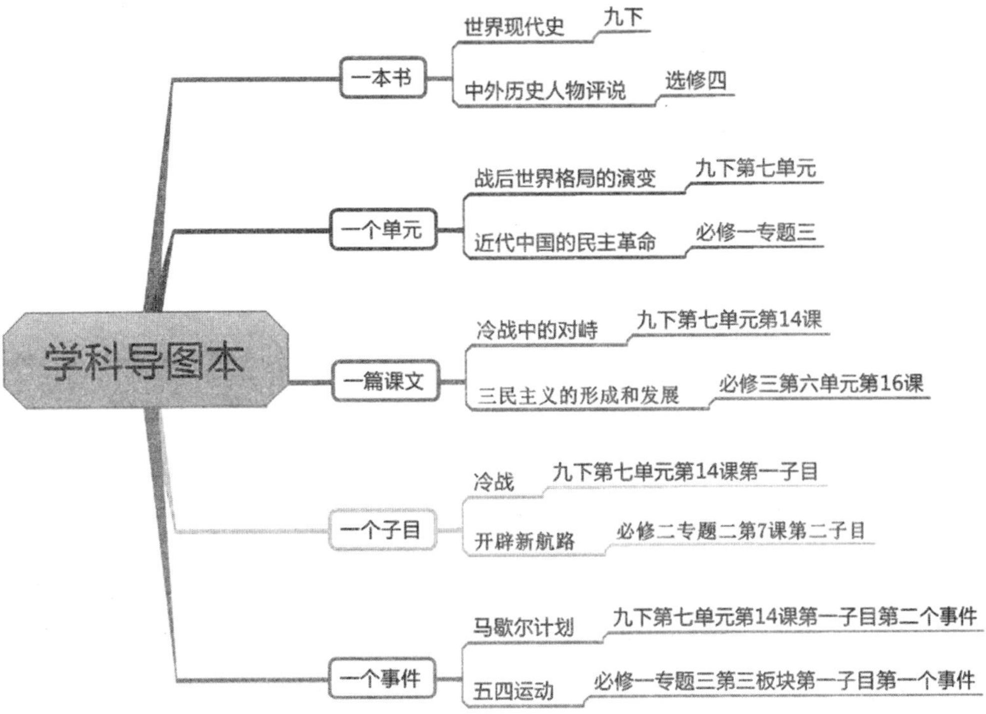

图 2.73 学科导图本

(一) 初中历史(人教版)

1. 一本书的知识导图

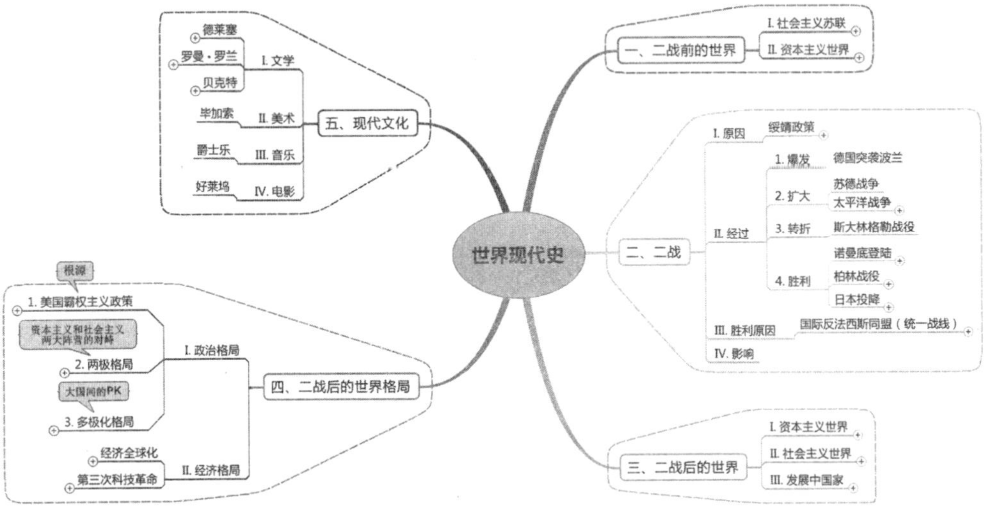

图 2.74 世界现代史

2. 一个单元的知识导图

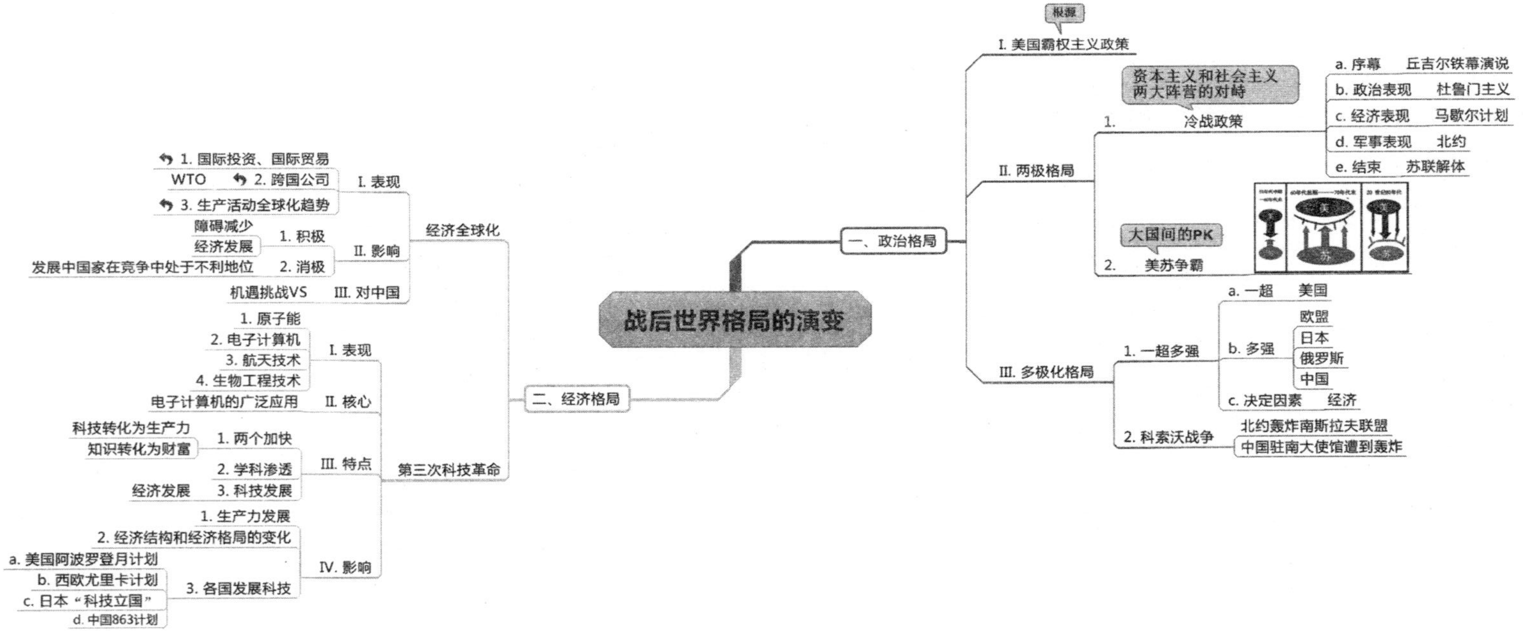

图 2.75　战后世界格局的演变

3. 一篇课文的知识导图

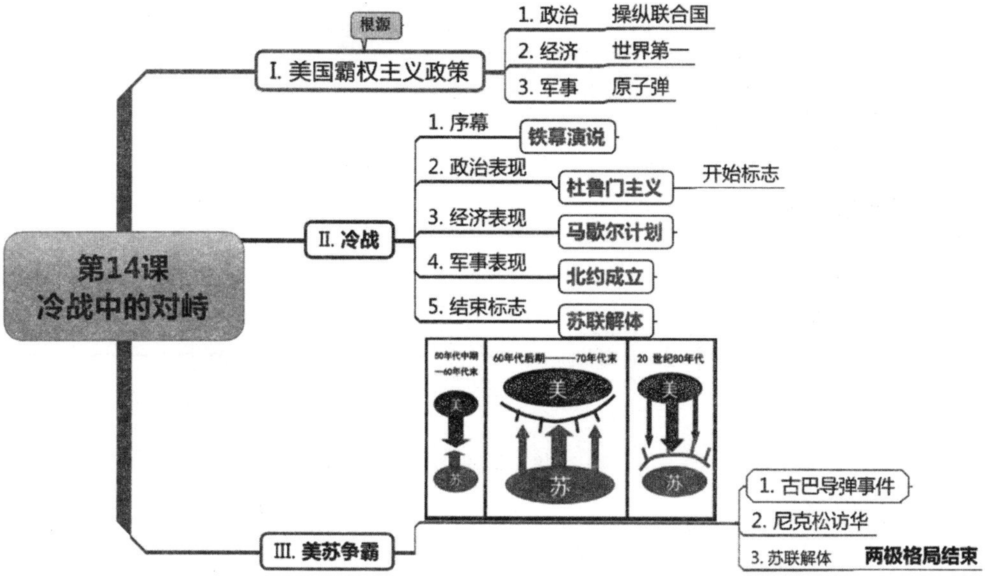

图 2.76　冷战中的对峙

4. 一个子目的知识导图

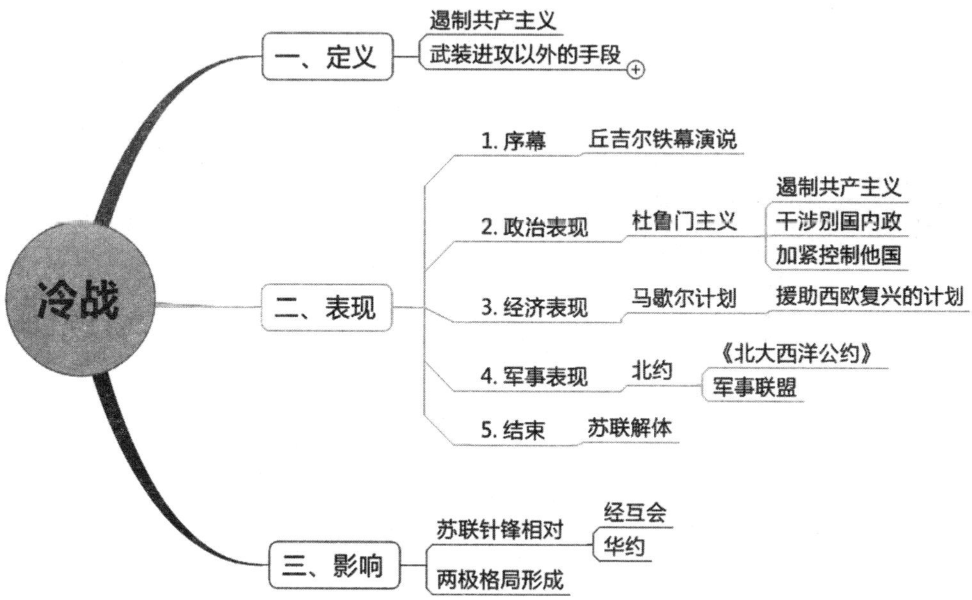

图 2.77　冷战

5. 一个事件的知识导图

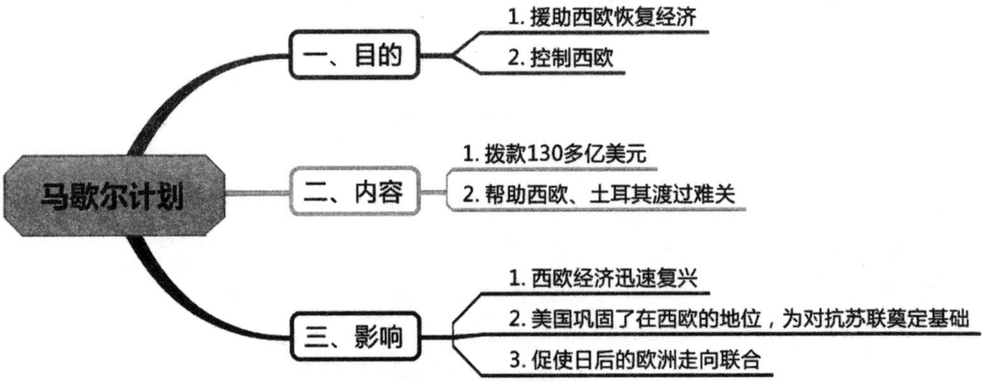

图 2.78 马歇尔计划

（二）高中历史

1. 一本书的知识导图

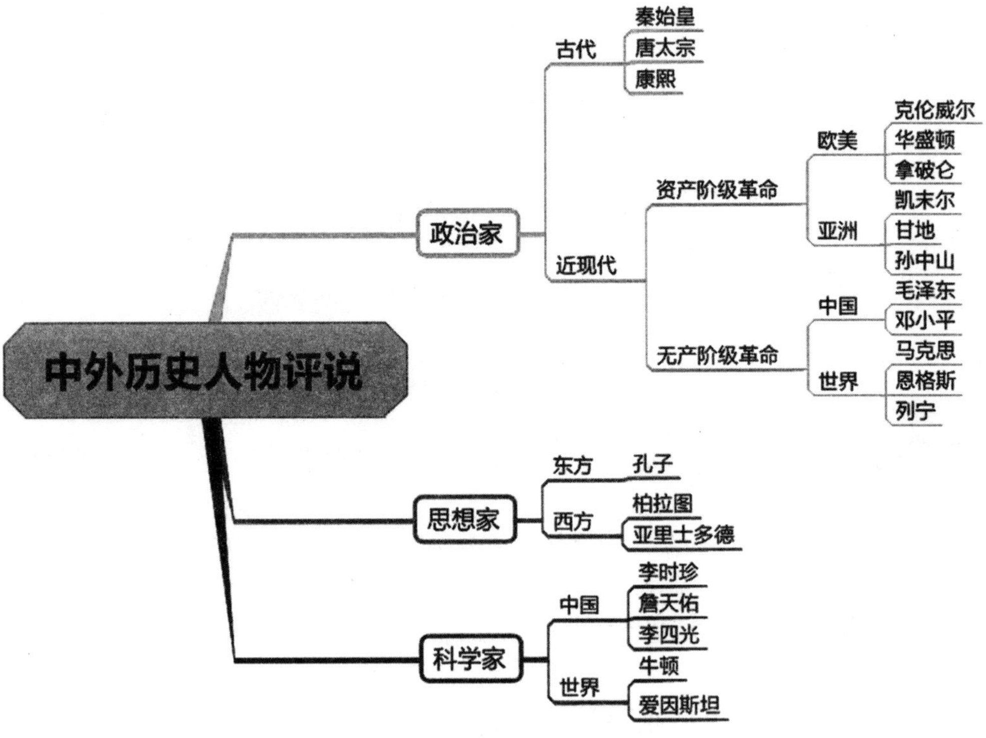

图 2.79 人教版选修四《中外历史人物评说》

该思维导图以历史新课标为基础构建，适用于各版本教材。

2. 一个单元的知识导图

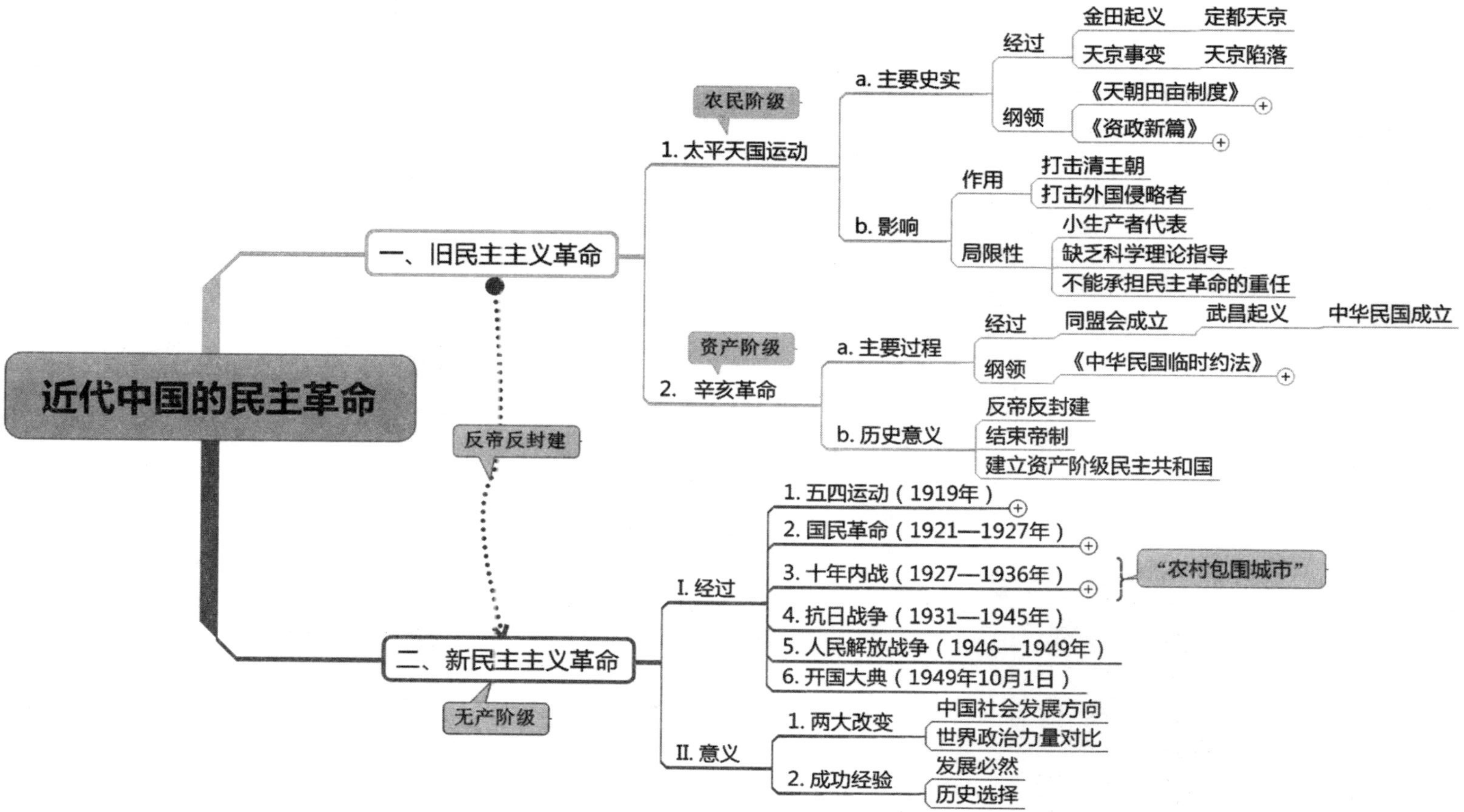

图 2.80　人民版必修一专题三“近代中国的民主革命”

3. 一篇课文的知识导图

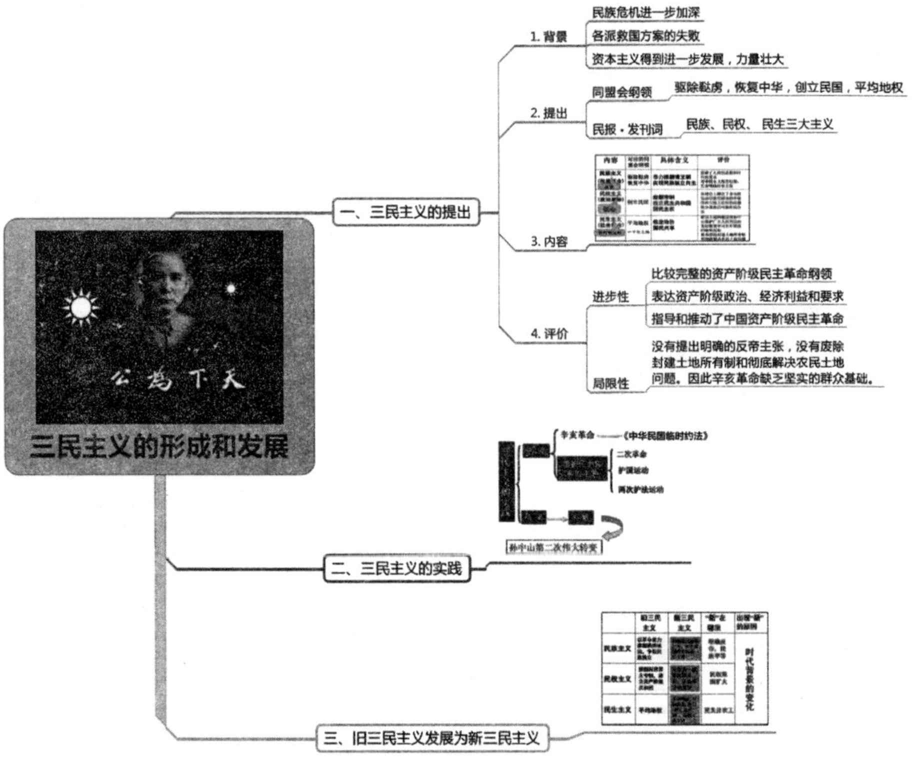

图 2.81　人教版必修三第六单元第 16 课“三民主义的形成和发展”

4. 一个子目的知识导图

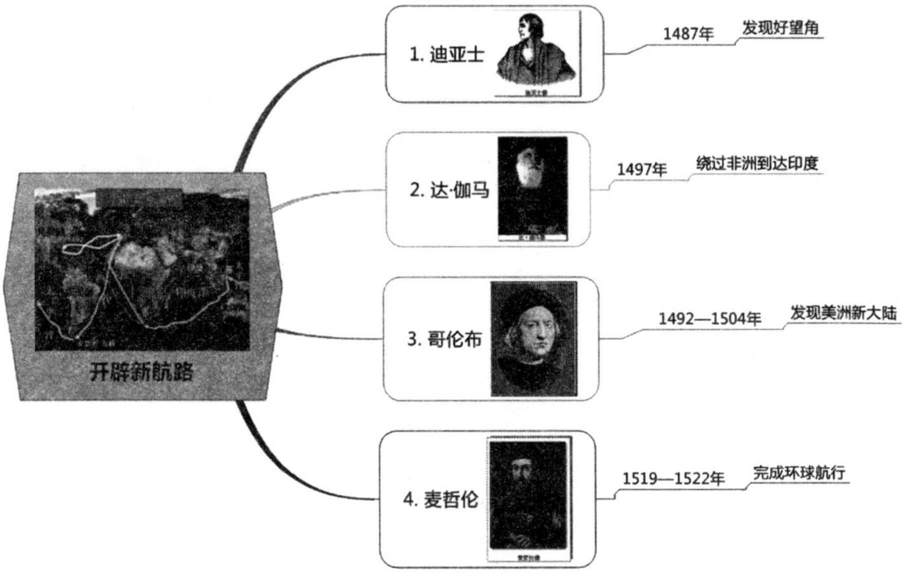

图 2.82　岳麓版必修二专题二第 7 课第二子目“开辟新航路”

5. 一个事件的知识导图

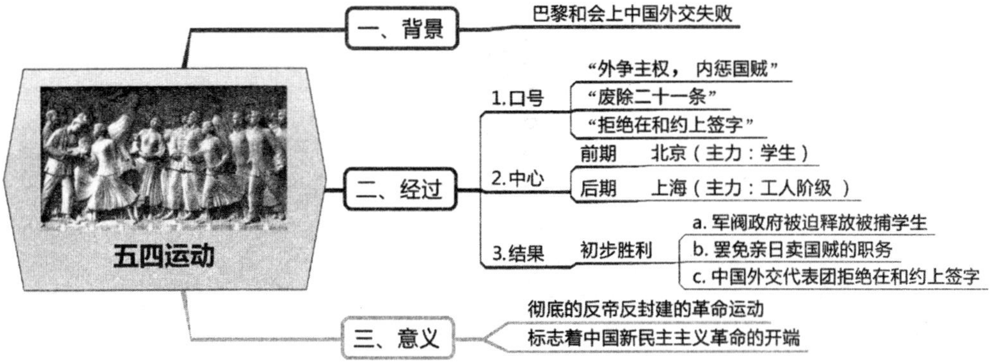

图 2.83　人民版必修一专题三第三板块第一子目第一个事件“五四运动”

学科“三点本”、学科导图本适用于各学科，各学科教师可根据自己学科的需要进行适当调整。

三、语文学习应用

在我们中学的九大学科中，语文学科知识的系统性是相对较弱的，没办法形成完整的知识体系，但如果我们运用“点、线、面、体”这种系统的思维模式，也能把语文学科中相对散乱的知识关联起来。语文学习首先要解决字词的读音、书写和标点等问题，了解文章的作者及相关常识，这些都属于“点”的学习；对句子、语法等知识的掌握是“线”的学习；把这些综合起来进行阅读理解、分析属于“面”的学习；应用所学知识进行演说、写作是“体”的学习，它是语文学习的价值所在。

（一）绘制学科导图本

图 2.84 是旧版人教版七年级下册语文四级知识导图，一级分支是单元学习主题，通过对单元学习提示进行简单归纳即可得出；二级分支是这本书包括的具体课文，直接从目录中就可以看出，但要注意区分精读课文和略读课文（标 * 的是略读课文），图中带背景的是要求背诵的课文（具体篇目可能每个教师要求不同）；三级分支是用一个关键词、短语或句子归纳每篇课文的学习主题；四级分支是一个单元学习完成后做的小结，是对一级分支的细化，两者是互相对应的，每个单元都是以“总—分—总”的结构呈现的。这是一本书的学习总图，综合性比较强，学生一般很难自己完成，在实际应用中，可以先由教师绘制好思维导图，设计成填空模板（如图 2.85）。

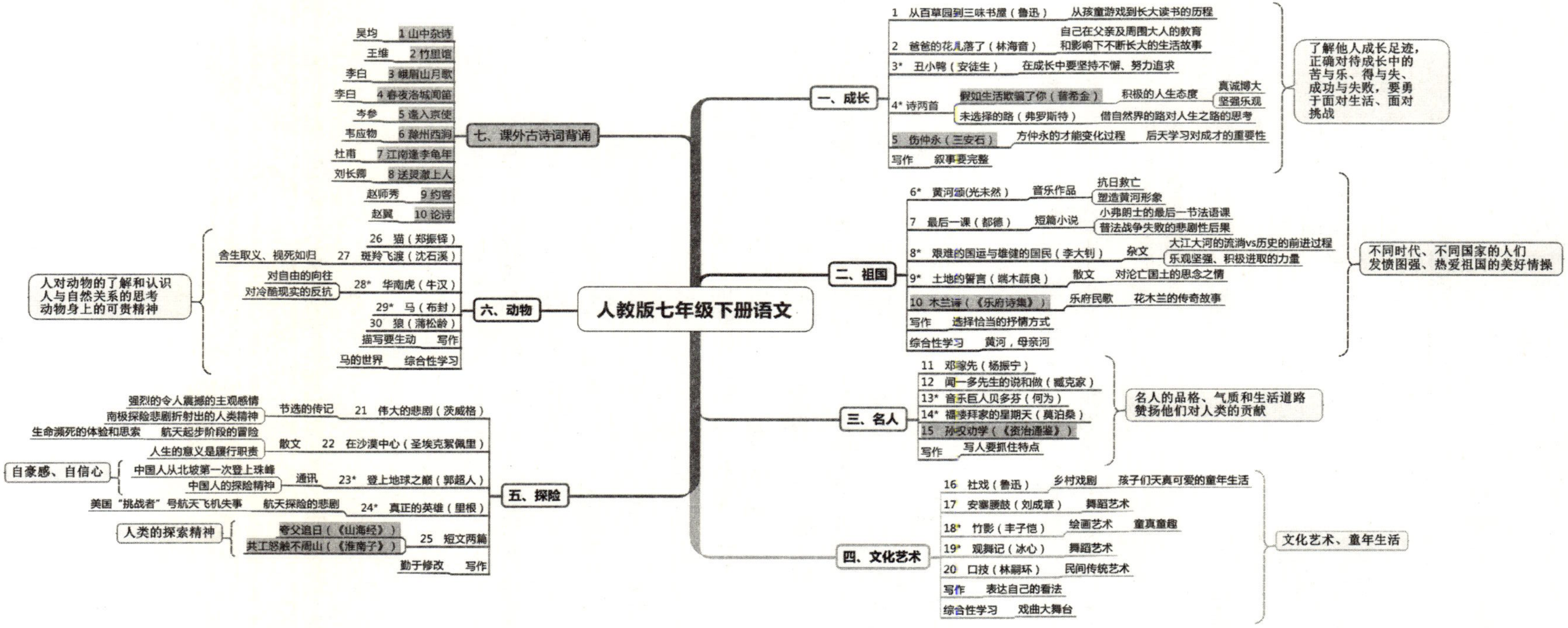

图 2.84　一本书知识体系图

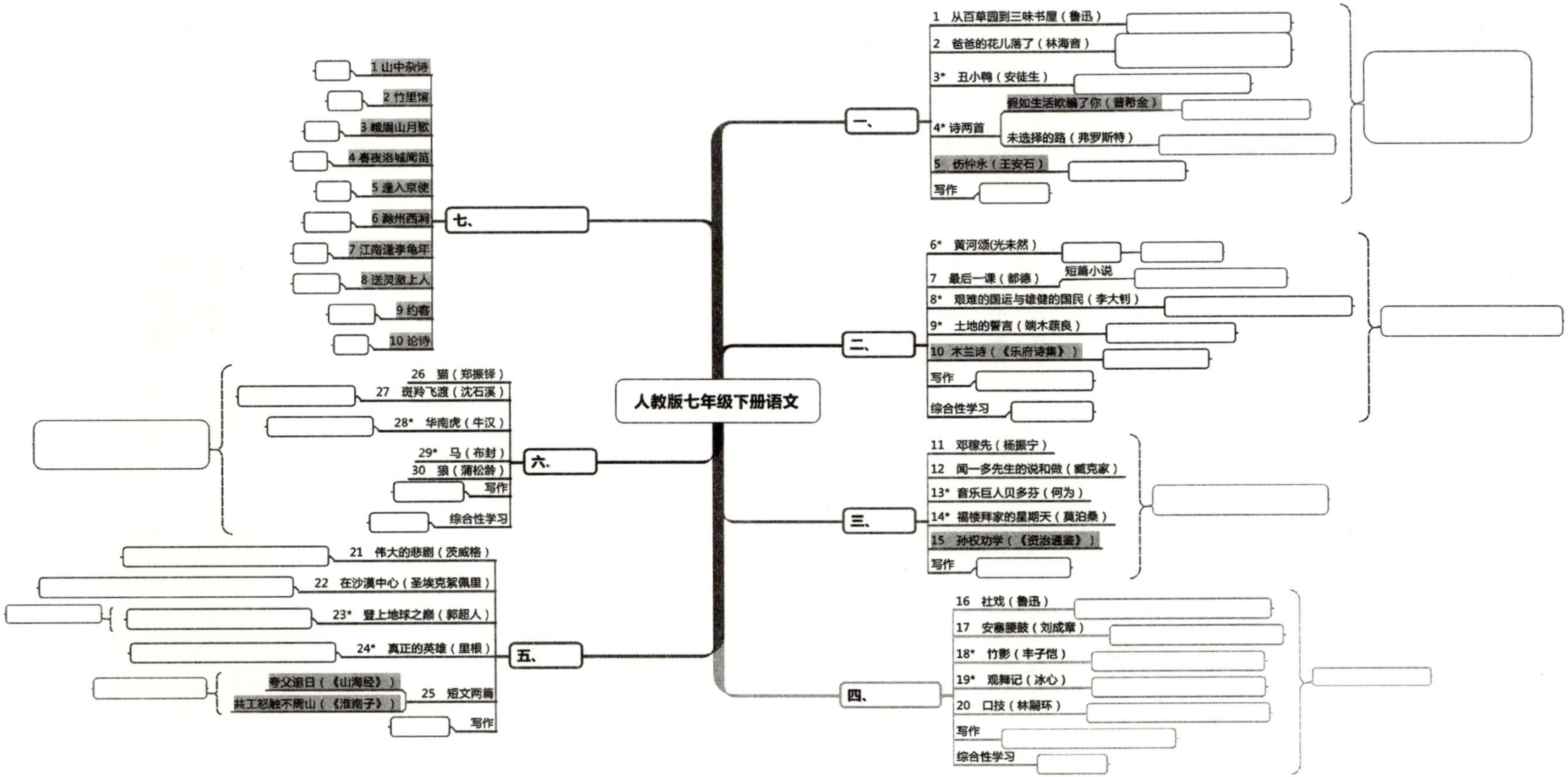

图 2.85 一本书知识体系图（填空）

将填空模板的思维导图发给学生，在开学第一课安排学生阅读每个单元的学习提示，完成一级分支，后面的内容边学习边补充完整。这样做的好处是，能使学生对一本书的学习有整体的认识，对于重点篇目、背诵篇目一目了然，同时可以很好地培养学生的归纳能力和理解能力。

在实际学习中只靠一张总图肯定是不够的，对于精读课文可以继续绘制更为详细的笔记导图。七年级下册语文总共有 17 篇精读课文，也就是要绘制 17 张思维导图。另外，还可以把本册书中的一些语法知识、文学常识等内容也绘制成思维导图，最后形成学科导图本。这对每个学生来说都是最个性化、最适合自己的宝贵学习资料。绘制这一张张思维导图可能会花一点时间，但是在以后月考、期末考、中考复习时就会非常便捷，能使学生条理清楚、紧扣重点，节省大量时间。

（二）绘制阅读笔记思维导图

学科导图本侧重对课内知识的总结与概括，可以培养学生的基本学科素养和基本能力，在此基础上学生才能更好地解决实际应用问题，而阅读理解就是其中很重要的一项应用。全国各地的语文高考、厦门市的历年语文中考，阅读理解部分更多考查的是课外文章，所以语文教学不能局限在课内，进行大量的课外阅读训练是非常有必要的。如何提升课外阅读效率呢？我们可以借助思维导图这个支架工具。

图 2.86 是名著《水浒传》的考点知识导图，是根据中考考纲要求绘制而成的。此外，《西游记》《三国演义》《格列佛游记》等其他名著都可以绘制成类似的思维导图。

图 2.87 是我的老师苏引华写的一篇文章，全文大约有一万字，阅读后觉得不错，就绘制成了这张思维导图，大概有两三百字，以后我要复习这篇文章，就没有必要再看那近万字的原文了。

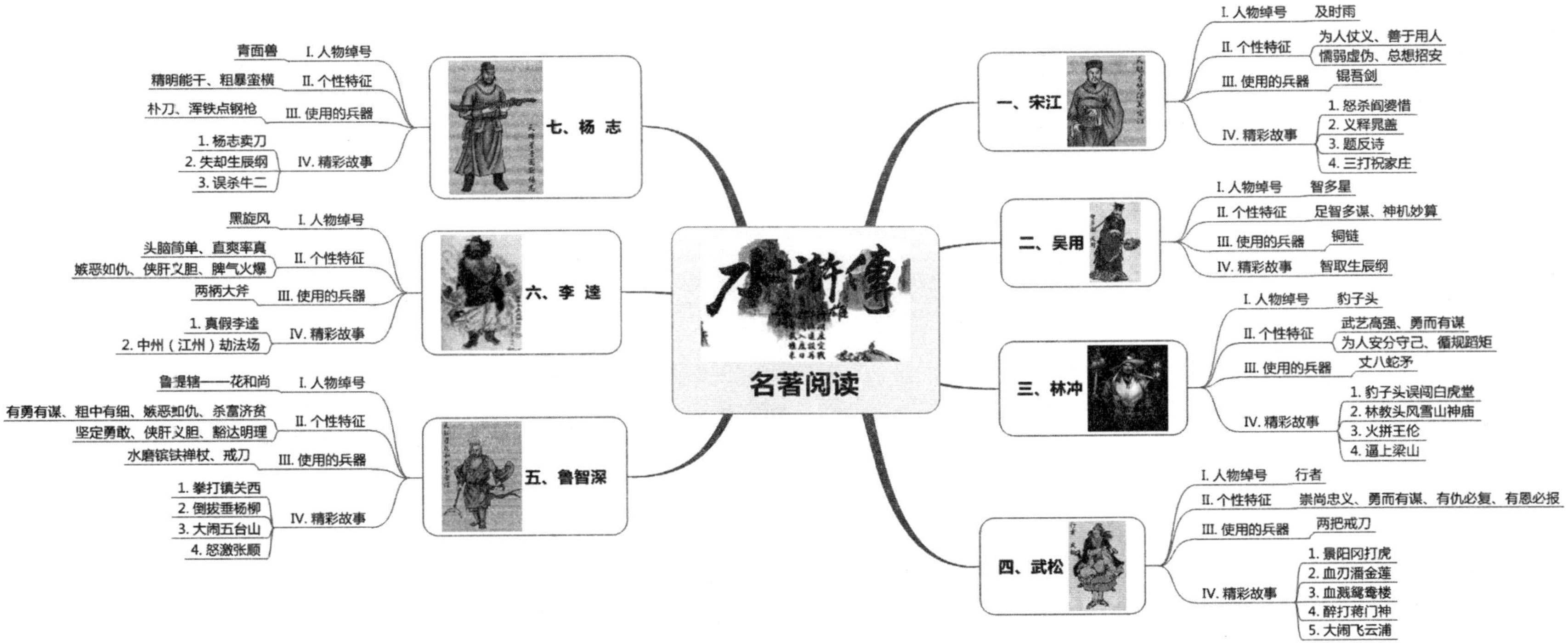

名著阅读
一、宋江
I. 人物绰号
及时雨
II. 个性特征
为人仗义、善于用人
懦弱虚伪、总想招安
III. 使用的兵器
锟吾剑
IV. 精彩故事
1. 怒杀阎婆惜
2. 义释晁盖
3. 题反诗
4. 三打祝家庄
二、吴用
I. 人物绰号
智多星
II. 个性特征
足智多谋、神机妙算
III. 使用的兵器
铜链
IV. 精彩故事
智取生辰纲
三、林冲
I. 人物绰号
豹子头
II. 个性特征
武艺高强、勇而有谋
为人安分守己、循规蹈矩
III. 使用的兵器
丈八蛇矛
IV. 精彩故事
1. 豹子头误闯白虎堂
2. 林教头风雪山神庙
3. 火拼王伦
4. 逼上梁山
四、武松
I. 人物绰号
行者
II. 个性特征
崇尚忠义、勇而有谋、有仇必复、有恩必报
III. 使用的兵器
两把戒刀
IV. 精彩故事
1. 景阳冈打虎
2. 血刃潘金莲
3. 血溅鸳鸯楼
4. 醉打蒋门神
5. 大闹飞云浦
五、鲁智深
I. 人物绰号
鲁提辖——花和尚
II. 个性特征
有勇有谋、粗中有细、嫉恶如仇、杀富济贫
坚定勇敢、侠肝义胆、豁达明理
III. 使用的兵器
水磨镔铁禅杖、戒刀
IV. 精彩故事
1. 拳打镇关西
2. 倒拔垂杨柳
3. 大闹五台山
4. 怒激张顺
六、李逵
I. 人物绰号
黑旋风
II. 个性特征
头脑简单、直爽率真
嫉恶如仇、侠肝义胆、脾气火爆
III. 使用的兵器
两柄大斧
IV. 精彩故事
1. 真假李逵
2. 中州（江州）劫法场
七、杨志
I. 人物绰号
青面兽
II. 个性特征
精明能干、粗暴蛮横
III. 使用的兵器
朴刀、浑铁点钢枪
IV. 精彩故事
1. 杨志卖刀
2. 失却生辰纲
3. 误杀牛二

图 2.86　名著阅读导图

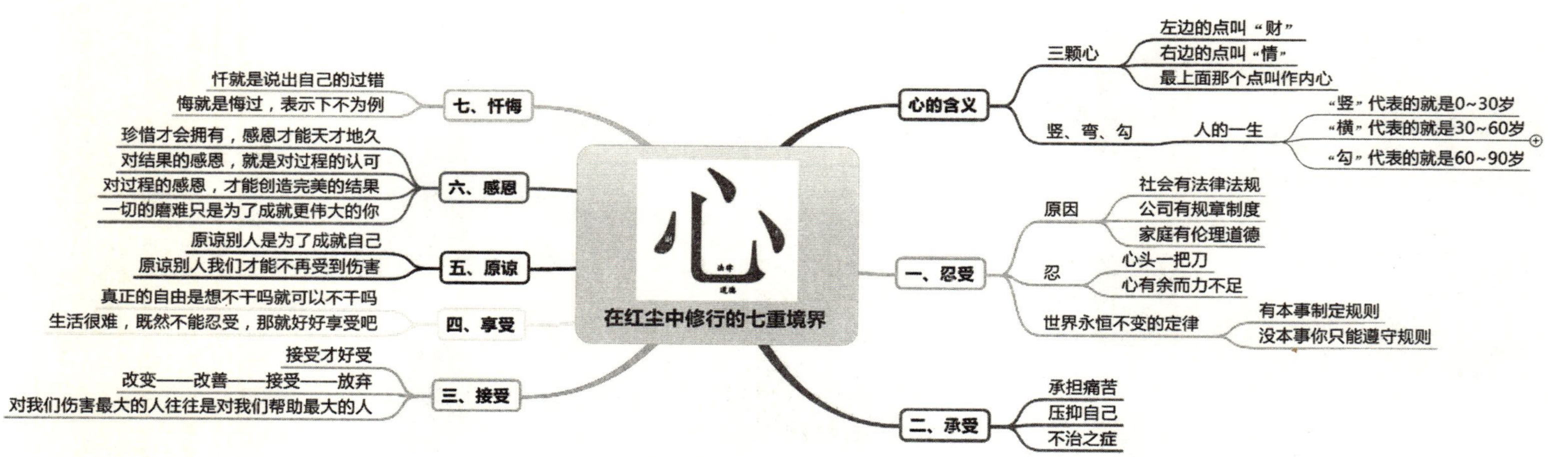

图 2.87　在红尘中修行的七重境界

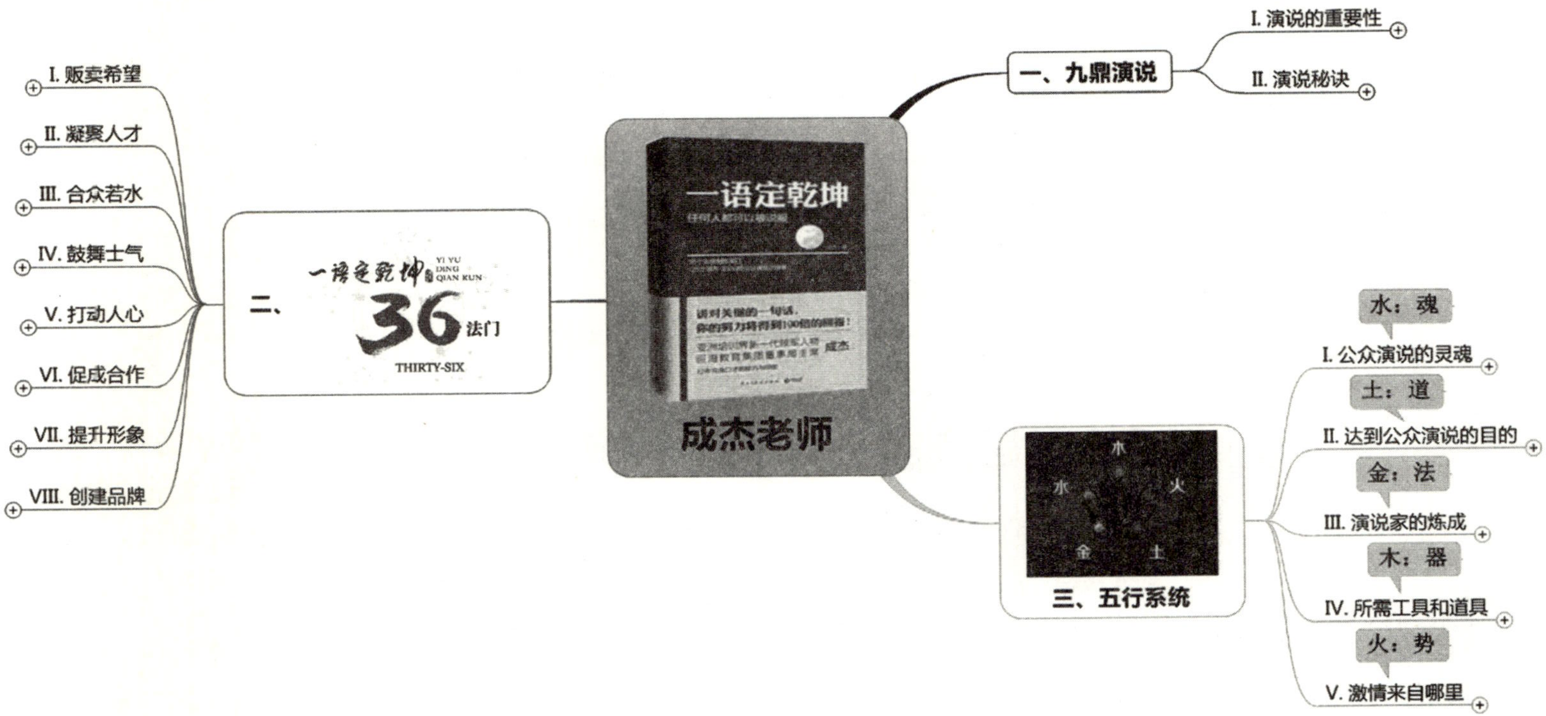

图 2.88 《一语定乾坤》（总图）

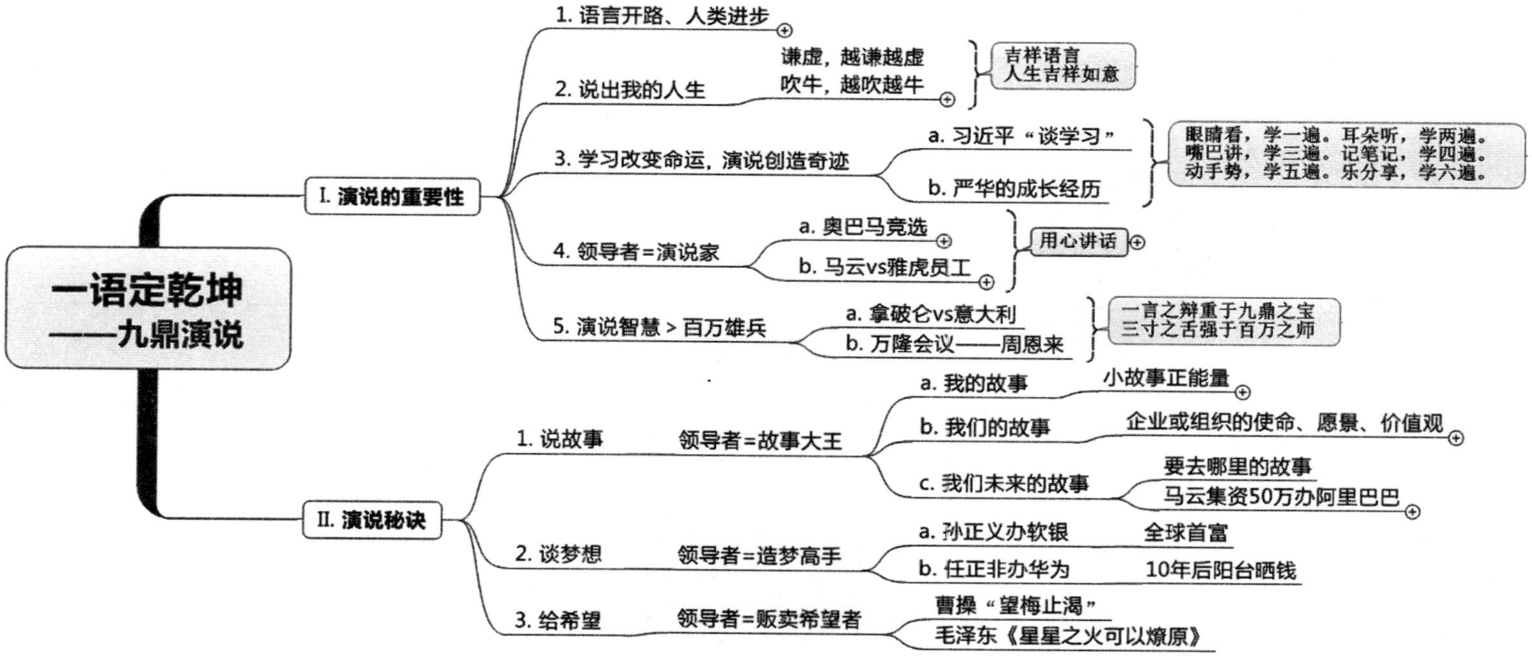

图 2.89　一语定乾坤之九鼎演说

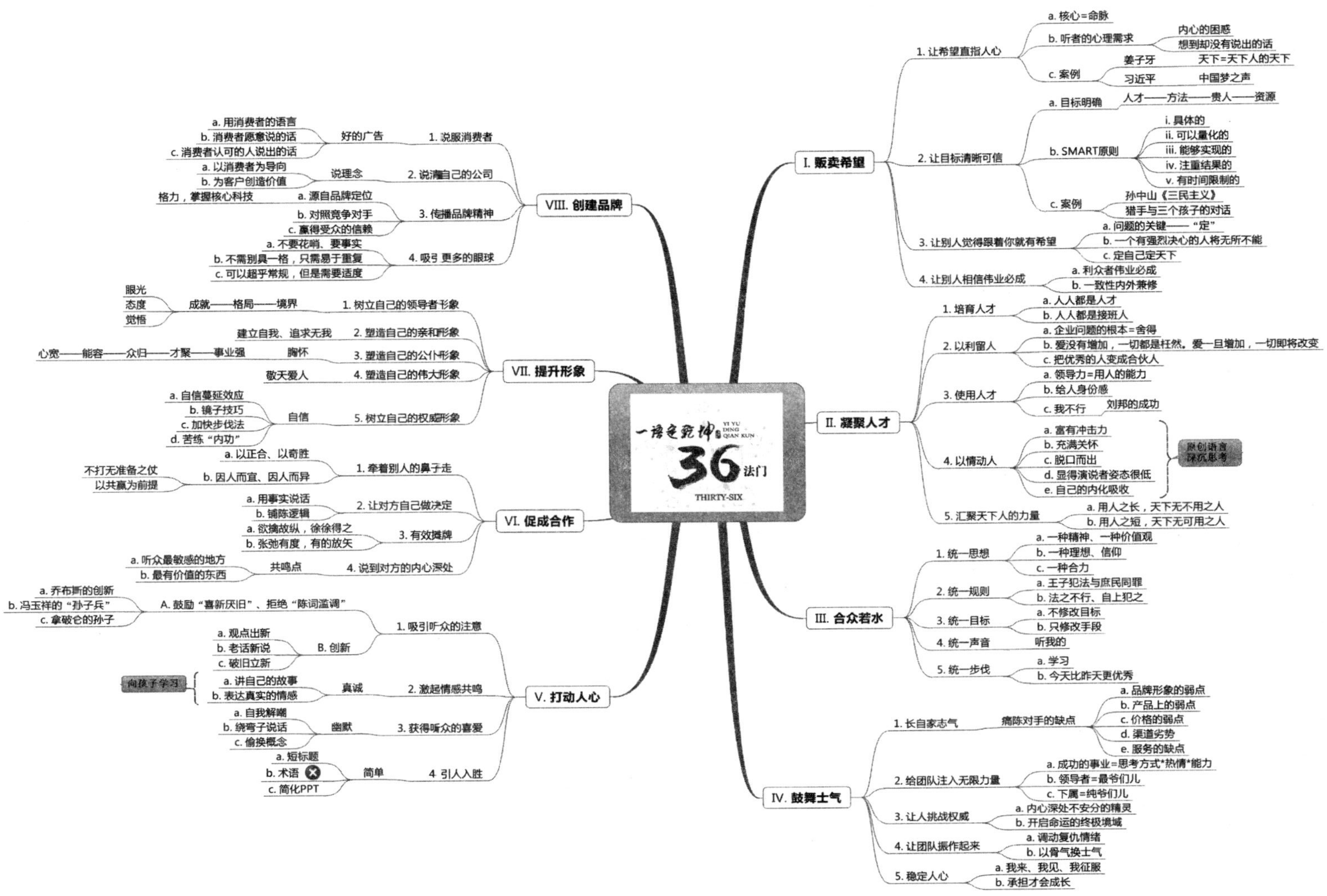

图 2.90 一语定乾坤之三十六法门

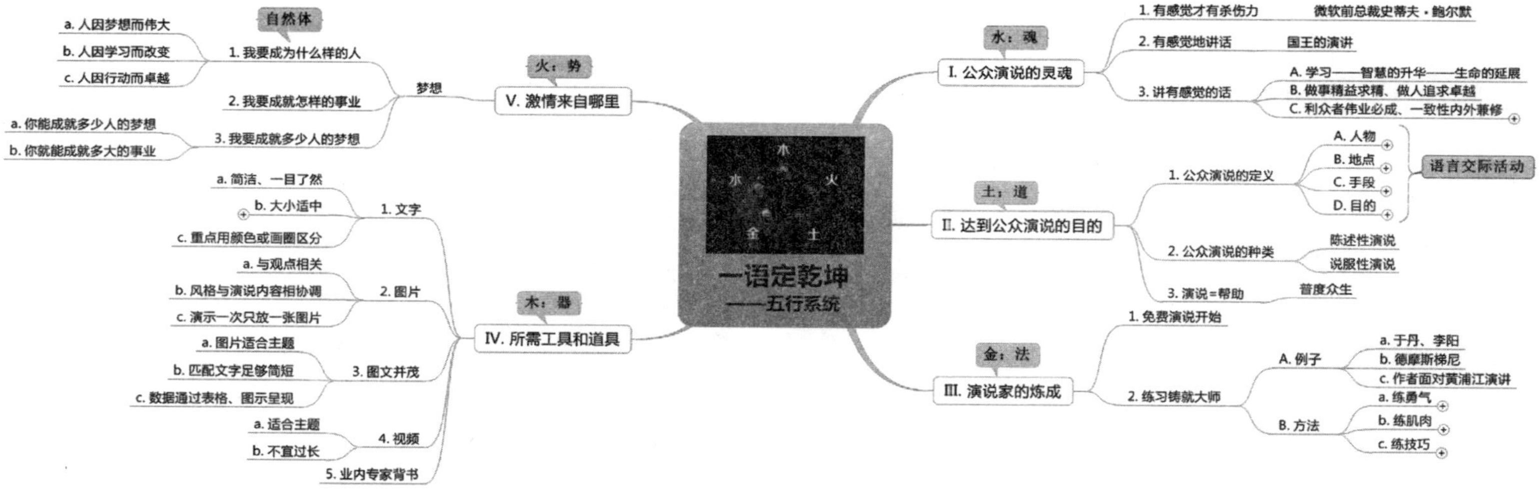

图 2.91 一语定乾坤之五行系统

《一语定乾坤》是我的另一位老师成杰的畅销书，内容是关于演讲的。阅读时，我先绘制了总图（图 2.88），整体认识这本书；然后绘制了三张分图（图 2.89、图 2.90、图 2.91）具体进行阐述，通过这四张图迅速抓住了这本书的精髓。

上面的案例是我在阅读应用中的两个实例，借助思维导图工具大大提升了阅读效率。学生进行这方面的训练，理解、把握阅读的内容是一方面，更重要的是能培养归纳、思维、分析、记忆等多方面的能力，这对提升语文学习能力是至关重要的。

(三) 记忆背诵的应用

1. 文学常识

【例】贺敬之的作品

《回延安》《中国的十月》《雷锋之歌》《白毛女》《西去列车的窗口》《放声歌唱》《八一之歌》等。

串联记忆：《中国的十月》，贺敬之《回延安》，在《西去列车的窗口》，他看见《白毛女》在《放声歌唱》《八一之歌》和《雷锋之歌》。

2. 古诗词

【例】《沁园春·长沙》

独立寒秋，湘江北去，橘子洲头。
看万山红遍，层林尽染；漫江碧透，百舸争流。
鹰击长空，鱼翔浅底，万类霜天竞自由。
怅寥廓，问苍茫大地，谁主沉浮？

携来百侣曾游。忆往昔峥嵘岁月稠。
恰同学少年，风华正茂；书生意气，挥斥方遒。
指点江山，激扬文字，粪土当年万户侯。
曾记否，到中流击水，浪遏飞舟？

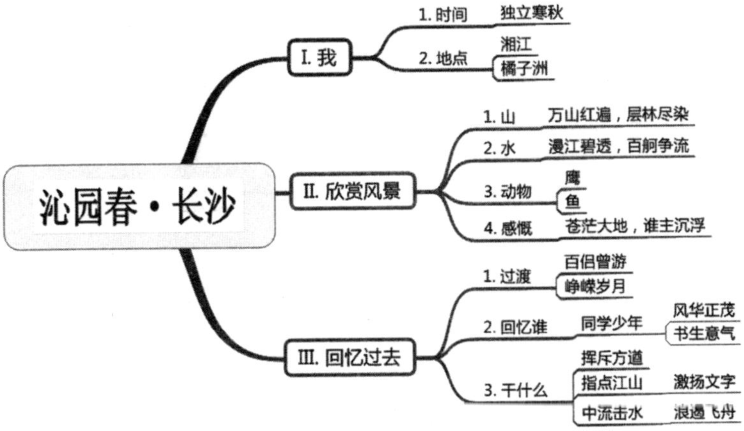

图 2.92　沁园春·长沙

关于古诗词的记忆方法应根据每个学段的不同特点进行设计，比如，小学阶段侧重形象记忆，可以用画图的记忆方式进行；初中阶段，学生的思维能力有很大提升，可以用思维导图的方式进行记忆，不过应在形象记忆基础上进行，思维导图中应以图像为主，辅以适当的文字说明；到了高中阶段，学生的思维能力已经基本形成，可以在理解的基础上，厘清诗歌的层次，然后通过思维导图呈现出来，如图2.92，如果能再配些图片会更好理解。

在实际应用中，不管哪个阶段用哪种方式进行记忆，都离不开对内容的理解。内容理解后，提取关键词，把关键词转换成具体的图像再进行记忆，就简单、轻松、不容易忘记了。

3. 文言文

【例一】《学弈》

弈秋，通国之善弈者也。使弈秋诲二人弈，其一人专心致志，惟弈秋之为听；一人虽听之，一心以为有鸿鹄将至，思援弓缴而射之。虽与之俱学，弗若之矣。为是其智弗若与？曰：非然也。

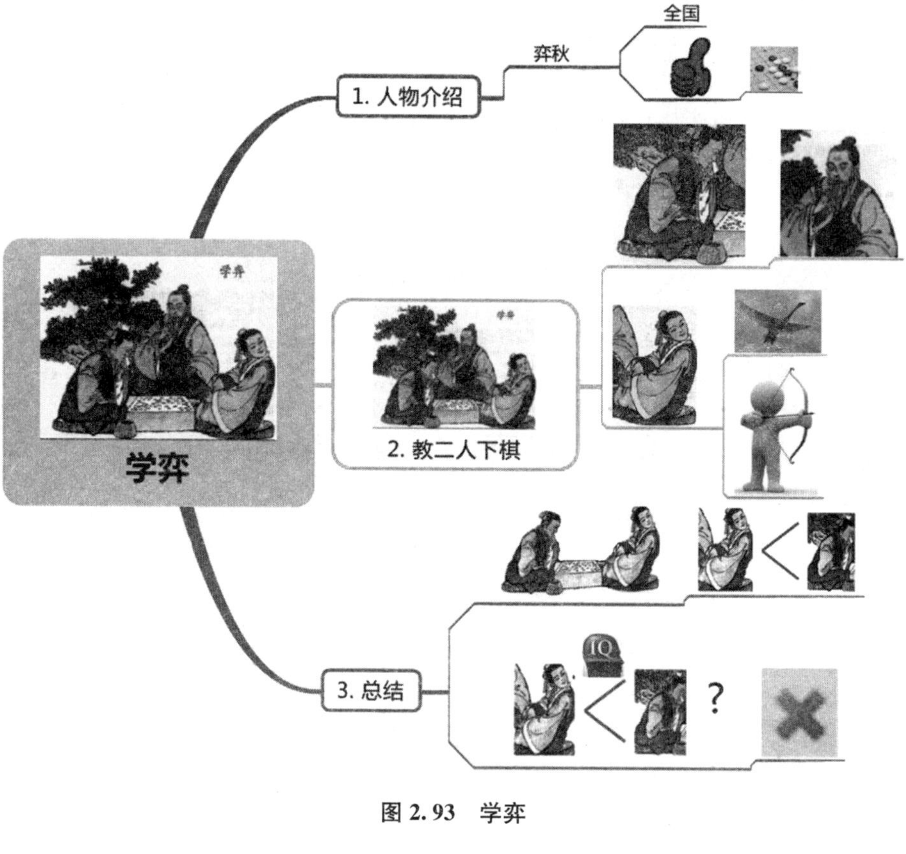

图 2.93 学弈

【例二】《桃花源记》

晋太元中，武陵人捕鱼为业。缘溪行，忘路之远近。忽逢桃花林，夹岸数百步，中无杂树，芳草鲜美，落英缤纷。渔人甚异之。复前行，欲穷其林。

林尽水源，便得一山，山有小口，仿佛若有光。便舍船，从口入。初极狭，才通人。复行数十步，豁然开朗。土地平旷，屋舍俨然，有良田美池桑竹之属。阡陌交通，鸡犬相闻。其中往来种作，男女衣着，悉如外人。黄发垂髫，并怡然自乐。

见渔人，乃大惊，问所从来。具答之。便要还家，设酒杀鸡作食。村中闻有此人，咸来问讯。自云先世避秦时乱，率妻子邑人来此绝境，不复出焉，遂与外人间隔。问今是何世，乃不知有汉，无论魏晋。此人一一为具言所闻，皆叹惋。余人各复延至其家，皆出酒食。停数日，辞去。此中人语云："不足为外人道也。"

既出，得其船，便扶向路，处处志之。及郡下，诣太守，说如此。太守即遣人随其往，寻向所志，遂迷，不复得路。

南阳刘子骥，高尚士也，闻之，欣然规往。未果，寻病终。后遂无问津者。

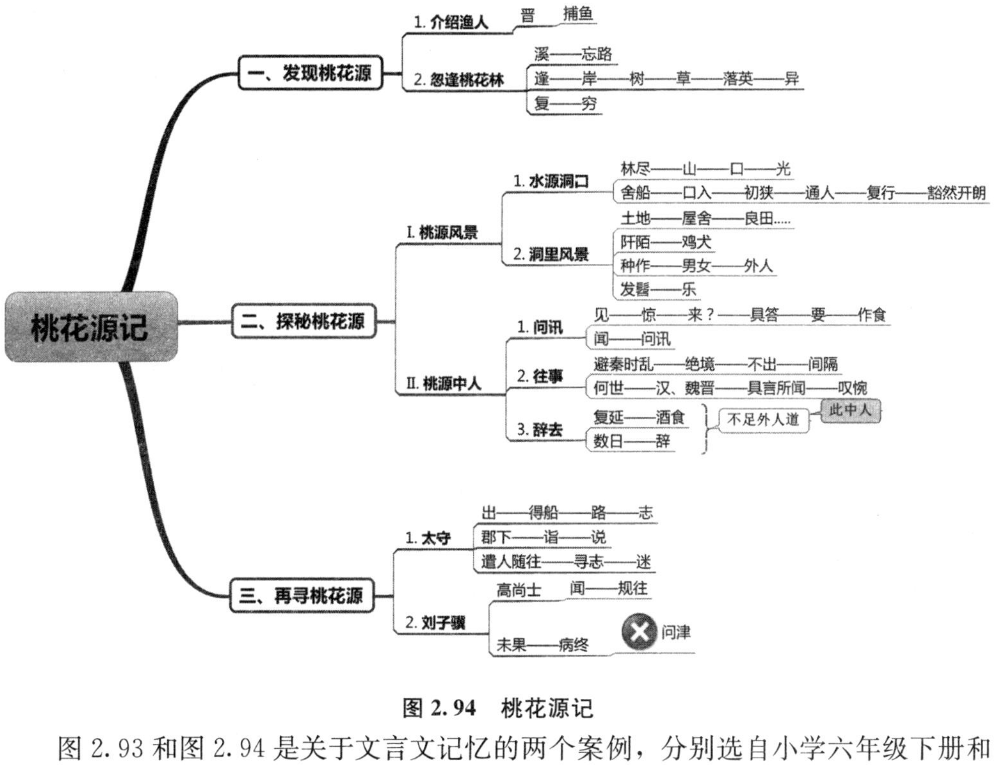

图 2.94　桃花源记

图 2.93 和图 2.94 是关于文言文记忆的两个案例，分别选自小学六年级下册和初中八年级上册语文教材。《学弈》一文虽然就几句话，但是对于初次接触文言文的六年级学生来说理解起来还是有一点难度。这个案例是我辅导一个学生时使用的。刚开始他自己花了两三个小时都背不下来这篇古文，找到我后，我把几句文言文绘制成思维导图（见图 2.93），先帮助其厘清文章结构，然后把具体、抽象的内容按照意思转化成一幅幅图，几分钟的讲解后，他明白了，读了几遍就记住了。这就是

思维和记忆方法的强大威力。

虽然《桃花源记》文章更长，内容更深，但其思维导图的使用原理同《学弈》一文是一样的。先厘清文章的整体结构，在每个段落中根据表达的意群不断进行分层管理，最后再处理每个句子，找出关键字词，以便唤起自己的记忆。在具体记忆时，先背前面三层的结构，然后再背具体的每句话。哪里背不过，可以先跳过去，回头再用记忆法进行微观处理。这样就可以真正改变原来死记硬背的痛苦记忆法了。

4. 现代文

【例一】《桂林山水》

人们都说："桂林山水甲天下。"我们乘着木船，荡漾在漓江上，来观赏桂林的山水。

我看见过波澜壮阔的大海，玩赏过水平如镜的西湖，却从没看见过漓江这样的水。漓江的水真静啊，静得让你感觉不到它在流动；漓江的水真清啊，清得可以看见江底的沙石；漓江的水真绿啊，绿得仿佛那是一块无瑕的翡翠。船桨激起的微波扩散出一道道水纹，才让你感觉到船在前进，岸在后移。

我攀登过峰峦雄伟的泰山，游览过红叶似火的香山，却从没看见过桂林这一带的山。桂林的山真奇啊，一座座拔地而起，各不相连，像老人，像巨象，像骆驼，奇峰罗列，形态万千；桂林的山真秀啊，像翠绿的屏障，像新生的竹笋，色彩明丽，倒映水中；桂林的山真险啊，危峰兀立，怪石嶙峋，好像一不小心就会栽倒下来。

这样的山围绕着这样的水，这样的水倒映着这样的山，再加上空中云雾迷蒙，山间绿树红花，江上竹筏小舟，让你感到像是走进了连绵不断的画卷，真是"舟行碧波上，人在画中游"。

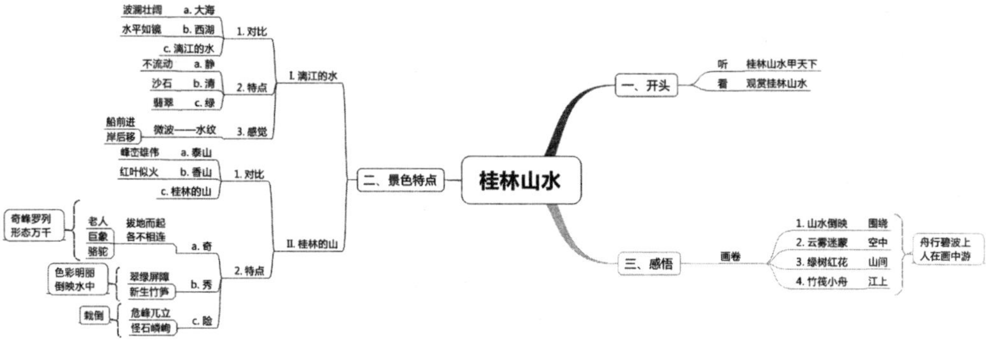

图 2.95 桂林山水

【例二】《春》

盼望着，盼望着，东风来了，春天的脚步近了。

一切都像刚睡醒的样子，欣欣然张开了眼。山朗润起来了，水涨起来了，太阳的脸红起来了。

小草偷偷地从土里钻出来，嫩嫩的，绿绿的。园子里，田野里，瞧去，一大片一大片满是的。坐着，躺着，打两个滚，踢几脚球，赛几趟跑，捉几回迷藏。风轻悄悄的，草软绵绵的。

桃树、杏树、梨树，你不让我，我不让你，都开满了花赶趟儿。红的像火，粉的像霞，白的像雪。花里带着甜味儿；闭了眼，树上仿佛已经满是桃儿、杏儿、梨儿。花下成千成百的蜜蜂嗡嗡地闹着，大小的蝴蝶飞来飞去。野花遍地是：杂样儿，有名字的，没名字的，散在草丛里，像眼睛，像星星，还眨呀眨的。

“吹面不寒杨柳风”，不错的，像母亲的手抚摸着你。风里带来些新翻的泥土的气息，混着青草味儿，还有各种花的香，都在微微润湿的空气里酝酿。鸟儿将巢安在繁花嫩叶当中，高兴起来了，呼朋引伴地卖弄清脆的喉咙，唱出婉转的曲子，跟轻风流水应和着。牛背上牧童的短笛，这时候也成天嘹亮地响着。

雨是最寻常的，一下就是三两天。可别恼。看，像牛毛，像花针，像细丝，密密地斜织着，人家屋顶上全笼着一层薄烟。树叶儿却绿得发亮，小草儿也青得逼你的眼。傍晚时候，上灯了，一点点黄晕的光，烘托出一片安静而和平的夜。在乡下，小路上，石桥边，有撑起伞慢慢走着的人，地里还有工作的农民，披着蓑戴着笠。他们的房屋，稀稀疏疏的，在雨里静默着。

天上风筝渐渐多了，地上孩子也多了。城里乡下，家家户户，老老小小，也赶趟儿似的，一个个都出来了。舒活舒活筋骨，抖擞抖擞精神，各做各的一份事去。“一年之计在于春”，刚起头儿，有的是工夫，有的是希望。

春天像刚落地的娃娃，从头到脚都是新的，他生长着。

春天像小姑娘，花枝招展的，笑着，走着。

春天像健壮的青年，有铁一般的胳膊和腰脚，领着我们上前去。

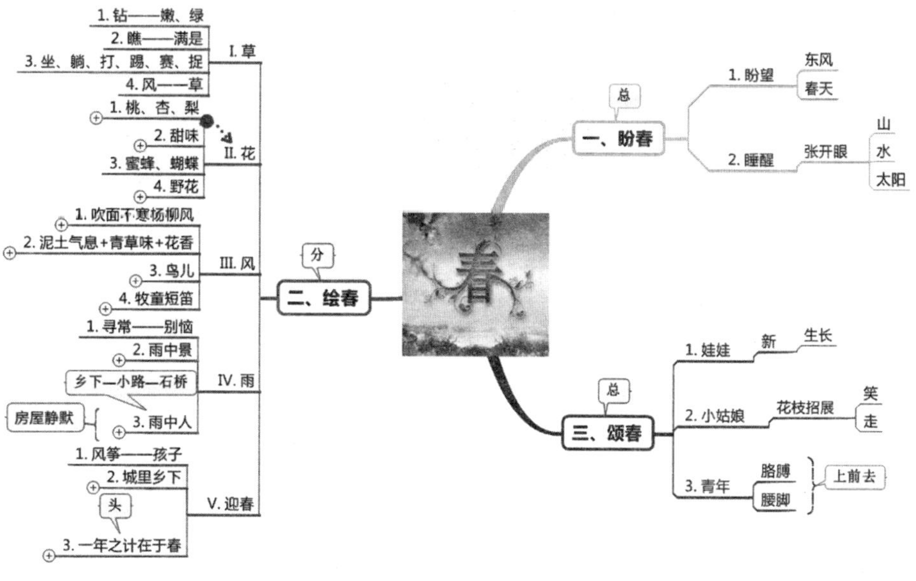

图 2.96　春

【例三】《荷塘月色》（节选）

曲曲折折的荷塘上面，弥望的是田田的叶子。叶子出水很高，像亭亭的舞女的裙。

层层的叶子中间，零星地点缀着些白花，有袅娜地开着的，有羞涩地打着朵儿的；正如一粒粒的明珠，又如碧天里的星星，又如刚出浴的美人。微风过处，送来缕缕清香，仿佛远处高楼上渺茫的歌声似的。这时候叶子与花也有一丝的颤动，像闪电般，霎时传过荷塘的那边去了。叶子本是肩并肩密密地挨着，这便宛然有了一道凝碧的波痕。叶子底下是脉脉的流水，遮住了，不能见一些颜色；而叶子却更见风致了。

月光如流水一般，静静地泻在这一片叶子和花上。薄薄的青雾浮起在荷塘里。叶子和花仿佛在牛乳中洗过一样；又像笼着轻纱的梦。虽然是满月，天上却有一层淡淡的云，所以不能朗照；但我以为这恰是到了好处——酣眠固不可少，小睡也别有风味的。月光是隔了树照过来的，高处丛生的灌木，落下参差的斑驳的黑影，峭楞楞如鬼一般；弯弯的杨柳的稀疏的倩影，却又像是画在荷叶上。塘中的月色并不均匀；但光与影有着和谐的旋律，如梵婀玲上奏着的名曲。

荷塘的四面，远远近近，高高低低都是树，而杨柳最多。这些树将一片荷塘重重围住；只在小路一旁，漏着几段空隙，像是特为月光留下的。树色一例是阴阴的，乍看像一团烟雾；但杨柳的丰姿，便在烟雾里也辨得出。树梢上隐隐约约的是一带远山，只有些大意罢了。树缝里也漏着一两点路灯光，没精打采的，是渴睡人的眼。这时候最热闹的，要数树上的蝉声与水里的蛙声；但热闹是它们的，我什么也没有。

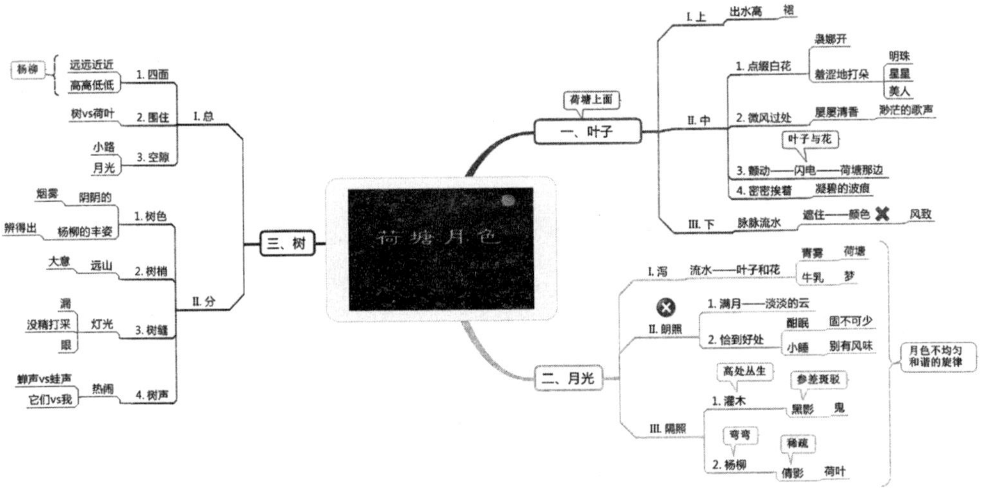

图 2.97　荷塘月色

现代文记忆的原理和文言文是一致的，图 2.95、图 2.96、图 2.97 三个案例分别选自小学、初中、高中的语文教材。因为内容要求背诵，所以绘制时必须细致些；如果不需要背诵，只要宏观把握、厘清结构、抓住主题即可。这些文章都是美文，通过绘制思维导图，分析作者是如何把握文章结构的，记下好词好句，其实也是在为写作做准备。

（四）写作训练

思维导图最主要的功能就是梳理知识、启发思维，在写作之前，教师都会和学生强调先构思，构建写作框架，然后再写作。而结合思维导图来完成框架的构建过程，是个很好的选择。

关于写作训练，我将借助思维导图工具谈谈我的一些基本思路。

1. 运用思维导图迅速学会写作文

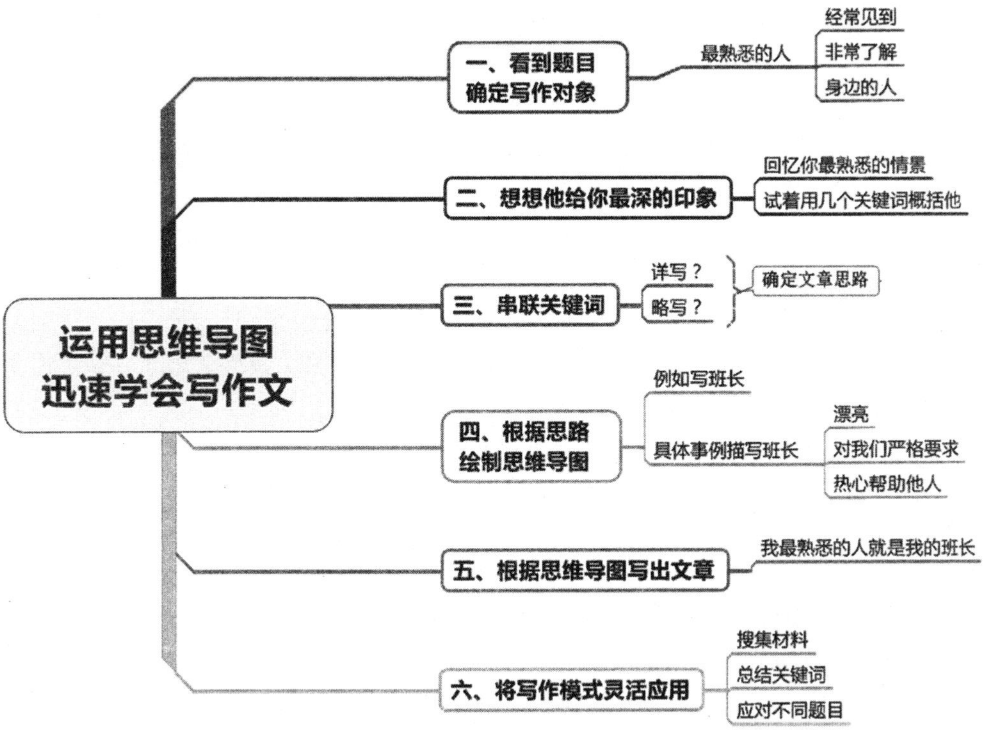

图 2.98　运用思维导图迅速学会写作文

2. 运用思维导图进行写作方法训练

（1）常用的开头的方法及特点。

① 开门见山：文章一开头就直接扣住题目，避免离题。如《桂林山水》的开头："人们都说：'桂林山水甲天下。'我们乘着木船，荡漾在漓江上，来观赏桂林的山水。"

② 介绍背景：说明情况和背景，让读者容易厘清事件的来龙去脉，这样能很快把读者带入文章当中。如《一夜的工作》的开头："周总理在第一次'文代'大会上作了报告。《人民文学》杂志要发表这个报告，由我把记录稿作了整理，送给总理审阅。"

③ 提出问题：文章一开始就提出问题，可以起到引人入胜的效果。如《迷人的张家界》的开头："未到张家界，我就听人说，湖南的张家界地貌奇特，有着泰山之雄、华山之险、黄山之变化、桂林之秀丽。这次来到张家界，我真正领略了这仙境般迷人的景色。"

④ 倒叙引入：这种方法会使读者产生强烈的悬念，激发读下文的欲望。如《梅花魂》的开头："故乡的梅花又开了。那朵朵冷艳、缕缕幽芳的梅花，总让我想起漂泊他乡、葬身异国的外祖父。"

无论采取怎样的形式开头，都应该做到以下两点：第一，要能吸引读者，使其产生深读全文的欲望；第二，要简短有力，不宜拖沓。

（2）常用的结尾的方法和特点。

① 升华主题：揭示文章主题，升华中心思想。如《再见了，亲人》的结尾："再见了，亲人！再见了，亲爱的土地！列车呀，请慢一点儿开，让我们再看一眼朝鲜的亲人，让我们在这曾经洒过鲜血的土地上再停留片刻。再见了，亲人！我们的心永远跟你们在一起。"

② 总结全文：概括总结，能让读者明白作者的写作意图，非常自然。如《鸟的天堂》的结尾："当小船向着高塔下面的乡村划去的时候，我回头看那被抛在后面的茂盛的榕树。我感到一点儿留恋。昨天是我的眼睛骗了我，那'鸟的天堂'的确是鸟的天堂啊！"

③ 照应开头：能使文章前后呼应，首尾连贯，结构紧凑。如《十六年前的回忆》的结尾："我又哭了，从地上捡起那张报纸，咬紧牙，又勉强看了一遍。我低声对母亲说：'妈，昨天是 4 月 28。'母亲微微点了一下头。"照应其开头："1927 年 4 月 28 日，我永远忘不了那一天。那是父亲的被难日，离现在已经十六年了。"

另外还有用事件的结果做结尾，引用名言警句做结尾，抒发情感、表达希望或决心做结尾等形式。如《桂林山水》的结尾："这样的山围绕着这样的水，这样的水倒映着这样的山，再加上空中云雾迷蒙，山间绿树红花，江上竹筏小舟，让你感到像是走进了连绵不断的画卷，真是'舟行碧波上，人在画中游'。"

结尾要努力做到果断干脆、简洁有力、呼应中心、留有余味，而不能出现虎头蛇尾的草草收场，使作文出现头重脚轻，或是节外生枝、拖泥带水等情况，让读者产生厌烦的感觉。

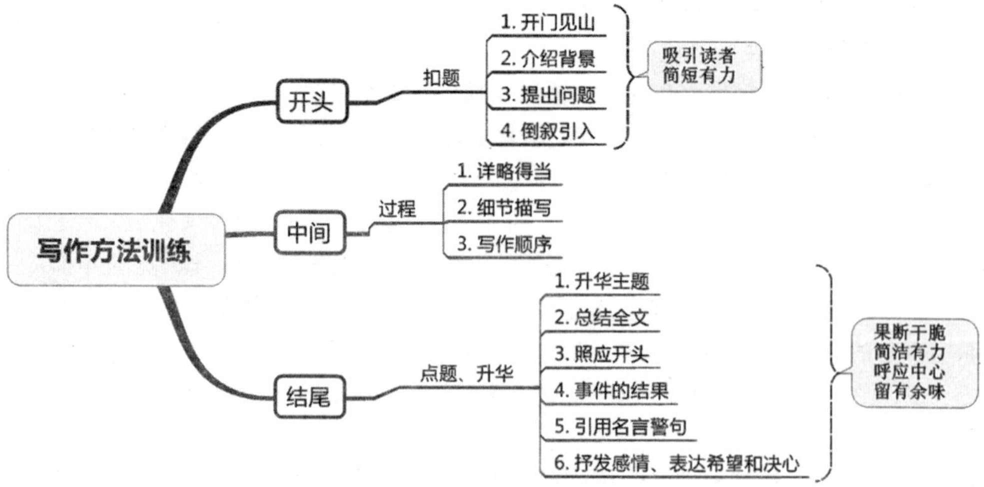

图 2.99　写作方法训练

图 2.99 把关于写作方法训练的众多文字简化成一张图，一目了然，让我们对写作的开头和结尾有了清晰的认知。而中间正文的写作与立意关系密切，我们又该如何进行有效的立意呢?

3. 运用思维导图进行写作立意训练

阅读下面的文字，根据要求写一篇不少于 800 字的文章。

南太平洋的小岛上，有很多绿海龟孵化小龟的沙穴。一天黄昏，一只幼龟探头探脑地爬出来，一只老鹰直冲下来要叼走它。一位好心的游客发现了，连忙跑过去赶走老鹰，护着小龟爬进大海。可是，意想不到的事情发生了，沙穴里成群的幼龟鱼贯而出——原来，先出来的那只幼龟是个“侦察兵”，一旦遇到危险，它便缩回去，现在它安全到达大海，错误的信息使幼龟们争先恐后地爬到毫无遮挡的海滩。好心的游客走了，原先那只在等待时机的老鹰又飞了回来，其他老鹰也跟过来了。

要求：选择一个角度构思作文，自主确定立意，确定文体，确定标题；不要脱离材料内容及含意的范围作文，不要套作，不得抄袭。

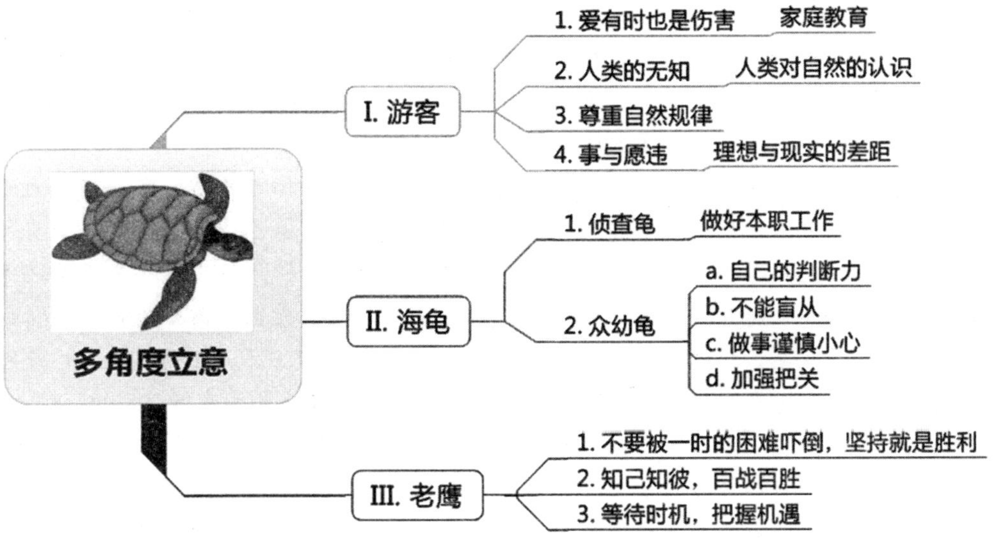

图 2.100　多角度立意

图 2.100 对材料进行了细致的解读，从图中呈现的游客、海龟、老鹰三个角度可以进行多种立意，我们可以从中选择一种，再到具体写作就能从容应对了。

通过这个案例分析，借助思维导图，利用思维的发散性，在写作立意时根据题目或材料的提示构建一个写作提纲，通过层层的关键词提示，你就会觉得写作时有东西可写，然后再结合前面分析的方法，在规定的时间内完成写作肯定没问题。

4. 运用思维导图分析名篇佳作

回忆我的母亲

朱 德

……

母亲是个好劳动。从我能记忆时起，总是天不亮就起床。全家二十多口人，妇女们轮班煮饭，轮到就煮一年。母亲把饭煮了，还要种田，种菜，喂猪，养蚕，纺棉花。因为她身体高大结实，还能挑水挑粪。

母亲这样地整日劳碌着。我到四五岁时就很自然地在旁边帮她的忙，到八九岁时就不但能挑能背，还会种地了。记得那时我从私塾回家，常见母亲在灶上汗流满面地烧饭，我就悄悄把书一放，挑水或放牛去了。有的季节里，我上午读书，下午种地；一到农忙，便整日在地里跟着母亲劳动。这个时期母亲教给我许多生产知识。

佃农家庭的生活自然是很苦的，可是由于母亲的聪明能干，也勉强过得下去。我们用桐子榨油来点灯，吃的是豌豆饭、菜饭、红薯饭、杂粮饭，把菜籽榨出的油放在饭里做调料。这类地主富人家看也不看的饭食，母亲却能做得使一家人吃起来有滋味。赶上丰年，才能缝上一些新衣服，衣服也是自己生产出来的。母亲亲手纺出线，请人织成布，染了颜色，我们叫它“家织布”，有铜钱那样厚。一套衣服老大穿过了，老二老三接着穿还穿不烂。

勤劳的家庭是有规律有组织的。我的祖父是一个中国标本式的农民，到八九十岁还非耕田不可，不耕田就会害病，直到临死前不久还在地里劳动。祖母是家庭的组织者，一切生产事务由她管理分派；每年除夕就分派好一年的工作。每天天还没亮，母亲就第一个起身，接着听见祖父起来的声音，接着大家都离开床铺，喂猪的喂猪，砍柴的砍柴，挑水的挑水。母亲在家庭里极能任劳任怨。她性格和蔼，没有打骂过我们，也没有同任何人吵过架。因此，虽然在这样的大家庭里，长幼、伯叔、妯娌相处都很和睦。母亲同情贫苦的人——这是朴素的阶级意识，虽然自己不富裕，还周济和照顾比自己更穷的亲戚。她自己是很节省的。父亲有时吸点旱烟，喝点酒，母亲管束着我们，不允许我们染上一点。母亲那种勤劳俭朴的习惯，母亲那种宽厚仁慈的态度，至今还在我心中留有深刻的印象。

……

母亲现在离我而去了，我将永不能再见她一面了，这个哀痛是无法补救的。母亲是个平凡的人，她只是中国千百万劳动人民中的一员，但是，正是这千百万人创造了和创造着中国的历史。我用什么方法来报答母亲的深恩呢？我将继续尽忠于我们的民族和人民，尽忠于我们的民族和人民的希望——中国共产党，使和母亲同样生活着的人能够过快乐的生活。这是我能做到的，一定能做到的。

愿母亲在地下安息！

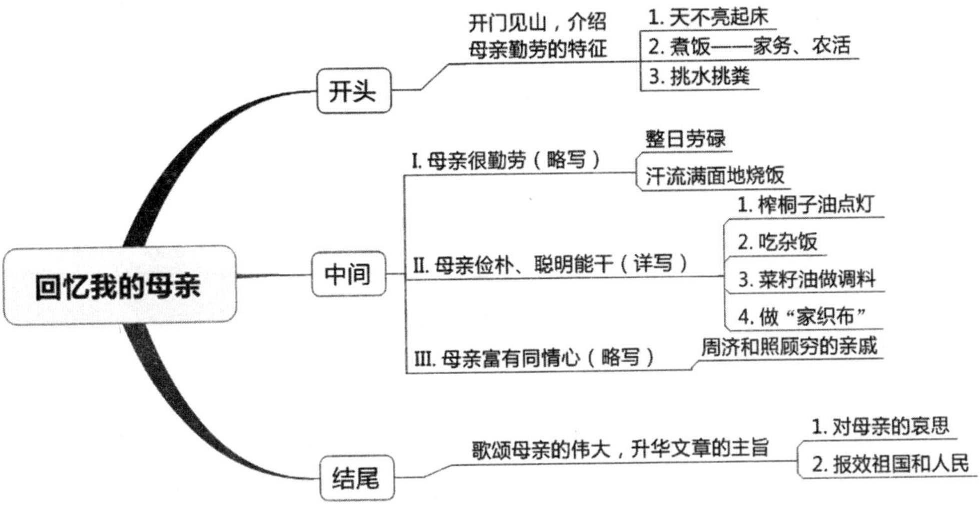

图 2.101　回忆我的母亲

运用思维导图进行写作训练，对于初学者来说可能会有一定难度，我们可以先从分析别人的文章入手。通过分析别人的文章，了解他们的写作思维和文章的立意结构，借助思维导图把它们可视化出来（如图 2.101），然后加以模仿，迁移到自己的写作上。只要坚持训练，写作能力一定会大大提升。

以上关于思维导图教学法在语文学习中的应用，只是我个人的一些思考，它适用于小学、初中、高中各学段的学习。思维导图教学法侧重于培养学生的学习能力，让他们学会阅读、学会记忆、学会思考。随着高考改革的落地和语文学科所占比重的加大，这些能力的形成显得更加重要了。

四、数学学习应用

1. 构建知识体系图

数学是科学性、系统性很强的一门学科，如何构建数学知识体系呢？图 2.102 是按照时序逻辑构建的四级知识导图，它包括了初中三年所有的数学知识，平时的新课教授基本上都是按照年级、章节的顺序进行的，这是一张总图，各章节的具体内容可以用分图的形式呈现，如图 2.103 就是相似三角形的具体知识导图。九年级总复习阶段一般都以模块的形式进行，可以按照数学学科逻辑“数、式、方程、函数”构建代数的知识体系图。构建数学学科知识体系图，可以参照前面分析的五大常用逻辑，并在实施过程中结合数学学科的特点不断拓展、延伸。

在平时的教学中，每节数学课涉及的知识点其实是很少的，课堂上可以直接在教材中画个简单的“课导图”，每周末可以把一周的学习内容整理成一张“周导图”，“周导图”还可以整理成“月导图”，一个学期下来也就四五张图而已；然后把这些导图积累、保存妥当，月考、期中考、期末考的复习就简单、轻松了。构建好知识体系图，厘清知识间的内在关系，再辅以适当的练习，学习的效果一定会更好。整个过程需要学生不断地总结、思考，这个过程是学生主动学习的体现，学生有了这种主动学习的状态，就能坦然面对各种考试。

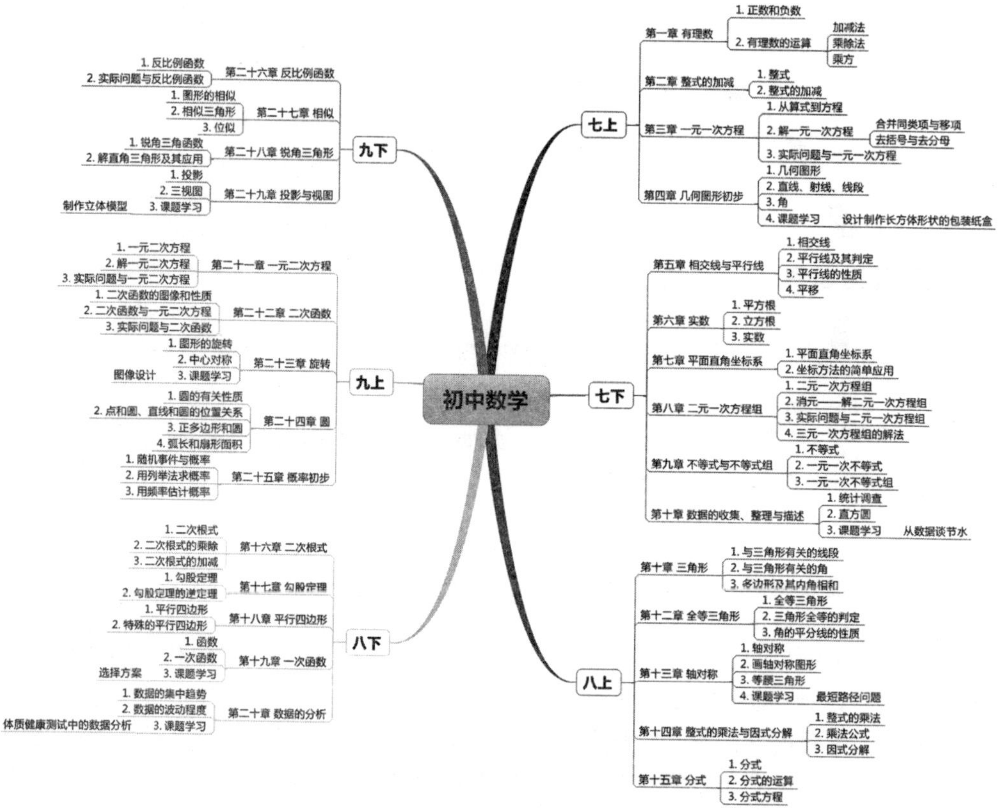

图 2.102　初中数学

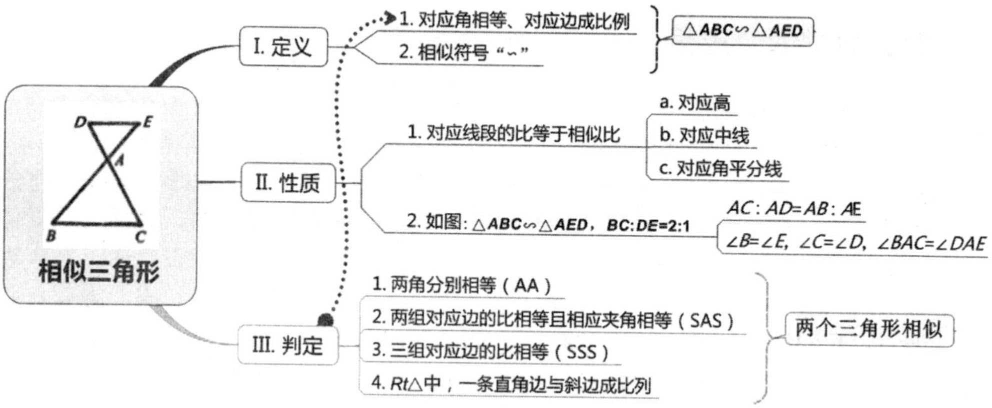

图 2.103　相似三角形

2. 解题思路训练

在课堂上，如果说学习具体知识点的过程是简单学习，那么构建知识体系的过程就是系统学习。系统学习之后，接下来我们要做的就是应用这些知识，厘清思路进行解题，这是成为学习高手的三大步骤。

【例一】如图，在 Rt$\triangle ABC$ 中，$\angle ACB=90°$，AD 是 BC 边上的中线，且 $AD=BC$，$BE\perp AD$，与 AD 的延长线交于点 E，与 AC 的延长线交于点 F，求证 $AD=4DE$。

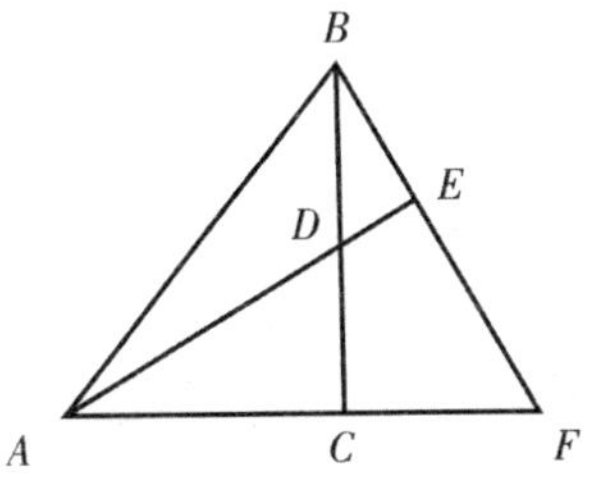

如图，因为 AD 是 BC 边上的中线，且 $AD=BC$，所以“求证 $AD=4DE$”就可以转换成“求证 $BD=2DE$”。

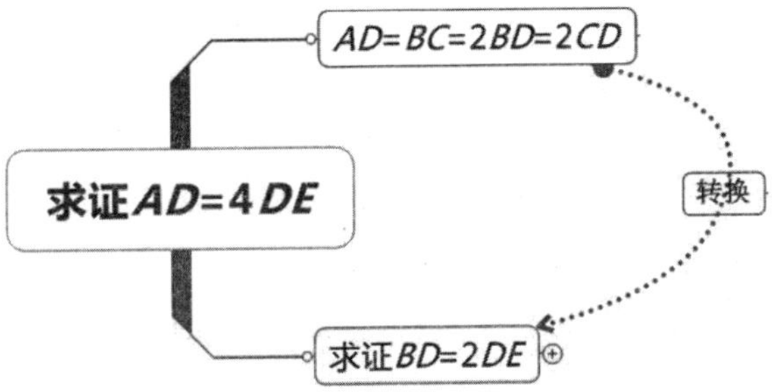

图 2.104　数学解题一

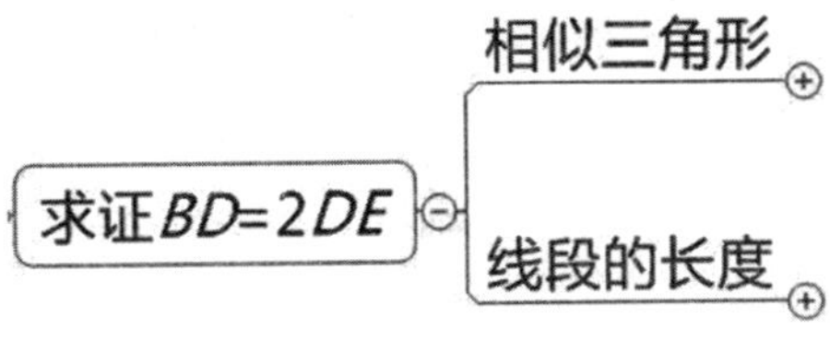

图 2.105　数学解题二

综合平时所学的知识，求证线段之间的比例关系可以从“相似三角形”和“线段的长度”两种思路考虑，接下来我们从这两种思路进行分析。

【思路一】线段 DE 在$\triangle BDE$ 中，$BD=CD$，而 CD 在$\triangle ADC$ 中，所以求证 $BD=2DE$，可以考虑求$\triangle ADC\backsim\triangle BDE$；求证两个三角形相似，主要有 AA、SAS、SSS、HL 等方法，因为这里求线段的比例关系，所以只能从 AA 考虑；因为

△*ADC* 和△*BDE* 都是 Rt△，而且对顶角∠*ADC*＝∠*BDE*，所以△*ADC*∽△*BDE* 成立；因为 *AD*＝2*BD*，*BD*＝*CD*，所以得出结论：*BD*＝2*DE*。

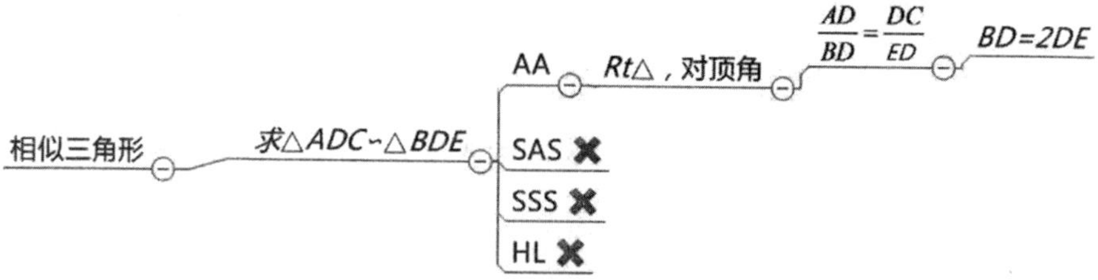

图 2.106　数学解题三

【思路二】在 Rt△*ACD* 中，因为 *AD*（斜边）＝2*CD*（直角边），所以∠*DAC*＝30°（直角三角形中，一条直角边等于斜边的一半，那么这条直角边对应的锐角等于30°）；因为对顶角∠*ADC*＝∠*BDE*，所以在 Rt△*BDE* 中，∠*DBE*＝∠*DAC*＝30°；所以 $DE=\frac{1}{2}BD$，即 *BD*＝2*DE*。

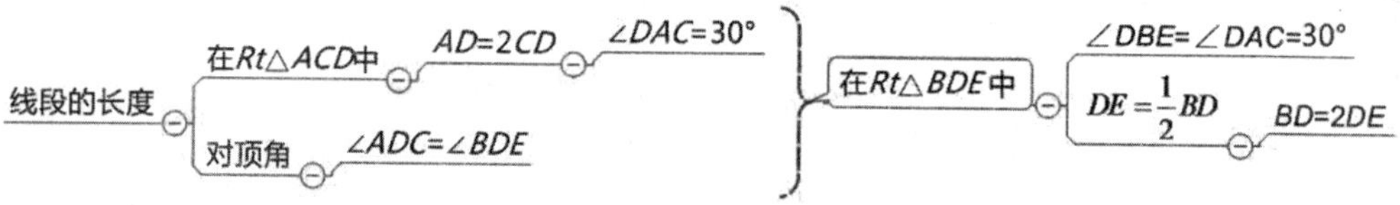

图 2.107　数学解题四

综上所述，本题的完整解题思路图如下。

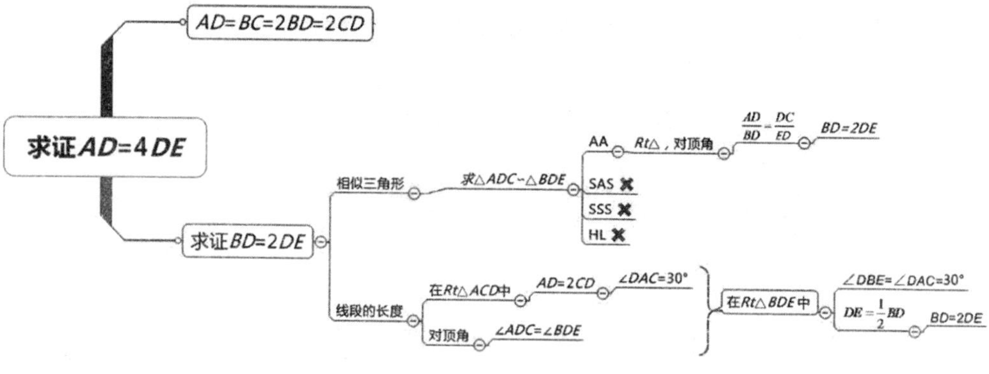

图 2.108　完整解题思路

上面的分析呈现的是逆向思维，通过分析我们的解题思路已经非常清晰了，接下来按照正向思维把正确答案写出来，就轻而易举了。

【例二】今有物不知其数，三三之数剩二，五五之数剩三，七七之数剩二，问其物几何？

——《孙子算经》

这道题目是我国古代的一道经典数学题，题目的意思是说：有一堆东西，不知道数目，如果三个三个地数，最后剩下两个；如果五个五个地数，最后剩三个；如果七个七个地数，最后剩下两个。问这些东西到底有多少个？

这道题目被称为“中国剩余定理”。如何来解决这道题呢？这道题有很多种解法，现在我们用思维导图来梳理这道题的解题思路。

首先，我们设其物个数为 x，那么可知 $x=3\times a+2=7\times b+2=5\times c+3$。这里的 a、b、c 都是不等于 0 的整数，具体是多少我们暂时不管，在这里分别表示 3、5、7 的倍数。

我们看到这个数除以 3 和除以 7 都余 2，所以，这个数减去 2 就成了 3 和 7 的公倍数。3 和 7 的最小公倍数是多少呢？答案是 21，也就是说，$x=21\times d+2$，这个 d 也是一个不为 0 的整数，用 $21\times d$ 表示 21 的倍数，和前面的 a、b、c 是一样的意思。

我们再来看 $x=5\times c+3$，能够被 5 整除的数肯定是以 0 或 5 结尾的数，一个数如果以 0 或 5 结尾，再加上 3，就变成了以 3 或 8 结尾的数。

通过上面的分析，我们可以初步得出这样的结论：这个数必须符合“$21\times d+2$”和“以 3 或 8 为尾数”这两个条件。接下来我们进一步分析。

当这个数尾数为 3 且等于 $21\times d+2$ 时，$21\times d$ 的得数的尾数必定为 1，所以 d 必定是尾数为 1 的数。当 $d=1$ 时，这个数字就是 $21\times 1+2=23$，23 除以 5，正好余 3。23 是其中一个答案。

当这个数尾数为 8 且等于 $21\times d+2$ 时，$21\times d$ 的得数的尾数必定为 6，所以 d 必定是尾数为 6 的数。当 $d=6$ 时，这个数字就是 $21\times 6+2=128$，128 除以 5，正好余 3。128 也是其中一个答案。

所以，这道题的答案其实是无穷多个，23 是其中最小的一个。凡是用 1 或 6 结尾的数字乘以 21，再加上 2，得到的数字都符合条件，都会除以 3 余 2，除以 7 余 2，除以 5 余 3，都是正确答案。如 $21\times 11+2=233$，$21\times 16+2=338$，这些都是正确答案。

最后，我们对答案做一下总结：怎样表示一个以 1 或 6 结尾的数字呢？1 和 6 之间正好相差 5，$1+5=6$，$6+5=11$，$11+5=16$，$16+5=21$，这样可以无限循环。所以我们用 $1+5n$ 表示就可以了。所以这道题目的正确答案应该是 $21\times(1+5n)+2$（$n\geqslant 0$ 且为整数）。

这道题可以说是有很大难度的，但应用的解题知识是小学阶段的公倍数，只要我们从易到难地深入学习，利用思维导图等工具梳理清楚自己的思路（如图 2.109），不断寻找题目的条件和问题之间的联系，就一定可以破解这样的难题。

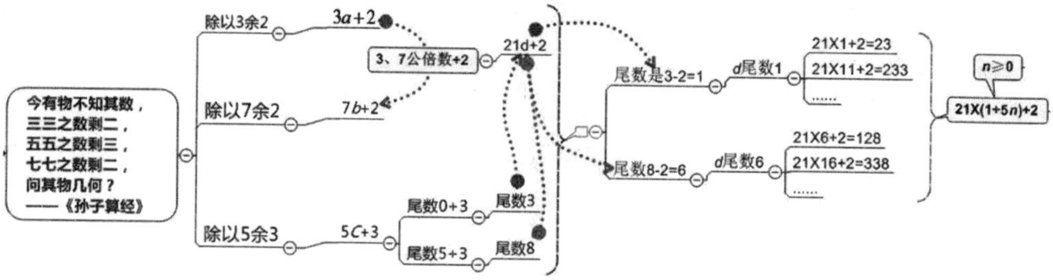

图 2.109 “中国剩余定理”解题思路图

以上案例是我在李晓鹏老师教学的基础上完成的思维导图，从中可以得出一些用思维导图解题的基本规律。

（1）从题目出发展开联想，应用“纵横逻辑”，从题目的已知条件出发，全面思考，寻找切入点，这个过程体现的是“横向逻辑”；找到切入点后，深入思考，厘清解题的思路，进而得出答案，这个过程体现的是“纵向逻辑”。

（2）我们的解题过程也是遵循“点、线、面、体”这种思维模式的。“点”就是明确要解决的问题；“线”就是寻找解题的思路，运用“纵横逻辑”全面、深入地思考，就能做出正确的判断；“面”就是对解题过程进行充分、全面的理解，锻炼发散思维，做到一题多解，真正做透这道题，解决一类题；“体”就是掌握解题规律，选择最佳方案答题。

这样解题，看起来有点费脑，但它是解决问题的一种有效方式。遇到一个题目，以前练习过，马上就能解决，这当然不错，但考试时不可能每道题都是你曾经做过的题目，一碰到题目变化、迁移，有些学生就不会做了。如果把“纵横逻辑”运用好，全面思考、找准方向、深入分析、厘清思路，则能有效解决问题。这种解题思路的训练注重的是平时的训练，理解五大常用逻辑，掌握解题规律，寻求一题多解，训练发散思维，做到真正理解、做透题目，坚持画解题思路图，学生的解题能力、思维能力一定会大大提升，在考试时不管题目怎么变化都能从容应答。具备了这种能力，考试时不画图也能快速做出判断，进而解决问题。

用思维导图解题与用传统方法解题最大的区别在于解题思路的可视化。传统解题思路主要靠教师的语言描述，靠的是学生的悟性，一旦学生上课开小差、反应慢、理解不到位，就难以跟着教师的思路解决问题。通过画解题思路图，再加上教师的语言描述，学生能更好地跟着教师的思路，也能更好地理解各个关键点，从而更好地解题，这就是思维可视化教育的优势所在。

五、英语学习应用

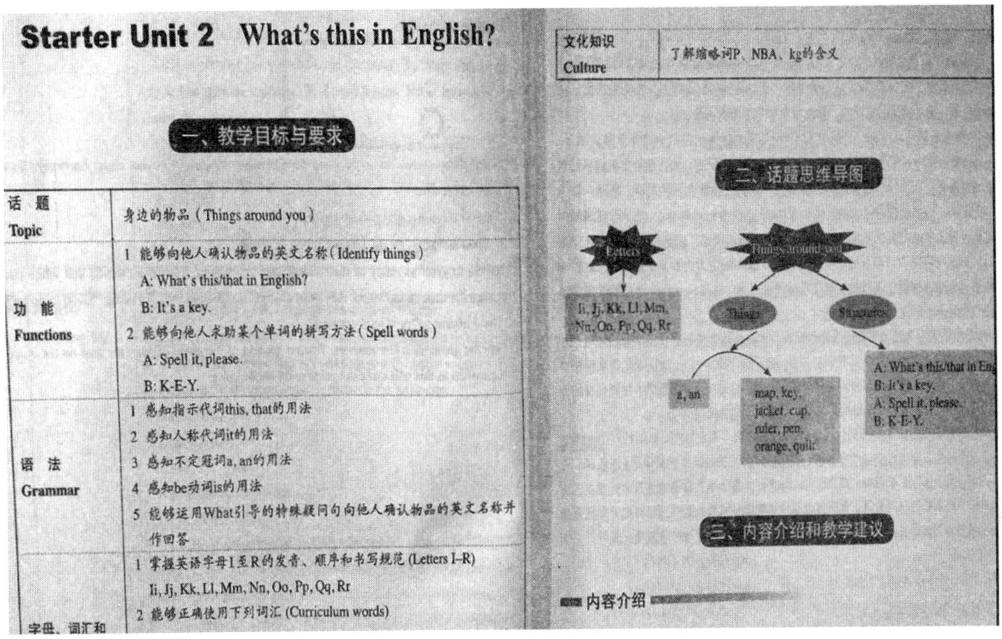

Starter Unit 2　What's this in English?

一、教学目标与要求

话　题 Topic	身边的物品（Things around you）
功　能 Functions	1 能够向他人确认物品的英文名称（Identify things） A: What's this/that in English? B: It's a key. 2 能够向他人求助某个单词的拼写方法（Spell words） A: Spell it, please. B: K-E-Y.
语　法 Grammar	1 感知指示代词this, that的用法 2 感知人称代词it的用法 3 感知不定冠词a, an的用法 4 感知be动词is的用法 5 能够运用What引导的特殊疑问句向他人确认物品的英文名称并作回答
字母、词汇和	1 掌握英语字母I至R的发音、顺序和书写规范 (Letters I–R) Ii, Jj, Kk, Ll, Mm, Nn, Oo, Pp, Qq, Rr 2 能够正确使用下列词汇 (Curriculum words)

文化知识 Culture	了解缩略词P、NBA、kg的含义

二、话题思维导图

Ii, Jj, Kk, Ll, Mm, Nn, Oo, Pp, Qq, Rr

a, an

map, key, jacket, cup, ruler, pen, orange, quilt

A: What's this/that in Eng
B: It's a key.
A: Spell it, please.
B: K-E-Y.

三、内容介绍和教学建议

内容介绍

图 2.110　英语话题思维导图

初中英语教参每个单元都有“话题思维导图”用以介绍本单元的知识体系，如图 2.110。思维导图进入英语教参，在各学科中还属第一次，说明思维导图对英语学习具有重大价值。其实，思维导图对英语学科学习的价值不仅于此，它还可以渗透在每个学习模块中。

（一）单词、短语记忆

图 2.111　单词“clothes”思维导图

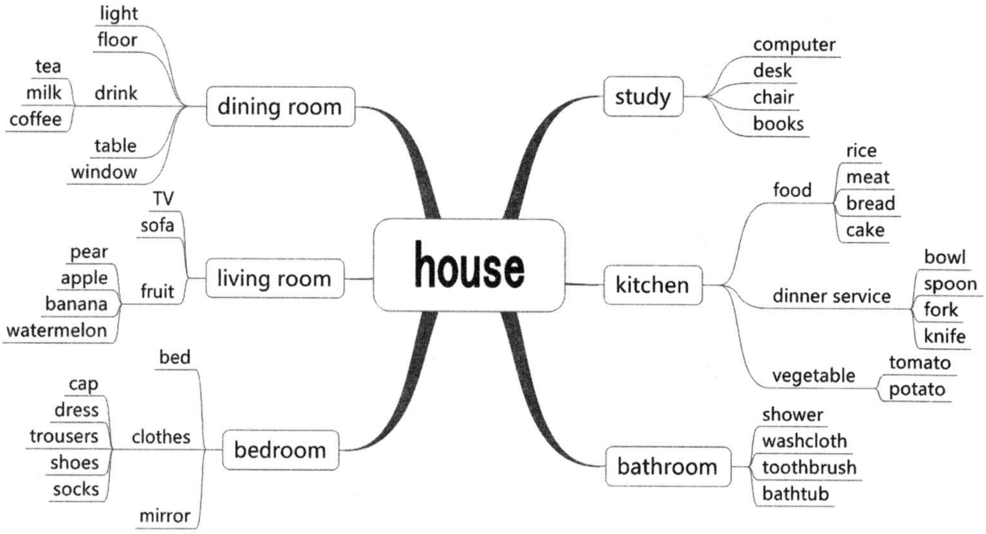

图 2.112　单词“house”思维导图

英语学习都是以话题的形式进行的，所以逐个记忆单词、短语势必负担很重，如果通过思维导图进行分类分层管理，把单词、短语关联起来，肯定更有利于记忆。

1. 高频词汇

how much 多少钱　dollar 美元　pound 英镑　buy 买
sell 卖　afford 买得起　clothes 衣服　sock 袜子
shirt 衬衫　T-shirt T 恤　sweater 毛衣　shoe 鞋
skirt 裙子　trousers（pants）裤子　shorts 短裤　color 颜色
black 黑色的　white 白色的　red 红色的　green 绿色的　blue 蓝色的
yellow 黄色的　size 尺寸　big 大的　small 小的　short 短的
long 长的　shop 商店　store 百货商店　supermarket 超市　price 价格
clerk 职员　on sale 低价出售　eleven 十一　have a look 看一看
thirteen 十三　fourteen 十四　eighteen 十八　twenty 二十

2. 常见句型

Can I help you?　What can I do for you? 我能帮你什么忙吗?
Yes，please. 是的，请。
No，thanks. 不，谢谢。
What color do you want? 你要什么颜色?
What size do you want? 你要什么尺寸?
How much is it/are they? 这个（些）多少钱?
It's/They're…dollars. ……美元。
Here you are. 给你。
You are welcome. 不用谢。

I'll take it/them. 我买了。

这是七年级话题“shopping”的高频词和常见句型，选自我们学校英语备课组编写的九年级总复习资料。这些高频词和常见句型，虽然以前学习过，但是逐个记忆清楚还是有一定困难，如果我们能对它们进行重新归类，情况可能就不一样了。

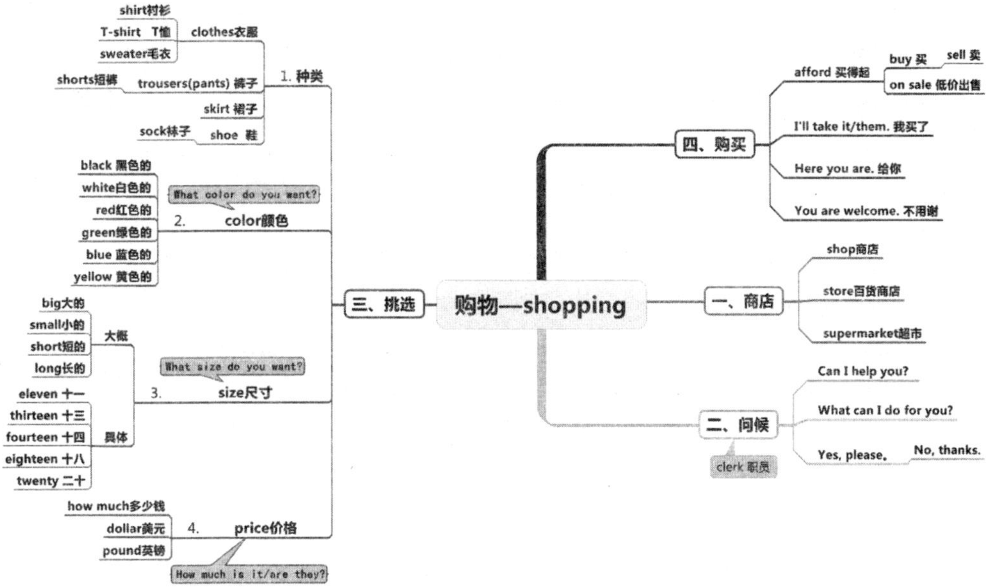

图 2.113 话题“shopping”思维导图

图 2.113 按照类群逻辑进行归类，即以生活中的购物经验为线索进行归类记忆。第一步：生活中，购物首先要确定购物的目的地，所以以“商店”为中心，把与它相关的单词放在一起；第二步：到达目的地后，会与里面的服务员进行对话沟通，所以以“问候”为中心把相关的单词、短语放在这里；第三步，进入购物环节，所以以“挑选”为中心把相关的单词放在一起，但选择时内容较多，我们再次进行归类，也就是分层管理，从“种类”“颜色”“尺寸”“价格”环节展开；最后，选好物品，谈好价格，完成购物之旅，所以以“购买”为中心把相关的单词放在一起。这样，以生活中的购物经验为基础，通过四个词语把原来散乱的学习内容有机地联系在了一起，这样就大大提升了学习效率。当然，具体步骤可以不一样，用什么词语表述这个过程也可以重新考虑，但是一定要体现它们之间的逻辑关系。

（二）语法知识归纳

【例一】一般现在时

1. 一般现在时用法及例句

定义：表示经常、反复发生的动作，经常存在的状态或者习惯性动作（有时间规律发生的事件）的一种时间状态。

一般现在时通常都有 usually，often，every day，sometimes，always，in the morning/afternoon/evening，at (the) weekends，on Saturdays and Sundays 等一

些表示有时或经常性时间的词语。

例如：

She usually goes to school at 8:00.

I/You/get up at 6:00 every day.（主语是第一、二人称时，谓语动词用原形）

She/He/It gets up at 6:00 every day.（主语是第三人称时，谓语动词用单数形式）

They/We get up at 6:00 every day.（主语是复数时，谓语动词用原形）

Daming（任何人称单数）gets up at 6:00 every day.（主语为第三人称单数时，谓语动词用单数形式）

I go to school every weekday. 我每个工作日都去上学。

She is a hardworking student. 她是一个用功的学生。

My piano is quite new. 我的钢琴很新。

I go to school on foot every day. 我每天步行到学校。

He can swim. He likes it very much. 他能游泳，且非常喜欢。

Does your father hate rock music? 你父亲讨厌摇滚乐吗？

There are seven days in a week. 一周有七天。

2. 一般现在时句型结构

（1）be动词做谓语时的句型结构：am，is，are。

① 肯定句结构：主语＋be动词＋其他。

例句：My mother is a kind woman.（主语：my mother；be动词：is）

② 否定句结构：主语＋be动词＋not＋其他。

例句：Tom and Jerry are not good friends.（主语：Tom and Jerry；be动词：are）

③ 一般疑问句结构：be动词＋主语＋其他。

例句：Are you from China?（主语：you；be动词：are）

④ 特殊疑问句结构：疑问词＋be动词＋主语＋其他。

例句：Who is the girl over there?（疑问词：who；主语：the girl；be动词：is）

（2）实义动词做谓语时的句型结构

① 肯定句结构：主语＋动词原形（或第三人称单数形式）＋其他。

She usually goes to school at 8:00.（第三人称单数）

You get up at 6:00 every day.（第一、二人称时，动词用原形）

② 否定句结构：主语＋助动词（do/does）＋not＋动词原形＋其他。

He doesn't play football every day.（注意第三人称单数）

They don't play football every day.

③ 一般疑问句结构：用助动词do或does来提问，具体要看肯定句中的词性来定，当谓语动词为第三人称单数形式时，句首助动词用does，然后主语后面的动词改为原形。一般疑问句基本结构是助动词＋主语＋动词原形＋其他。

I get up at 6:00 every day.（将其改为下面的一般疑问句）

Do you get up at 6:00 every day? 回答：Yes，I do/No，I don't.

He gets up at 6:00 every day.（将其改为下面的一般疑问句）

Does he get up at 6:00 every day? 回答：Yes，he does/No，doesn't.

3. 一般现在时的基本用法

（1）表示经常性或习惯性的动作，常与表示频度的时间状语连用。

I go to school on foot every day. 我每天步行到学校。

She/He/It gets up at 6：00 every day.（主语是第三人称，谓语动词用第三人称单数形式）

（2）表示现在的状态、性格和个性。

My piano is quite new. 我的钢琴很新。

（3）表达客观真理、科学事实。如果出现在宾语从句中，即使主句是过去时态，从句谓语也要用一般现在时。

There are seven days in a week. 一周有七天。

The earth moves around the sun. 地球绕着太阳转。

Shanghai lies in the east of China. 上海位于中国的东部。

（4）用在格言或名言警句中。

Pride goes before a fall. 骄者必败。

上述材料，内容可能会与教师的实际教学不一致，在这里举例只是为了说明问题。这些材料是一般现在时的语法知识，它呈现的是传统线性笔记结构，如果用思维导图重新进行整理，如图 2.114 所示，你会发现更简洁明了，知识间的关系一目了然，更好理解，记忆也变得更加容易。

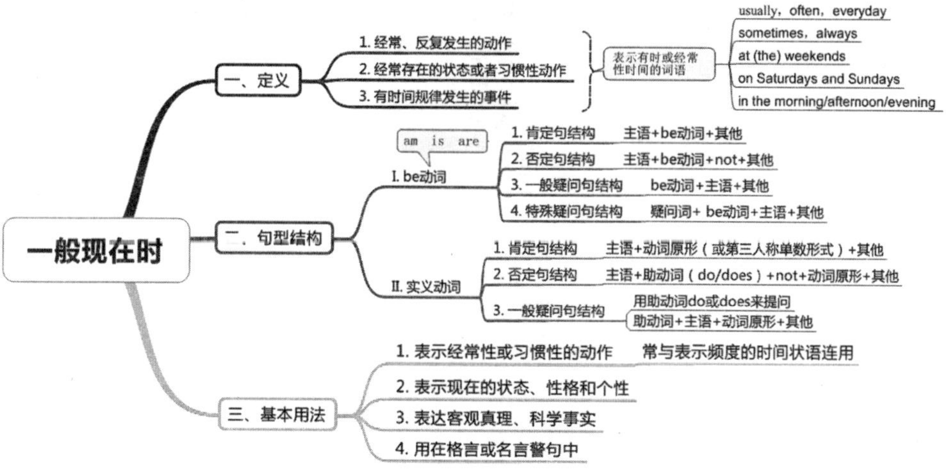

图 2.114 一般现在时

【例二】英语不规则动词

由于英语不规则动词材料比较多，在这里没有体现出来，我通过三张思维导图把这些知识重新归纳整理了一下。图 2.115 是一张总图，把不规则动词的五种类型全部呈现了出来，又因为“ABB”和“ABC”这两种类型内容较多，所以通过图 2.116、图 2.117 两张图进行具体呈现，这是按照记忆规律进行设计的，有利于学生的理解、记忆。

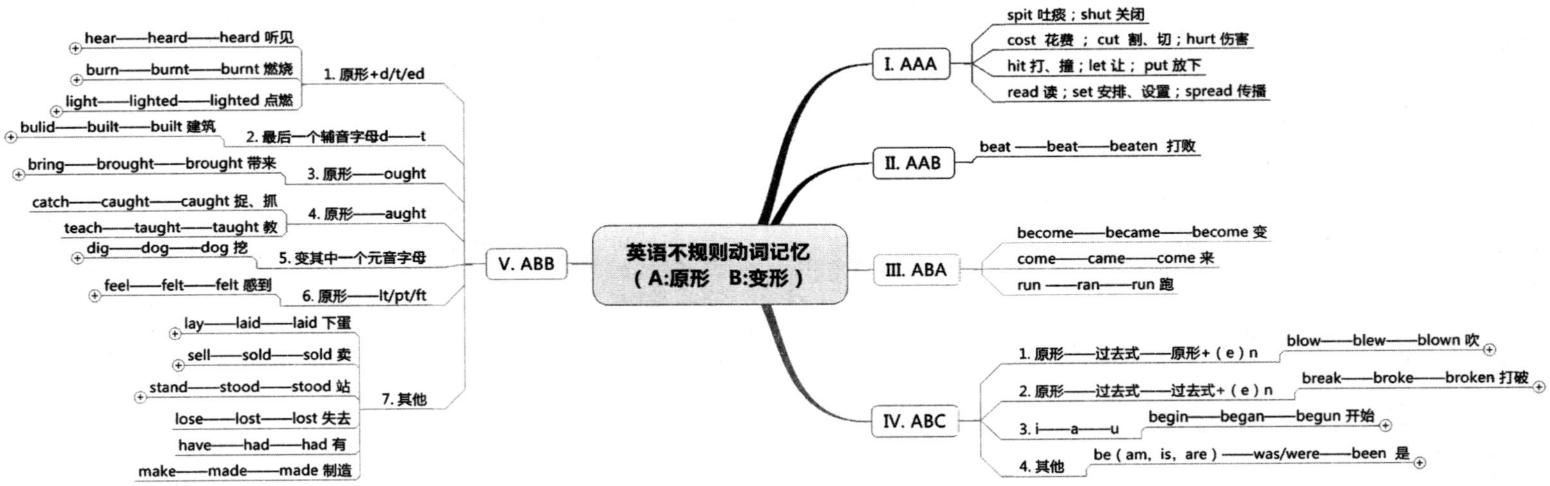

图 2.115　不规则动词（总图）

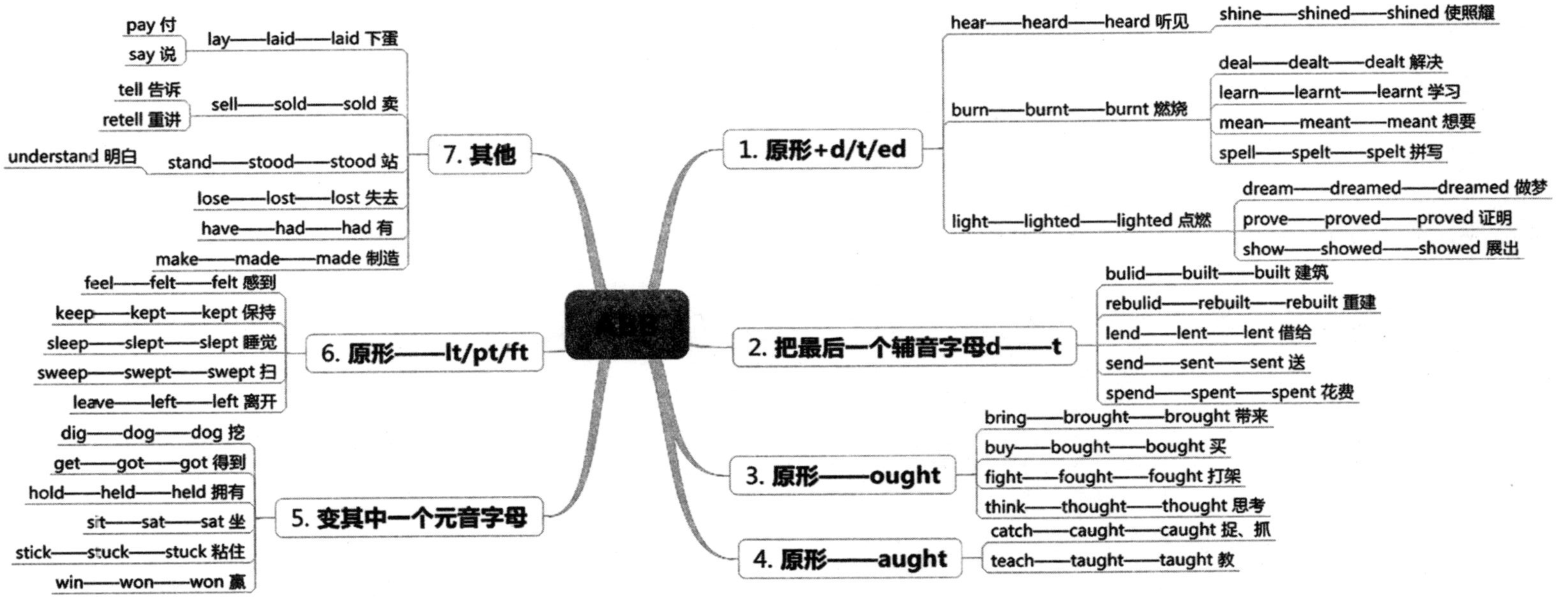

图 2.116　不规则动词（ABB）

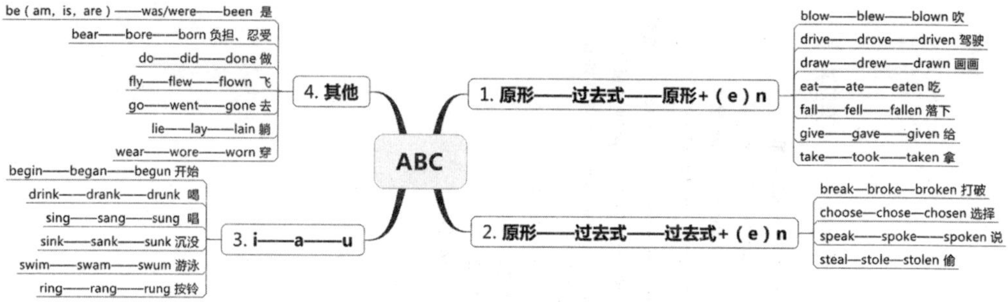

图 2.117　不规则动词（ABC）

（三）阅读理解

【例一】*He shouted" wolf，wolf!"*

Once upon a time，there was a boy，he looked after sheep every day. The boy was bored.

One day，the boy ran to the village. He shouted，" wolf，wolf!"

Everyone ran up the hill. There was no wolf. The boy laughed

The next day，the boy ran to the village again. " Wolf，wolf!" He shouted .

The people ran up the hill. There was no wolf. The people were angry.

Then one day，a wolf came up the hill.

The boy ran to the village. But the people didn't run up the hill. They said，" Don't tell lies!"

The wolf ate all the sheep. The boy learnt a lesson and wouldn't tell lies again.

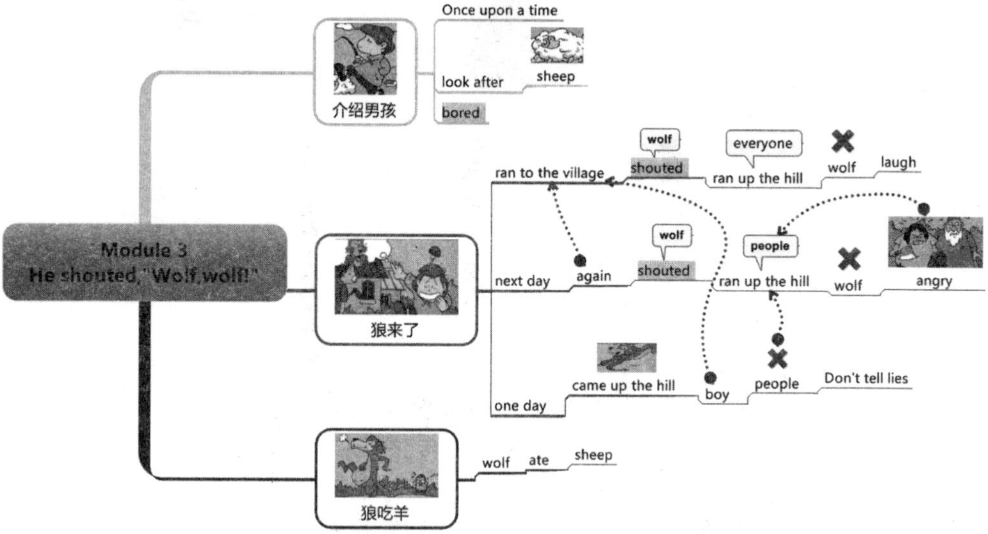

图 2.118　He shouted " wolf，wolf!"

例一选自四年级教材，讲述的是大家耳熟能详的故事——“狼来了”。四年级学生对于这个故事虽然很熟悉，但转换成英文，学生掌握起来还是有一定难度的。如图 2.118，把整个故事分成三个部分：第一部分，介绍小男孩，其实就是背景介绍；第二部分，讲述“狼来了”的过程，总共是三次；第三部分，介绍故事的结果。这三个部分呈现的是因果逻辑，学生虽然不一定能理解因果逻辑，但是能够理解这三个部分的分层。思路厘清后，后面的内容就可以按照句子的先后、句群的意思，找出相应的关键词填充在后面，具体教学时让学生根据自己的理解去处理即可。小学高年级学生的思维能力已经开始形成，如果这时候就开始渗透思维训练，到了初中学生就能更快地适应新的学习。

【例二】*Lemurs'of Madagascar*

Lemurs（狐猴）are cute animals that live on the island of Madagascar，the fourth—largest island in the world. Lemurs have big eyes，long noses，and long tails（except for the Indri）and live high in the trees of Madagascar forests. Lemurs are quite intelligent. They are the cousins of monkeys and look quite similar. Like monkeys，they also swing through the trees and live in family groups.

There are different species of lemurs. Some lemurs（of Indri）sing like a whale，and some（the Sifaka）sashay like a ballet dancer. Some lemurs are very small，like the Pygmy Mouse Lemurs which weighs only 25－30 grams. Others，like the Indri，can weigh up to ten kilograms. Some lemurs are nocturnal（夜间活动的），being awake at night and sleeping during the day，and some are not nocturnal，while the bigger ones are diurnal. All these species are unique to the Madagascar.

However，all of the lemurs are endangered species. Many species have already disappeared in the last few centuries. These are not many of lemurs left. People in Madagascar have been destroying the forests where lemurs live. Local people also hunt lemurs for food. Some of the local people see lemurs as bringers of bad luck，so they kill lemurs.

At the moment，there are about 85. lemur species left. But many of people fear that then number of species will fall quickly. Soon there may be no lemurs left if we do not make serious efforts to protect them.

例二选自英语扩展阅读教材，感谢英语学科林卿老师提供的素材和思维导图。这个案例在具体操作时可以小组合作学习的形式进行，如图 2.119，根据文章意思一级分支提炼出四个关键词：appearance，different species，endangered species，activities，再补充一个自己的希望“hope”，共五个分支，然后再根据句意归纳出二级分支关键词，一张二级阅读理解知识导图就初步形成了，思路还是比较清晰的，能帮助学生快速地理解、把握文章结构和大意，学生完成后面的阅读理解题就很轻松了。

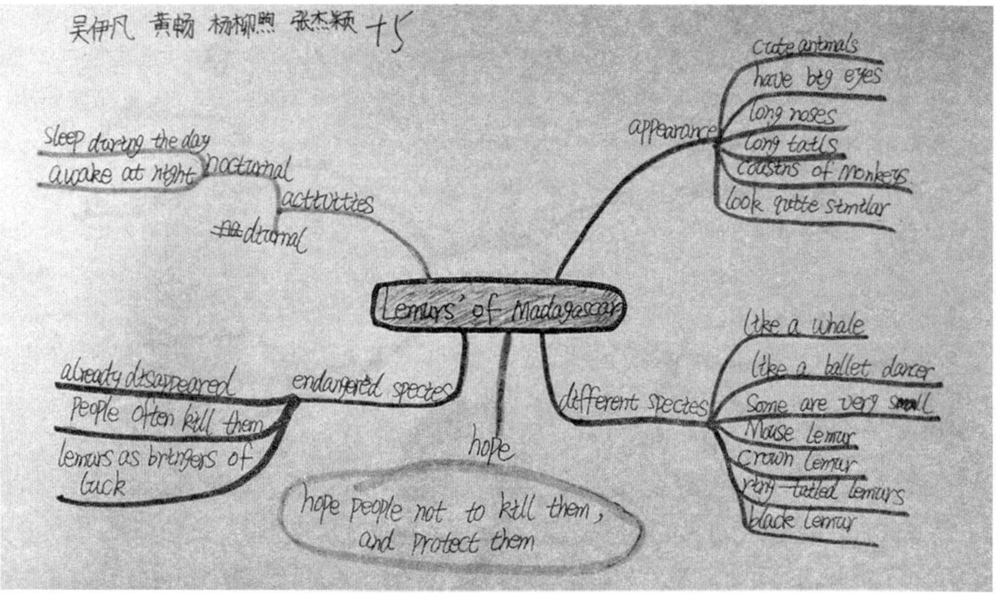

图 2.119 Lemurs'of Madagascar

阅读理解在厦门英语中考中占 50 分，是分值最大的一个题型，可见这个题型的重要性。用思维导图进行阅读分析训练，在提升学生阅读分析能力的同时，也为学生写作能力的提升打下了坚实的基础，接下来我们就一起分析如何应用思维导图进行写作训练。

(四) 短文写作

近期一项针对中学生健康状况的调查显示，许多中学生的健康状况令人担忧。主要原因有饮食结构不合理、体育锻炼不足、心理压力大、睡眠质量差、不能与他人有效沟通等。

请参考上述的某一个或两个原因，以“*Healthy Life*”为题，撰写一篇 80 词以上的短文，在中学生群体中倡导健康的生活方式。

【参考答案】略。

【测量目标】能根据题意有效运用所学知识，正确、连贯、贴切地进行短文写作。

【考试内容】健康生活。

【预估难度】0.4。

【评分参考】

第一档（13～15 分）：能清楚地表述自己的观点和想法；语言准确、丰富、流畅，富有个性和说服力；基本无语法错误。

第二档（9～12 分）：能清楚地表述自己的观点和想法；行文比较自然，但语言表达较平淡，个性化和说服力较一般，且存在少量语法错误。

第三档（5～8 分）：观点表述不够鲜明，比较缺乏说服力，语法错误较多。

第四档（1～4 分）：内容比较空洞或不切题，词汇或句式用法错误很多。

上述材料选自厦门市 2015 年初中英语学业考试说明的样题和往年的评分标准。

第一，这道题的“难度值”在整份试卷中是最高的，可见该题得分的高低对于学生的重要性；第二，从这道题的“测量目标”和“评分参考”可以看出，写作要围绕一定主题，表达一定的意义，在写作时能使用常见的连接词表示顺序和逻辑关系，简单描述人物或事件（前两年考试说明的要求），这背后隐藏着对“思维能力”的考查。

思维导图被誉为思维训练的“瑞士军刀”，在英语写作时应用思维导图工具，肯定能让学生如虎添翼。阅读理解是运用思维导图分析别人的文章，而写作正好相反，要先用思维导图构建写作提纲，然后再进行具体的写作。用思维导图进行阅读分析，可以模仿别人是怎样写作的，模仿多了，自己写作时肯定能得心应手。

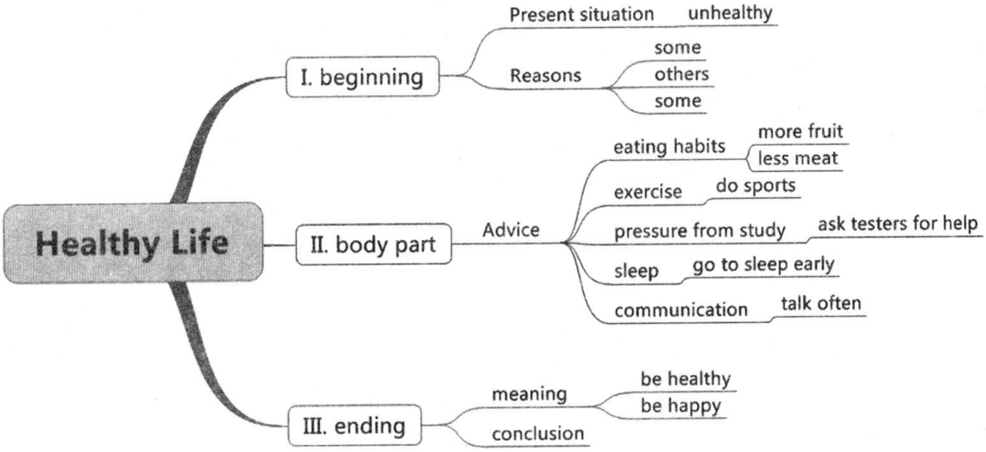

图 2.120　Healthy Life

图 2.120 是用思维导图构建的“样题”写作提纲，清楚地表达了文章的主题。思维导图提纲紧扣题目要求：第一分支描述了中学生令人担忧的健康状况；第二分支提出了要改变这一状况的一系列做法；第三分支提倡健康的生活方式。通过这些关键词把文章要表达的要点清晰地呈现了出来，现在只要用一定的语言把它们有效地组织起来即可，只要完成这一步，基本上得分就能进入第二档，如果语法基本正确，就可以得高分了。

思维导图在英语短文写作中的应用和它在语文作文中的应用原理是一样的，都需要平时的不断训练，一旦形成了这种能力，考试时就能得心应手。

关于思维导图教学法在“学生的学”上的应用，主要从学科三点本、学科导图本进行了宏观阐述，从语文、数学、英语三大学科进行了具体应用阐述，这里阐述的更多的是一种理念、　种方法，这些理念、方法对其他学科同样适用。另外，思维导图教学法在研究性学习、生涯规划、学习反思等方面也同样可以发挥作用，请老师、同学们不断拓展、延伸，为自己的学习提升插上腾飞的翅膀。

第三章

思维导图教学法的实验成果

“不忘初心，方得始终。”思维导图教学法从基础教育改革的核心理念出发，关注教师的专业成长和学生的个体发展。思维导图教学法来源于教学实践，把技术与课程深度融合，关注的是能给学生和教师带来什么。接下来让我们一起倾听他们的声音。

第一节　直接效益

一、成绩提升

1. 历史中考平均分

2007 年中考我校摘取“厦门市初中教学质量奖”，这是社会对我校教学质量的高度认可。2008 年厦门市把历史正式纳入中考范畴，所以学校对历史中考也开始重视起来。乘着这股“东风”，加上我们应对方法得当，2008 年、2009 年我校历史中考都取得了很好的成绩：2008 年历史中考，难度较大，全市平均分在 65 分左右，我校取得了平均分 74.5 分的好成绩，在厦门市仅次于厦门外国语学校和厦门市音乐学校两所择优招生的学校，可以说在普通初中排名第一；2009 年历史中考，全市平均分在 72 分左右，我校平均分是 79.5 分。

2. 中考合格率

厦门市历史中考成绩最后按等级（优、良、合格、不合格）进行考核，学生要想顺利升入普通高中必须达到“合格”等级及以上，各级达标学校还有具体等级要求。近两年我带的班级历史中考合格率都是较高的：2013 年合格率为 100%，2014 年合格率为 99.2%。

3. 2012—2013 学年第一学期普通实验班成绩

九年级一共 8 个班，我负责其中 5 个班的教学（1 班、5 班、6 班、7 班、8 班），另外一位教师负责 3 个班的教学（2 班、3 班、4 班）。那位教师对思维导图教学法也很感兴趣，但在教学中没有使用，采用的仍是常规教学法。而我则把自己的教学班分成两组：1 班、5 班、6 班为实验班；7 班、8 班为对比班。我进行了两个方面的对比。

（1）期中考试结果。

我所教班级考试数据

班级	参考人数（人）	平均分（分）	优秀人数（人）	及格人数（人）
1 班	36	73.4	17	32
5 班	31	78.2	20	30
6 班	31	73.5	18	28
7 班	32	74.0	12	28
8 班	27	72.7	12	23

实验班与对比班考试数据

班级	我所教班级	
	实验班	对比班
参考人数（人）	98	59
平均分（分）	75.0	73.3
优秀人数比率（%）	56.1	40.7
及格人数比率（%）	91.8	86.4

我所教班级与另一位教师所教班级考试数据

班级	我所教班级	另一位教师所教班级
参考人数（人）	157	92
平均分（分）	74.4	71.2
优秀人数比率（%）	50.3	35.8
及格人数比率（%）	89.8	81.5

（2）数据分析。

由于近几年我都是带毕业班，与前几届学生相比，这届学生的历史学习水平整体有很大进步，这也反映出本届毕业班的整体学风还是相当不错的。

比较一（实验班和对比班）：实验班与对比班的各项数据分析表明，实验班的考试成绩领先于对比班，两种教学班使用的教辅材料、复习材料都是一样的，虽然都使用思维导图，但是在实验班我先介绍了思维导图的概念、理念等，所以实验班的学生对此理解、掌握得较好，而在对比班我只是换了一种呈现知识的方式，虽然简练，但是相当一部分学生可能对思维导图不是太理解。这里特别要分析实验班5班，该班的平均分领先第二名的班级4.2分，领先最后一名的班级5.5分，这是非常不容易的。实验班5班到底是怎么做的呢？我分析如下。

① 上课时间、复习时间相对有保障，不会受到其他因素的干扰。

② 班风、学风良好，学生能按老师的要求去做，为教学实验的进行提供了强有力的保障。

③ 复习课上使用了思维导图复习法、关键词学习法、配乐学习法。

a. 思维导图复习法：前面已有描述，这里不再重复。

b. 关键词学习法。

第一，在思维导图中呈现的大都是关键词。

第二，在练习中也特别强调关键词的重要性。在练习时要求学生把题目的关键词先画出来，这样答题就清晰明了多了，也不容易粗心大意，被其他信息迷惑。

第三，在分析材料解析题时也特别强调画出关键词。

c. 配乐学习法：在复习课上，我一边放着α脑波音乐，一边让学生听课或记忆思维导图。在问卷调查中，5 班的学生都说这种方法有效。

比较二（我和对比教师）：通过我和对比教师所教班级的各项数据分析，差距属于正常范围，我能够领先说明思维导图教学法是有效的。

① 教学使用材料（导学练）一样。对比教师教学比较严谨，上课时间充足，内容讲解到位，采用的是传统教学法；而我对知识点的分析不如对比老师，但采用多媒体和思维导图辅助教学，考点分析把握相对到位。

② 复习的知识点基本相同，使用的练习也一样。对比教师的复习时间较为充分，而我的复习时间相对较少；对比教师使用的是传统的线性式提纲，而我使用的是思维导图式提纲。

教学实践说明，思维导图教学法是卓有成效的。在我的影响下，英语、语文、地理、物理等学科的教师也加入思维导图的学习队伍中，在下半学期的教学中，对比教师在日常教学中也渗透了思维导图的理念。在期末考试中，我校历史学科取得了不错的成绩。

4.2013—2015 年剑桥班实验成绩

班级	5 班	6 班	7 班	8 班
七年级上学期期中考试平均分（分）	57.4	56.8	56.1	65.5
七年级上学期期末考试平均分（分）	62	65.3	60.2	69.1
七年级下学期期中考试平均分（分）	73.2	74	67.2	79.8
七年级下学期期末考试平均分（分）	78.5	76.2	66.5	80.9
八年级上学期期中考试平均分（分）	68.4	69.4	68.5	74.8
八年级上学期期末考试平均分（分）	67.1	66.5	63.5	75
八年级下学期期中考试平均分（分）	64.7	69.4	66.6	74.5
八年级下学期期末考试平均分（分）	72.9	74.9	72.5	80.4

2013 级学生入学，共有 8 个班，1 班为美术班，2～4 班为普通班，5～8 班为剑桥班。我负责 5～8 班的历史课教学，这 4 个班学生的基础比另外几个班相对好些，我把 8 班定为实验班，5～7 班定为对比班，开始了新一轮的思维导图实验教学。从上表学生的成绩可以看出，8 班的成绩是最好的：两个学年一共进行了 8 次考试，试卷满分为 100 分，考试形式是闭卷笔试，每次 8 班都是第一名，而且领先第二名2～8分不等，比最后一名均高出 10 分左右。对于这个成绩，如果只有一次可能是偶然，连续两年每次考试都是如此，说明思维导图教学法确实是很有成效的。

5.2014—2015 学年普通班实验成绩

2014—2015 学年我还教着九年级的历史课，这一届也是 8 个班级，1～6 班为普通班，7～8 班为剑桥班。我负责的教学班是 1 班、2 班。同样我也在这两个班进行了实验教学，把 1 班定为实验班，2 班定为对比班。经过半个学期的实验教学，在期末市质检考试中我校九年级普通班历史成绩如下。

班级	1班	2班	3班	4班	5班	6班
平均分（分）	72.4	63.4	63.9	67.2	67.6	66.6

从上表可以看出，在6个普通班中，1班成绩（平均分）排名第一，比第二名5班的平均分高出近5分，比我任教的对比班2班高出9分。这些数据再次说明思维导图教学法是有效的。

二、学生变化

我们进行实验教学，成绩的取得是一方面，更可贵的是学生的变化。我们一起来听听学生的声音。

2012级九年级（2）班陈志隆：记忆混乱的我有时竟会上一分钟记得，下一分钟就忘了，但自从接触了思维导图，那些杂乱无章的信息仿佛找到了自己的位置，有了自己的坐标，使我感到文字和导图是相连的，看到这个事物就可以迅速地在头脑中搜寻到相关信息。这种记忆方法很适合我，以此为基础，我开始学习建立“记忆宫殿”的方法。思维导图让我找到了“记忆宫殿”的大门。

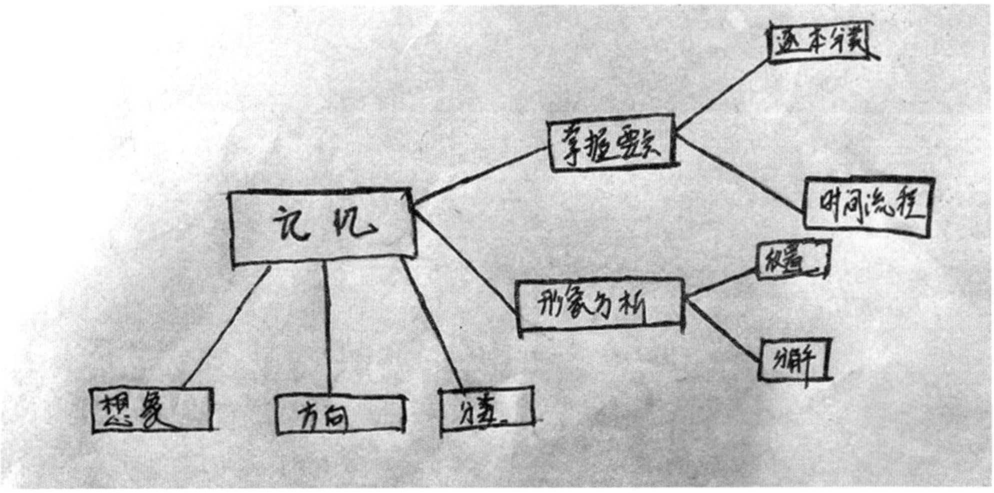

图3.1　学生反馈——陈志隆

2012级九年级（2）班许思婷：使用思维导图可以帮助我们梳理知识体系，使知识的框架和结构更清晰。一条分支就像一种思路，由繁到简，由大到小。对于一些重点知识、关键点、关键词，用思维导图更容易懂、容易记。相对一大串文字，思维导图方便、简单。在英语、数学等学科的学习中，我们可以自己画思维导图去整理知识，在历史学科的学习中，我们可以按照时间模块去制作思维导图。如果你去尝试、去实验，你会发现思维导图能使你的学习事半功倍。

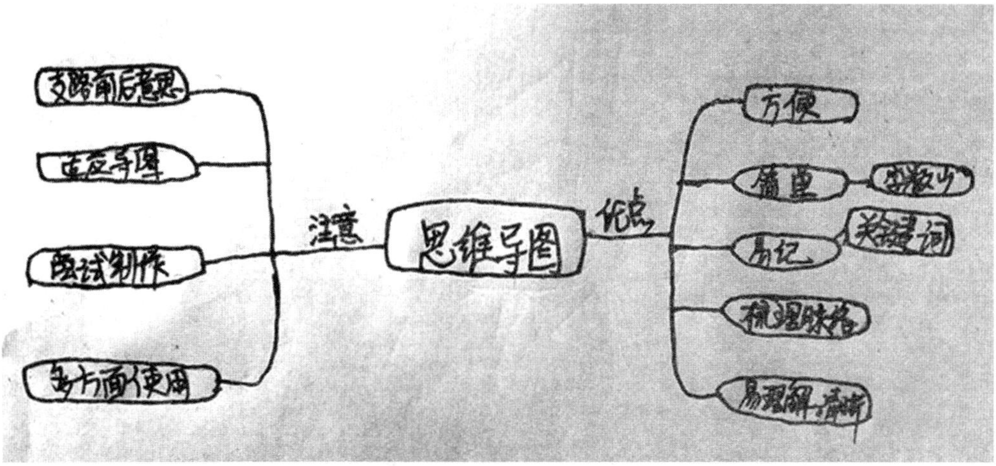

图 3.2 学生反馈——许思婷

2012 级九年级（1）班吴佳颖：我们的思维导图运用是从历史学科开始的。思维导图将一个大的知识点分成几个小的知识点，然后再一步步地细化，从主体知识到细枝末节的知识都能很好地呈现出来。思维导图帮助我厘清了历史事件的脉络，它不像文字版提纲那样繁杂冗长，而是利用图像的方式帮助我记忆，这可以提升记忆的深度和广度，让我的学习更加轻松。

2013 级八年级（4）班谢飞：我认为思维导图要自己动手画才更有利于记忆。一开始历史老师用思维导图给我们上课，把一大串文字浓缩成几个字或词，但这图是老师画的，我有时不能完全理解老师的思维，复习起来还等于在背资料，不利于记忆。一次，我突然想画一张属于自己的思维导图。画完后和老师画的进行了对比，我更能理解自己画的思维导图了。不管思维导图中的哪个字哪个词我都能理解，因为在画思维导图的时候，我已经认真读过资料了，我会用自己总结提炼的那个字或词代表相关内容，所以我一看到它，脑海中自然就会浮现出相关内容。当然，我觉得仅用文字表述还不够，还要用自己喜爱的颜色去描绘，再配上相关的图片就更好了。看自己画的思维导图，如同看图文并茂的故事书，复习的时候就像在读一个个有趣的故事，记忆变得容易多了。思维导图对我的历史、生物、物理等学科的学习有很大的帮助，它让我更好地理解并记住了知识，而且让我在考试时能够保持清晰的思路。

2013 级八年级（4）班王弈之：面对一大堆的复习资料，你是否头晕眼花、心神不宁？面对小山似的文字背诵，你是否呆若木鸡、久攻不下？面对一些烦琐事件，你是否无法安排、无所适从？当你要做一个重要演讲时，你是否神经紧张、不知所措？如果是，你已经患上了“记忆方法错误外加效率低下附带理解表达不过关综合征”。这可是个难治之症。不过，您放心，它是有方可治的，只要您积极使用权威专家认证的一款名为“思维导图”的有效药物，就能治愈这个扰人的病症。此药物能有效地将一大堆文字转换成一个个短小精悍的词语、一幅幅精简的图画，保证您的学习、生活有条不紊，从此向压力说“Bye bye”。

思维导图说：“我只看你流过汗水，却没看你喷过香水。我有你想要的规划，我能帮你做出正确选择。尽管你否定你的现在，但我可以决定你的未来。你总叹息自己一无所有，不配去爱，我嘲笑你看到我却总是等待。你看轻自己的能力，我帮你证明这是谁的时代。成功是注定艰难的旅途，路上少不了自卑与困难，但那又怎样？哪怕再穷再苦，也要用上思维导图。”

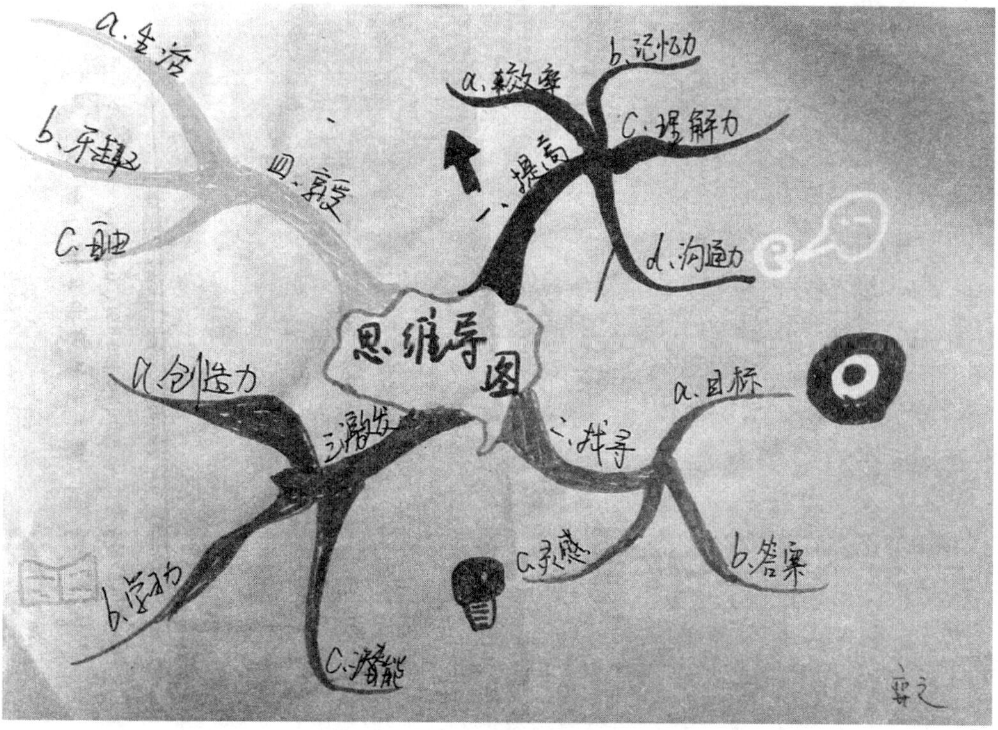

图 3.3　学生反馈——王弈之

2013 级八年级（4）班彭翊欣：思维导图能够将众多的知识和想法联系起来，并有效地加以分析，从而最大限度地实现创新。用思维导图可以更高效地进行记忆，例如，我们历史课用思维导图的方式进行复习，感觉记忆起来轻松多了，而用文字提纲进行复习，记忆起来就变得困难了许多。

2013 级八年级（5）班徐雅洁：上了中学，学习科目明显增多，每次考试需要背诵的内容极多，会导致在考试中信息混乱。历史老师给我们提供的思维导图学习方法帮助我们解决了这个问题，我觉得这种方法对我们的学习有以下几点好处：①信息量缩减了大半，更方便记忆；②画一遍思维导图，就相当于在脑海中巩固了一遍知识，能加深记忆；③使学习轻松、有效，减少学习负担，减轻学习压力；④让自己更了解自己在某个方面的不足或认识的不全。

2013 级八年级（5）班苏恬楠：我觉得思维导图是一种有助于快速记忆的方法，很多复杂的知识点很难背下来，通过思维导图提炼关键词，用线条联系起来，既方便记忆，又加深印象。思维导图不只是对历史学科的学习有帮助，对其他学科的学习也同样适用。

2013级八年级（5）班黄鸿涛：思维导图能让人方便、快速地记忆，如果遇到某些学科记忆内容很多的话，可以提取关键词，这样便能记住大意。另外，我们可以试着自己动手画思维导图，可能刚开始时会感到有些困难，但只要一次一次坚持画下去，总会成功的。总之，思维导图对我们的学习有很大的帮助，能有效提高我们的学习效率。

2013级八年级（6）班陈泽鸿：思维导图训练了我的发散思维和集中思维，使我在学习、写作业时条理清晰、主次分明，它也提升了我分析、整理、归纳重点的能力和记忆能力。思维导图上的文字少，且图文并茂，使我对学习不再感到厌倦，大大提升了我的学习效率。

2013级八年级（7）班徐欣林：思维导图对我的学习帮助很大。这学期之前，我一直没有找到正确使用思维导图的方法，而且对用思维导图记忆知识内容这一方法很不用心，所以成绩一直处于中等偏下水平。这学期开始，罗老师让我们自己绘制思维导图，这对我产生了很大的影响。我很热衷于上课时和老师一起绘制思维导图，课后复习时也很方便，每课一张图，上面有重要的知识点，简单明了。而且我喜欢在绘制时添些小花样，这样更有利于我的记忆。

2013级八年级（7）班林超然：我觉得思维导图是一种可以帮助我整理思维、拓展思维的学习方法。它不像密密麻麻的文字那样枯燥乏味，它用最简洁、最能体现主题的关键词和图片给我带来一种视觉享受。思维导图可以使知识的层次更加分明，进而提高我们的学习效率。

2013级八年级（7）班白佳琦：思维导图可以帮助我们把所学的知识整合起来，并进行分类，使我们更加清楚地把所学的知识记在脑海里，这就仿佛在我们的脑海里形成了一间屋子，每个房间里都有知识，要用时直接拿出来就行，非常方便。另外，思维导图十分简洁，只要你掌握了，其中包含的知识就都能背下来。思维导图对我们的学习是非常有用的，特别是在复习时，不用费力地从书上找知识点，可以节省大量的时间。

2013级八年级（8）班廖景琳：思维导图可以帮助我整理知识，把那些零零碎碎的知识点联系起来，让我能更好地记忆。学习时最好自己画思维导图，边画边记，画完后也就记住了。思维导图简洁、美观，容易掌握，对我们的学习很有用。

2013级八年级（8）班洪远澎：思维导图使我的思维组织能力和规划能力有了很大提升，它能够对各种事物进行分类，很好地梳理知识点，提高记忆效率，多次复习之后，会比死记硬背有更加突出的效果。特别是在写英语作文时，可以先构思框架，画出思维导图，这样写出的作文就会层次清晰，拿高分也就不是问题了。

2013级八年级（8）班陈博航：思维导图是一种很好的学习方法，它将思维过程以具象化的形式体现出来，对复习或整理知识有很大帮助。用思维导图来记忆知识比全文字记忆容易得多，自从老师用它来教我们，我感觉班上那些原本思维有些乱的同学思路都清晰多了。但是我们的学习任务较重，没有很多时间去手绘思维导图，要是能用计算机软件来绘制，效率会高很多。

第二节　间接效应

教学改革的顺利进行最关键的因素是教师，这几年我不断和身边同事、市内其他学校的教师、省内乃至全国的朋友分享思维导图教学法，大家都认为这是一种很有效的教学方法，都不约而同地应用在自己的教学中，并取得了不错的效果。

一、教师反馈

1. 厦门英才学校高中语文教师汤露

对于语文学科来说，最主要的是高三复习阶段，知识体系比较庞大，运用思维导图进行归纳，不仅知识量大，而且一览无余，容易进行比较和记忆。如现代文阅读，其中小说、散文、实用文考点比较多，涉及的知识复杂，学生往往不容易记住，如果每次复习都要看那些繁复的阅读指导提纲，是很低效的。教师可以将考点、知识点，甚至把答题步骤、模板都汇总到一张思维导图中，内容精简、要点齐全、关键词醒目，每次学生做练习时，都可以放在一边进行比对，使得答题有了鲜明的思路，要点清晰完整。在实际学习中，学生根据遇到的各种题型再对思维导图的内容进行补充、调整，省去了重复记笔记的时间，可谓事半功倍。

2. 厦门英才学校初中英语教师林卿

初次接触思维导图，就被它的魔力迷住了。我想，如果可以将它应用在英语教学中，从思维方法与方式上改变以往的教学方法，引导学生学习，应该会是一场不小的变革。于是我尝试将它运用到教学中。看了一些相关书籍，学了一些相关理论，了解了大概，我就迫不及待地开始了实践。

我先在英语阅读理解中引导学生用思维导图来学习。首先，在课堂上教学生分析文章思路，形成简图；然后结合文本教学生如何用思维导图辅助解题。我们发现，用这样的办法，能准确把握命题者的意图，答题有了方向，正确率也得到了提高。后来我时常在学生的卷子上发现学生画的思维导图草稿，这说明他们从中受益了，愿意用思维导图来提升思维，成绩也有了一定的提高。

在英语教学中，我们常常苦于没有充足的复习时间。为了节约复习阶段的时间，将每个单元的知识系统化是一个不错的办法，于是在每一单元结束时我都引导学生画单元思维导图，从 grammar，topic，useful expressions，writing 及 correcting mistakes 等方面画思维导图。这一学期以来，学生自觉有序地完成了这个任务，他们画的思维导图内容详细，版面漂亮、有创意，真正培养了自主创新的能力，也为巩固知识铺好了路。

根据听、说、读、写四种能力的要求，英语课型有很多，学生喜欢听说课，一上听说课就非常活跃。然而，一到阅读课，学生看到长篇课文，就觉得冗长无趣，就容易产生烦躁的情绪，听着听着就走神、发呆。于是，本学期我将学生按英语学习能力分成九个小组，采用思维导图教学法引导学生研读、绘制思维导图，从而掌握课文内容，更重要的是使学生学到了思维方法，培养了良好的思维方式，同时，学生在这个过程中愿意表达、思考，一改以往沉闷的学习气氛，锻炼了自主学习能力。

总之，思维导图让我在教学过程中有了很多全新的感悟。今后，我会继续钻研思维导图，让它在英语教学中发挥更大的作用。

3. 厦门英才学校初中英语教师林翠琳

以前我就听说过思维导图，但一直没有做细致的研究。去年暑假，我利用两个月的时间做了大致的了解，并推荐给班上的学生，安排他们利用空闲时间去好好研究、学习思维导图，以期在学习和生活上获得质的飞跃。2016 年 9 月份开学的第一节班会课，我班的学生便按要求准备好 A4 纸和彩笔，边听我开班会边迅速地用思维导图的形式进行记录。学生呈现出来的东西让我惊喜，事后我将班会课的思维导图在班级后面的黑板上做了展示，又请罗培生老师在百忙之中到班级给学生们做了一场关于思维导图的精彩的讲座，之后便常常能在班级中收获惊喜——班币的分配，小组长用思维导图的形式呈现出来；历史或地理学科的考前复习，学生们已经习惯用思维导图来辅助复习，并且效率显著提高；学生在班级开讲座前做的讲义，也是以思维导图的方式呈现的……

思维导图给我带来的好处也是显而易见的，最直接的感受就是平时爱忘事的我做事情开始有条理、有主次了，原本淡定的我愈发从容，这是我乐于享受的一种状态。

(1) 提升和理顺了我的思路。在学习和使用思维导图时，发现它会很自然地将很多错综复杂的关系理顺，由于经常手绘思维导图，我的注意力、理解力、想象力都有了大幅提升，加上经常运用形象思维，我的瞬间记忆能力大大加强，这帮我减缓了不少工作压力。

(2) 思维导图的使用，让我更乐于享受工作。图文并茂的形式、五彩缤纷的颜色，让从小对美术有浓厚兴趣并有一定功底的我相当痴迷，并且很享受画思维导图的过程，我觉得很轻松、很有趣。

(3) 改善了我原本的思维方法，让我在不经意间提高了工作效率。

当然，思维导图个中奥妙，我只是管中窥豹，领略了一二，希望今后能将其运用到更多的领域，让工作和生活由此变得更加从容。

4. 厦门英才学校初中道德与法治教师沈倩倩

(1) 利于知识脉络的构建。

初中道德与法治分为三大板块：心理健康和道德品质、法律、国情国策。通过思维导图对这三个板块的知识分别进行梳理、构建，使学生能迅速地厘清思路，避免知识的杂乱无章、记忆的混沌不清。

（2）简化主干知识的记忆。

道德与法治学科中考采用闭卷的方式，有大量的知识需要记忆，给学生带来了巨大的压力。复习时采用思维导图的方式让学生填写、背记“关键词”“中心词”，去掉修饰性的词语，简化了记忆的内容，有利于学生对知识的掌握。

（3）提高学生的思维能力。

思维导图重在构建学生的思维，在教学中，教会学生自主绘制思维导图，在班级、同伴中进行讨论和交流，可以提高学生的思维能力，同时培养学生交流、合作、探讨的学习习惯。

5. 厦门英才学校初中历史教师李梅蓉

历史知识浩如烟海，人物、事件太多，前因后果、时间先后，信息庞大繁杂，学生容易迷失在知识的海洋里。在初中历史教学中，常常会听到这样的声音：“课上讲了好多内容，老是记不住。”“考试前要背这么多的内容，都记混了。”这些声音暴露了以知识为中心的传统教学模式的弊端，学生成为被动接收知识的容器，这严重扼杀了学生学习的主动性和创新性，知识网络化的不足让学生的学习苦不堪言。我曾困惑于这些问题，思维导图教学法让我找到了新的方向。

思维导图是一种放射性思考的工具，它充分利用符号、关键词、图像、线条和颜色等，形成一幅条理清晰的导图，直观形象地呈现知识，很好地体现了学生的思考过程，能帮助学生构建知识网络，进行有意义的学习。

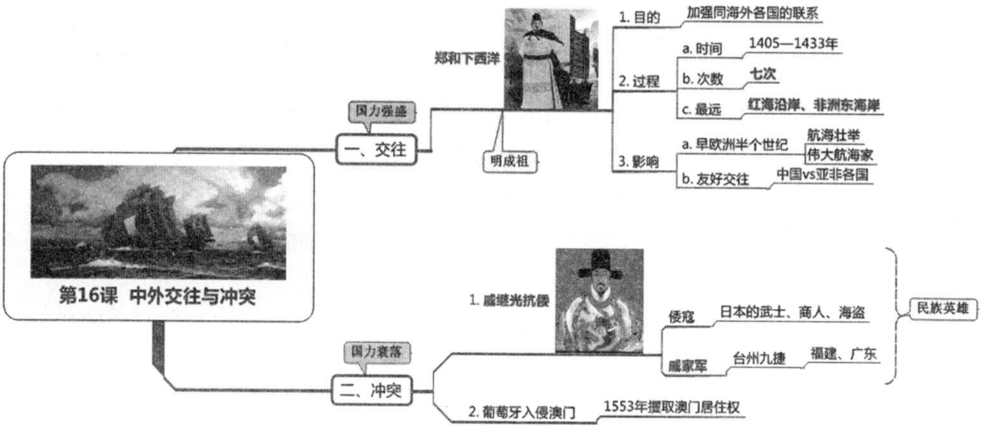

图 3.4　中外的交往与冲突

如图 3.4 所示，简简单单的几个关键词、形象生动的几幅图片、几根线条勾勒出了本课的知识框架，清晰呈现了本课知识间的内在联系。一节课、一个单元的知识，甚至一本书、一门课程的内容都可以整理成一幅思维导图，真可谓“一图胜千言”。那么，这种自主学习方法的效果如何呢？

2014—2015学年第二学期七年级（6）班历史考试成绩分析

考试 项目	期中考试	期末考试
平均分（分）	72.88	75.34
优秀率（%）	41.94	54.84
及格率（%）	83.87	90.32

这个班部分学生成绩较差，知识不系统，记忆混乱。面对期中、期末等阶段性考试，如何在较短的时间内提升学生的成绩，一直是困扰我的难题。为此，我进行了两种尝试：在期中考试备考时，我发放了包含大量文字资料的复习提纲，让学生进行复习；而期末考试时，则安排学生以自行绘制思维导图的方式进行复习，结果发现第二种方式的效果更好。从表格中的数据可以看出，无论是优秀率，还是及格率，都有了明显的提升。学生在绘制思维导图的过程中，能发现知识点之间的联系，从而删繁就简、分层管理，使得知识系统化，提高学习的效率。

在思维导图的学习应用中，我觉得需要注意一些问题：第一，思维导图的关键是思维的修炼，它的形成需要一个过程，所以不可操之过急，过分地要求学生；第二，有些人认为绘制出思维导图就是思维导图学习方法的全部，他们把焦点放在“图”上而不是“思维”上，这种认知完全背离了思维导图学习方法的本质。

常言道：“授之以鱼，不如授之以渔。”借助思维导图，我们可以教会学生如何学习、如何思考，让他们得到主动健康的发展，这也是我选择思维导图的最大原因。虽然实践过程中还有很多不足，也有一些困惑，但我相信方向是正确的，我的这些尝试一定能够更好地适应当今社会的发展和教育教学改革的新形势。

6. 厦门外国语学校海沧附属学校历史教师赖世忠

关于思维导图，我个人主要用于记笔记、复习、总结概念和知识之间的联系，它是非常简洁、好用的工具。

对教师而言，可以在平时的课堂小结中使用思维导图，在复习课上使用更是事半功倍，通过思维导图可以构建比较清晰的知识体系，如图3.5所示，这是我在八年级复习课中使用的思维导图，通过思维导图呈现“侵略与反抗”这个主题，内容涵盖鸦片战争、第二次鸦片战争、甲午中日战争、八国联军侵华战争和抗日战争。现在我尝试着在复习课上自己画好思维导图，以填空的形式让学生在复习的基础上利用思维导图再进行复习，一方面使学生巩固知识，另一方面为学生以后的高中历史学习打下坚实的基础。

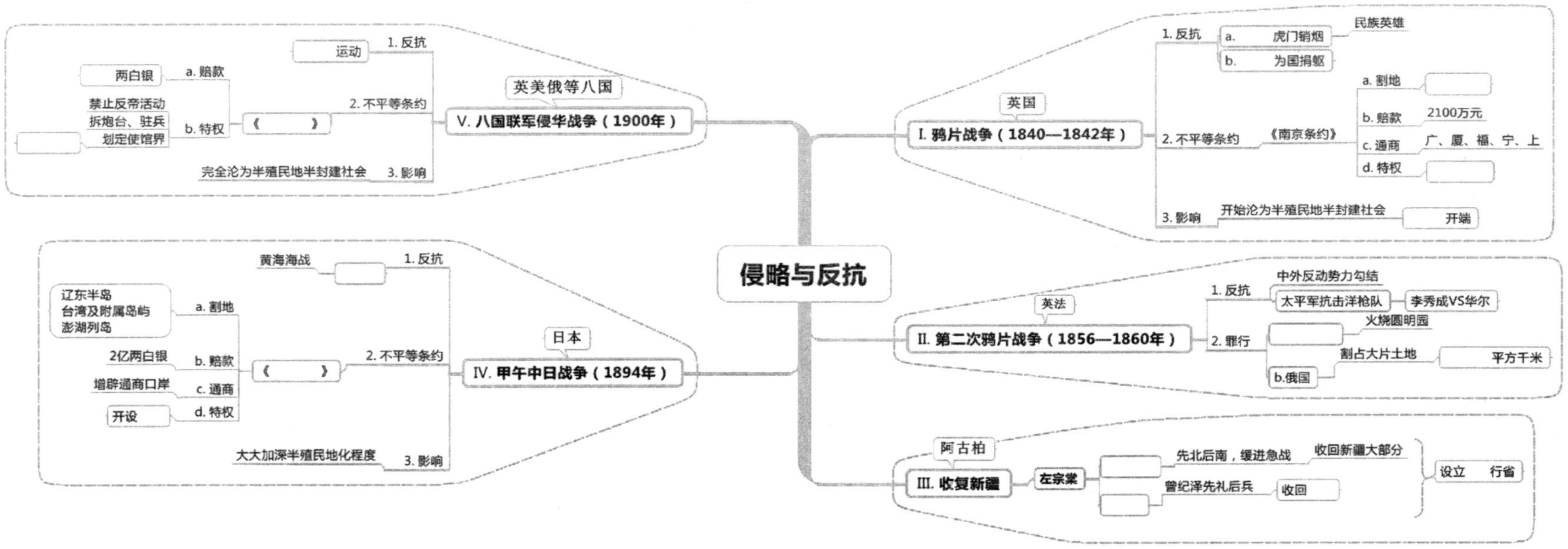
侵略与反抗
I. 鸦片战争（1840—1842年）
英国
1. 反抗
a. 虎门销烟
民族英雄
b. 为国捐躯
2. 不平等条约
《南京条约》
a. 割地
b. 赔款
2100万元
c. 通商
广、厦、福、宁、上
d. 特权
3. 影响
开始沦为半殖民地半封建社会
开端
II. 第二次鸦片战争（1856—1860年）
英法
1. 反抗
中外反动势力勾结
太平军抗击洋枪队
李秀成VS华尔
2. 罪行
火烧圆明园
b.俄国
割占大片土地
平方千米
III. 收复新疆
阿古柏
左宗棠
先北后南，缓进急战
收回新疆大部分
曾纪泽先礼后兵
收回
设立
行省
IV. 甲午中日战争（1894年）
日本
1. 反抗
黄海海战
2. 不平等条约
《 》
a. 割地
辽东半岛
台湾及附属岛屿
澎湖列岛
b. 赔款
2亿两白银
c. 通商
增辟通商口岸
d. 特权
开设
3. 影响
大大加深半殖民地化程度
V. 八国联军侵华战争（1900年）
英美俄等八国
1. 反抗
运动
2. 不平等条约
《 》
a. 赔款
两白银
b. 特权
禁止反帝活动
拆炮台、驻兵
划定使馆界
3. 影响
完全沦为半殖民地半封建社会

图 3.5 侵略与反抗

7. 福州三牧中学数学教师张海炎

使用思维导图有一段时间了，我认为思维导图最大的特点在于，它是由不同颜色的树形分支组成的，就像大脑的一个个神经分支，上面写着由大到小的知识点，复习时顺着分支往下看，脑海里的知识就会十分清晰、明朗。

有人问："大括号不是也可以整理知识吗?"确实，用大括号也能很好地整理知识，但是思维导图有远胜于它的优点：第一，有足够的空间画图，以图像加深记忆；第二，可以随时补充新的知识点；第三，五颜六色，有助于刺激大脑记忆。

我个人觉得思维导图有如下优点。

(1) 总结性。没有进行总结的知识，就像一盘散沙，不好理解，难于记忆，使用思维导图可以很好地弥补这些不足。绘制思维导图时，首先要回忆课上所学的知识要点，然后思考知识间的联系，这就是总结、深化理解的过程，它能让你把书读"薄"，更好地把握重点，加深记忆。

(2) 逻辑性。思维导图可以把看似分散的知识点连成线、结成网，使知识系统化、规律化、结构化。知识系统化的力量是强大的，按照一定结构组织起来的力量绝不是个体力量的简单叠加，而是呈几何级数增长。这就好比捡葡萄，你一粒一粒捡，恐怕最多拿几十粒，但要是拿成串的葡萄，拿到的葡萄数量可能多几十倍。

(3) 实用性。思维导图可以用于各个学科。如语文学科，它可以用来列作文提纲，以厘清思路，避免离题，对总结课文内容也十分实用。如数学学科，可以以单元为单位，提炼出一个个注意点、知识点，还可以专门列出经典题型、易错题型，使知识一目了然。地理、历史等学科都可以用这种图文并茂的方式整理知识，以提高学习效率。

思维导图也许不会让你在短时间内实现成绩的飞跃，但它能锻炼你的学习能力，学习能力提高了，成绩提高还会远吗?

8. 山西省运城市稷山县蔡村乡蔡村初中历史教师南香娟

我是一名乡村历史教师，在网上遇到罗老师，了解到"思维导图"这个新词。通过学习思维导图，我对历史教材的了解更系统了，对历史知识深层次的逻辑关系的认知更清晰了。

历史教材由课程到主题，再到单元、课、框目，本身就是思维导图的关联点，说明编者在编辑教材时也运用了一定的逻辑关系，搭建历史知识体系，促使学生学会放射状、关联性思考。而教师在历史教学中运用思维导图教学法，正顺应了编者的初衷，从而激发学生的潜能和学习兴趣，帮助其从整体上系统学习，提高学习效率。学习之余我也在教学中开始渗透思维导图。

(1) 用思维导图整体把握课程结构。

思维导图是一种思维的显化，作为一种思维模式需要一段时间的学习和训练。在实践中最好的办法是先看封面和单元前言，再看目录，然后快速翻阅全书几次，把握住对全书的“感觉”。将教材的单元、课、框目分成各个主题，确定思维导图的框架。最大的主题（教材的名称、单元、课）要以图形的形式体现出来，以达到整体把握课程结构的目的。

（2）引导学生运用思维导图进行自主学习。

首先，用思维导图进行课前预习。让学生浏览教材找出各个段落的关键词，用三种以上颜色的笔画出基本结构，预习阶段画一级分支；再用铅笔勾画出二级分支的关键词。这样的课前预习操作简单，不需要花费太多时间，效果很好。

其次，用思维导图做课堂笔记。用思维导图的方式记笔记不仅可以节省时间，而且加入了图形、色彩、线条等，更利于记忆和复习，课堂学习效率更高。

我对思维导图的认识和使用，还停留在比较浅显的阶段，相信通过努力，一定会用得更加得心应手，让思维导图更好地为教学服务。

9. 四川省成都市金堂中学外国语实验学校初中历史教师曾家洪

（1）在初中历史课堂教学中引入思维导图工具的实践情况。

为了推动历史课堂教学改革，践行“少教多学”的教学理念，2014 年 9 月，在经过一段时间的了解和深入学习后，我开始在历史课堂教学中引入思维导图工具。

① 向学生介绍思维导图。绝大多数习惯于传统学习和思考方式的学生对思维导图工具不是很了解，因此，我引入思维导图工具的第一环节工作就是向学生介绍什么是思维导图、它有何价值、它的基本原理是什么、它的基本操作要点有哪些等基本常识。

② 示范使用思维导图。改变传统的授课模式，以在黑板上手绘思维导图的形式开展教学，帮助学生清晰构建知识体系，掌握知识点之间的内在逻辑关系，使学生加深对知识的理解，让学生感受思维导图工具的优点。

③ 让学生尝试使用思维导图工具预习学习内容。经过两周的示范后，要求学生通过绘制思维导图完成课前预习，检验学生对思维导图工具的掌握情况。

④ 跟进指导。通过阅评学生绘制的课前预习思维导图，给学生做进一步的深入指导。

（2）在初中历史课堂教学中引入思维导图工具的阶段性成果。

经过近一学年的应用实践，学生基本掌握了思维导图工具的使用方法以及绘制思维导图的基本方法和基本规则，初步学会了利用思维导图工具完成课前预习和课后对知识的归纳整理，在课堂教学实践中取得了较好的效果。

① 促进学生积极动手动脑。在历史课堂教学中引入思维导图工具最大的价值在于用可视化的图形呈现学生学习的思维过程，促使学生积极动脑动手。

② 落实“少教多学”理念。引入思维导图工具开展教学不仅使学生动手动脑的时间更多了，而且教师可以通过巡视检查学生绘制思维导图的情况、监测学生动手动脑的实际效果，真正落实“少讲多学”，避免出现教师不讲、学生不学或不知道怎样学的困窘局面。

（3）反思与心得。

① 在课堂上使用思维导图工具能直观形象、生动活泼地展示知识的结构，避免学生出现“只见知识点，不见知识体系”的现象，有利于学生整体把握知识，起到提纲挈领的作用。

② 相比较于软件画图，我更主张让学生手绘。学生动手绘制思维导图的过程就是头脑对知识进行归纳整理和再加工、重建的过程。这其实就是所说的知识的生成过程，我认为这也是思维导图工具的最大价值。

③ 在课堂上引入思维导图工具需要教师长期坚持，形成模式。一方面教师要长期坚持，以训练学生的绘制技能，培养学生的思维习惯，使学生最终形成一种学习能力；另一方面也需要学校整体推进，在各学科、各领域广泛运用思维导图工具，这样更有利于学生掌握它。

10. *云南省广南县莲城镇莲城初级中学历史教师龙芳芳*

农村学校的历史教学常被拉入“背就能出成绩”的误区，教师教学基本上是“填鸭式”的“满堂灌”，学生在被动机械式的学习之后，思维的发散性受到严重影响，残缺的知识碎片使学生无法构建出系统的知识网络，以至于学生的历史知识张冠李戴、颠倒错位。以往我在历史教学中经常使用的是“拉线索”教学法，但这种教学法导致学生的学习比较被动，不能体现新课程中“以学生为主体”的理念。在一次偶然机缘下，我接触到了思维导图，便立刻喜欢上了它。

思维导图以学生为主体，尊重学生的差异，它伴随着课堂教学中教师的讲授和学生的思维发展逐渐绘制而成。在师生的共同参与下，思维导图使历史知识“点—线—面—体”地呈现，使学生既构建了知识体系，又锻炼了思维能力。我主要在以下教学环节中使用思维导图。

一是课前知识脉络梳理。在课前备课时，我将课标要求、教材知识和补充史料等内容糅合，绘制出每个课时的思维导图，以检验自己对历史知识点的掌握情况并梳理知识脉络，将课堂教学系统化，防止出现知识点错漏。

二是课中教学使用提升。在课堂教学中引入思维导图，使教师教学和学生学习的思路更加清晰，发挥了学生的主体作用，既能使知识明朗化、条理化，又能拓展师生的思维，促进师生共同提升。

三是课后复习巩固反馈。课后我通过让学生自主绘制思维导图、收集学生的思维导图等方式，实现了教学效果的有效提高，展示了学生的个性和思维成果，提升了学生的自主学习能力。

在教学中使用思维导图发挥了其将抽象知识系统化、枯燥课堂生动化、机械思维灵活化的师生教学相长的作用。由于学生的思维被激活，学习兴趣被激发，学生的学习变得更加轻松了，从而实现了自身能力的提升。这对农村学校的教师和学生而言，是一种不错的教学模式。

二、开发课程

1. 校本课程

2014 年，按照教研室和年段安排，我借助思维导图开发了系列主题校本课程，深受学生欢迎。

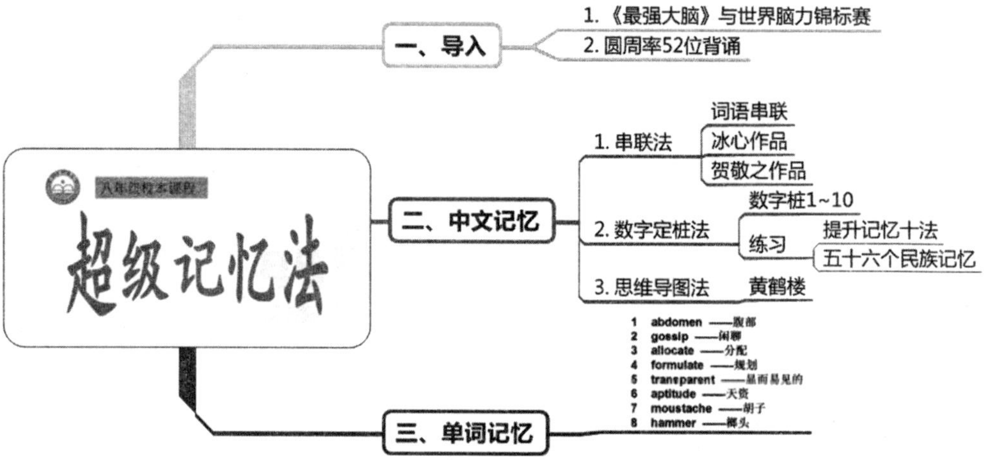

图 3.6 “超级记忆法”校本课程

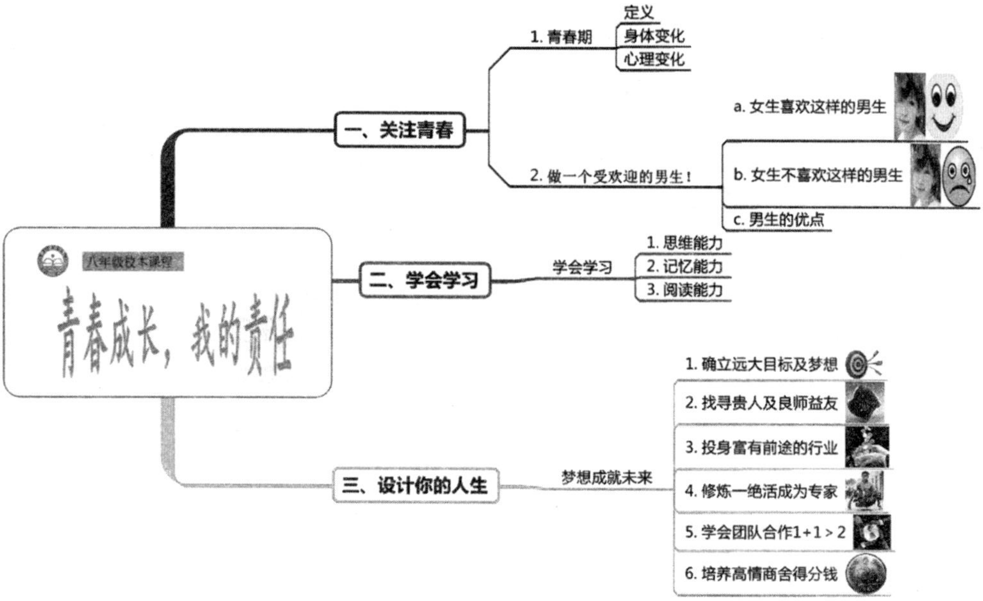

图 3.7 “青春成长，我的责任”校本课程

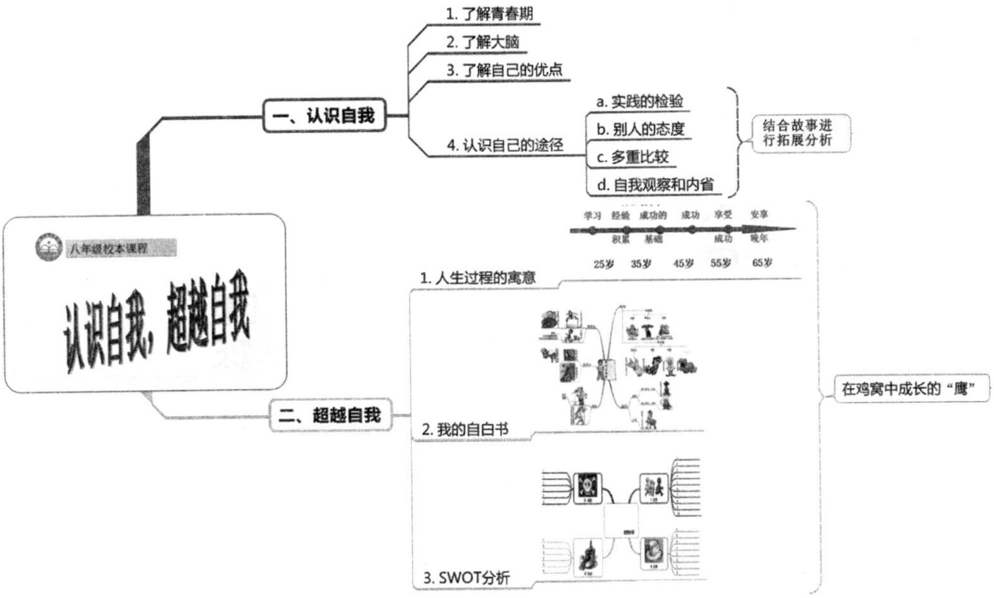

图 3.8　“认识自我，超越自我”校本课程

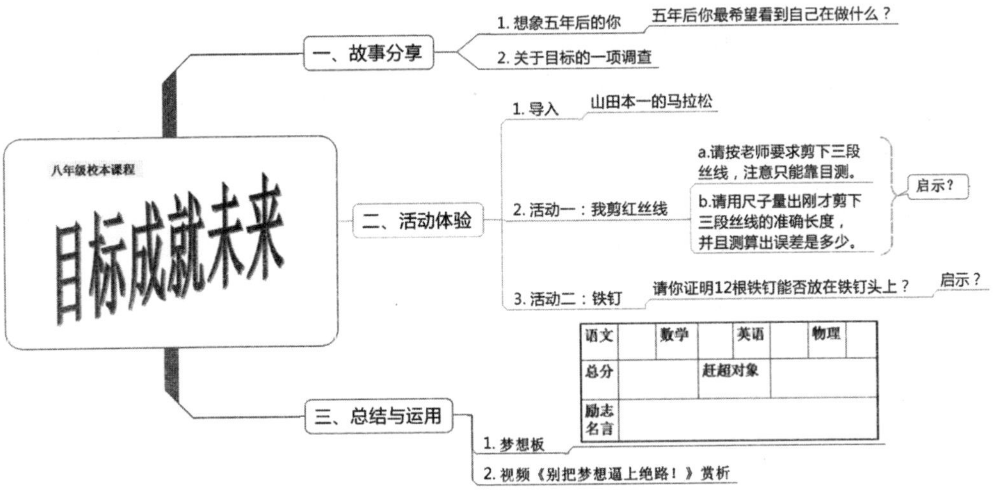

图 3.9　“目标成就未来”校本课程

2. 网络课程

2014 年 7 月，我通过 QQ 建立“中学历史思维导图教师群”网络学习平台，并把自己这几年收集的资料、自己的教学积累毫无保留地放到平台上。全国各地先后有 150 多位爱好思维导图的教师参与了学习，很多教师都是初次接触思维导图，积极参与的教师都反馈自己收获很大。图 3.10、图 3.11 是我为教师们设计的思维导图网络培训课程。

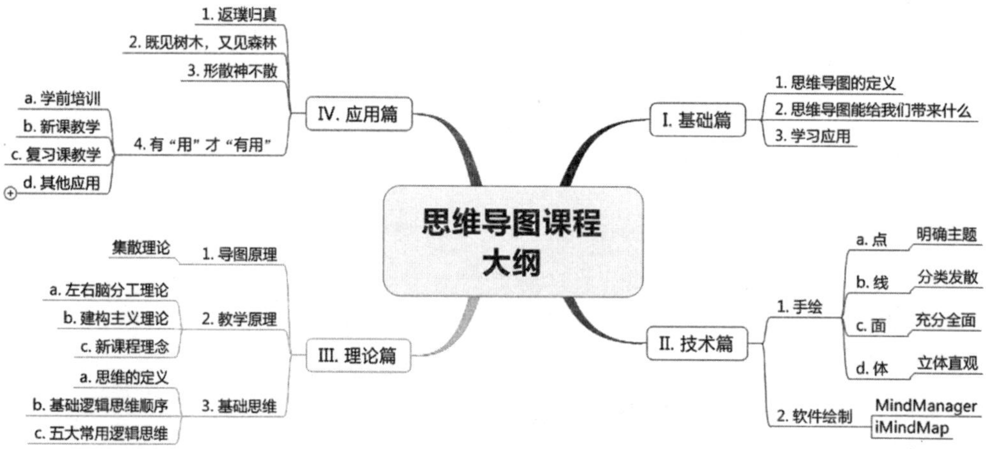

图 3.10　思维导图网络课程一

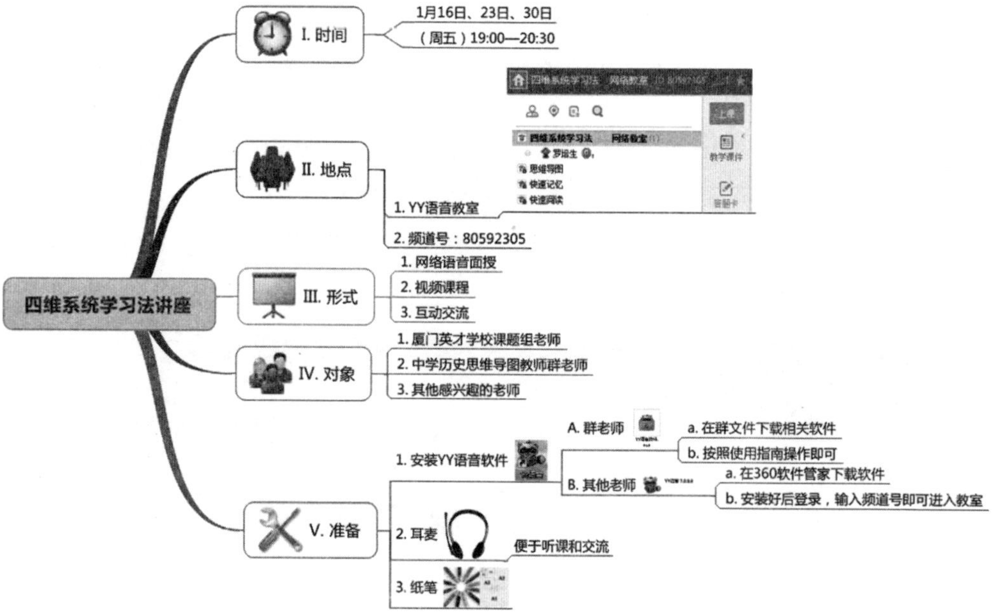

图 3.11　思维导图网络课程二

3. 微信课程

2014 年 12 月，我设立微信公众平台传播思维导图、快速记忆、快速阅读、快速听力等知识，图 3.12 呈现的是一部分课程内容。

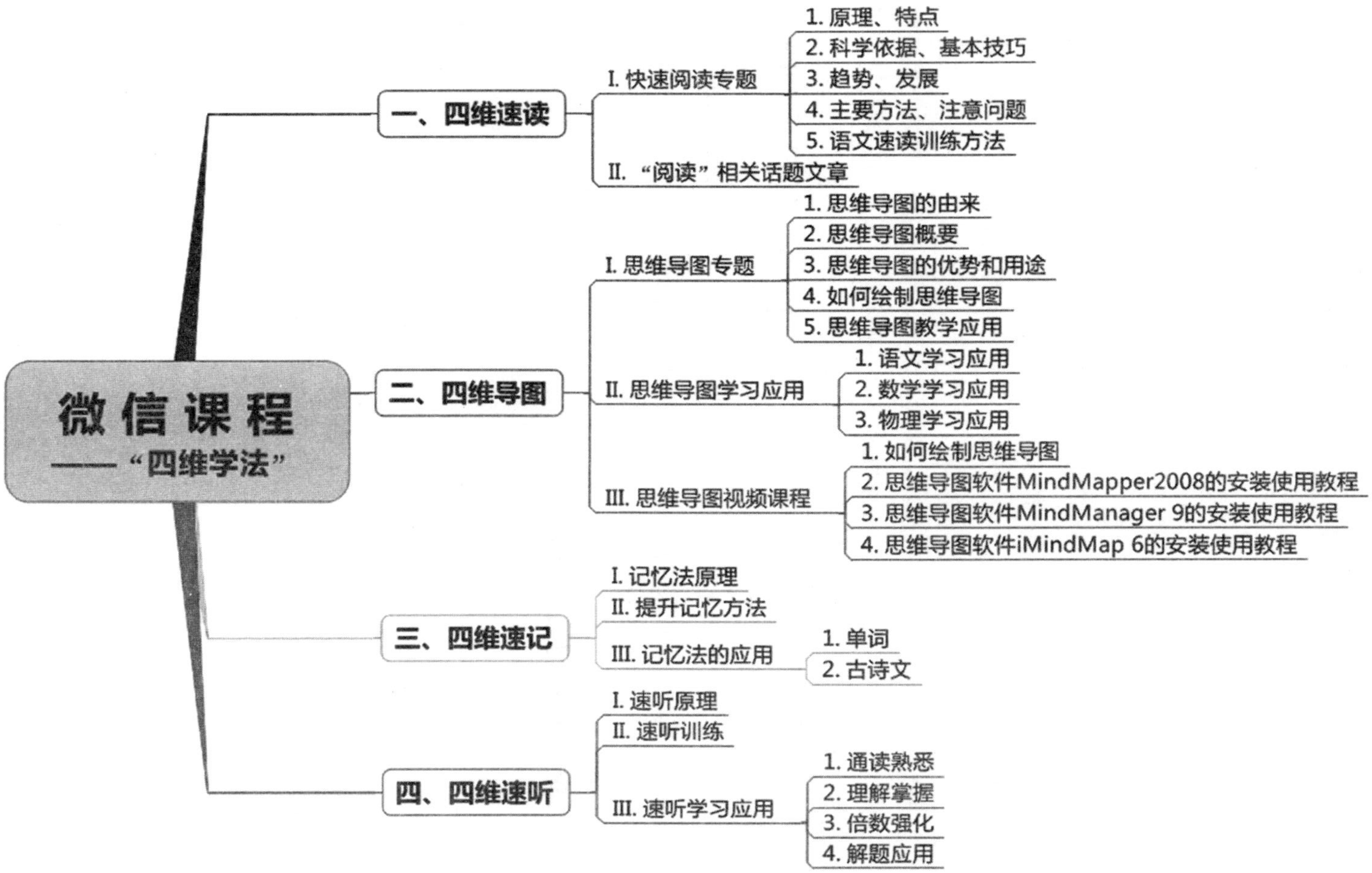
微信课程
——“四维学法”
一、四维速读
I. 快速阅读专题
1. 原理、特点
2. 科学依据、基本技巧
3. 趋势、发展
4. 主要方法、注意问题
5. 语文速读训练方法
II. “阅读”相关话题文章
二、四维导图
I. 思维导图专题
1. 思维导图的由来
2. 思维导图概要
3. 思维导图的优势和用途
4. 如何绘制思维导图
5. 思维导图教学应用
II. 思维导图学习应用
1. 语文学习应用
2. 数学学习应用
3. 物理学习应用
III. 思维导图视频课程
1. 如何绘制思维导图
2. 思维导图软件MindMapper2008的安装使用教程
3. 思维导图软件MindManager 9的安装使用教程
4. 思维导图软件iMindMap 6的安装使用教程
三、四维速记
I. 记忆法原理
II. 提升记忆方法
III. 记忆法的应用
1. 单词
2. 古诗文
四、四维速听
I. 速听原理
II. 速听训练
III. 速听学习应用
1. 通读熟悉
2. 理解掌握
3. 倍数强化
4. 解题应用

图 3.12　微信课程

第三节　成果资料

一、历史新课标研读

2011 年，初中各大学科课程标准修订完成，各地纷纷组织关于新课标的学习与培训，各学科分批开始落实新课标，使用新教材。图 3.13～图 3.21 是我研读完历史新课标后做的思维导图笔记，画这些图确实费了不少时间，但收获是巨大的，使我对新课程的基本理念、课程目标、内容标准、教学实施等有了清晰的认识，为日后教学的开展做好了充足的准备。

这些图我上传到百度文库后，有超过万次的点击率，网友纷纷点赞，北京市海淀区教师进修学校中学历史教研员、特级教师刘汝明表示非常认可，并对此进行了指导，给出了一些意见，原文如下：

思维导图对构建知识结构是极有帮助的。作者确实费了心思才完成了这几幅思维导图，并且分级也得当，不错！但思维导图应用时，学生是不是真正掌握了这些知识点？配以名词解释之类，才能更好地帮助学生理解概念、梳理关联。因为初中课本内容较简单，概括出来的某些点从知识的逻辑联系上看略有些粗线条。也就是思维导图与高中学习如何衔接的问题，这个问题值得完善。

二、历史中考复习思维导图

随着历史中考的变化，我的复习思维导图也在不断地升级中。思维导图备考不仅是一种手段，更重要的是能让学生掌握一种学习技巧，为其终身学习奠定基础。

2017 年，福建省历史中考首次进行全省统考，我根据《2017 年福建省初中历史教学与考试指导意见》绘制了 9 张思维导图（见图 3.22～图 3.30），供毕业班的教师参考使用，获得了教师们的高度认可。

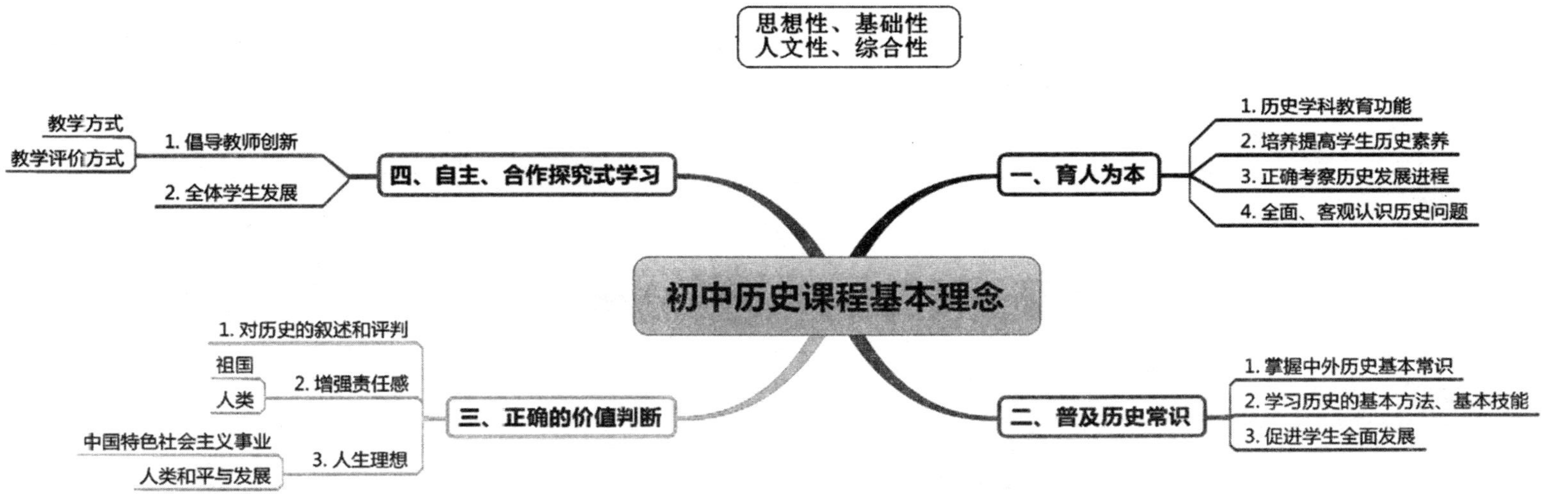
思想性、基础性
人文性、综合性
初中历史课程基本理念
一、育人为本
1. 历史学科教育功能
2. 培养提高学生历史素养
3. 正确考察历史发展进程
4. 全面、客观认识历史问题
二、普及历史常识
1. 掌握中外历史基本常识
2. 学习历史的基本方法、基本技能
3. 促进学生全面发展
三、正确的价值判断
1. 对历史的叙述和评判
2. 增强责任感
祖国
人类
3. 人生理想
中国特色社会主义事业
人类和平与发展
四、自主、合作探究式学习
1. 倡导教师创新
教学方式
教学评价方式
2. 全体学生发展

图 3.13　历史新课标一

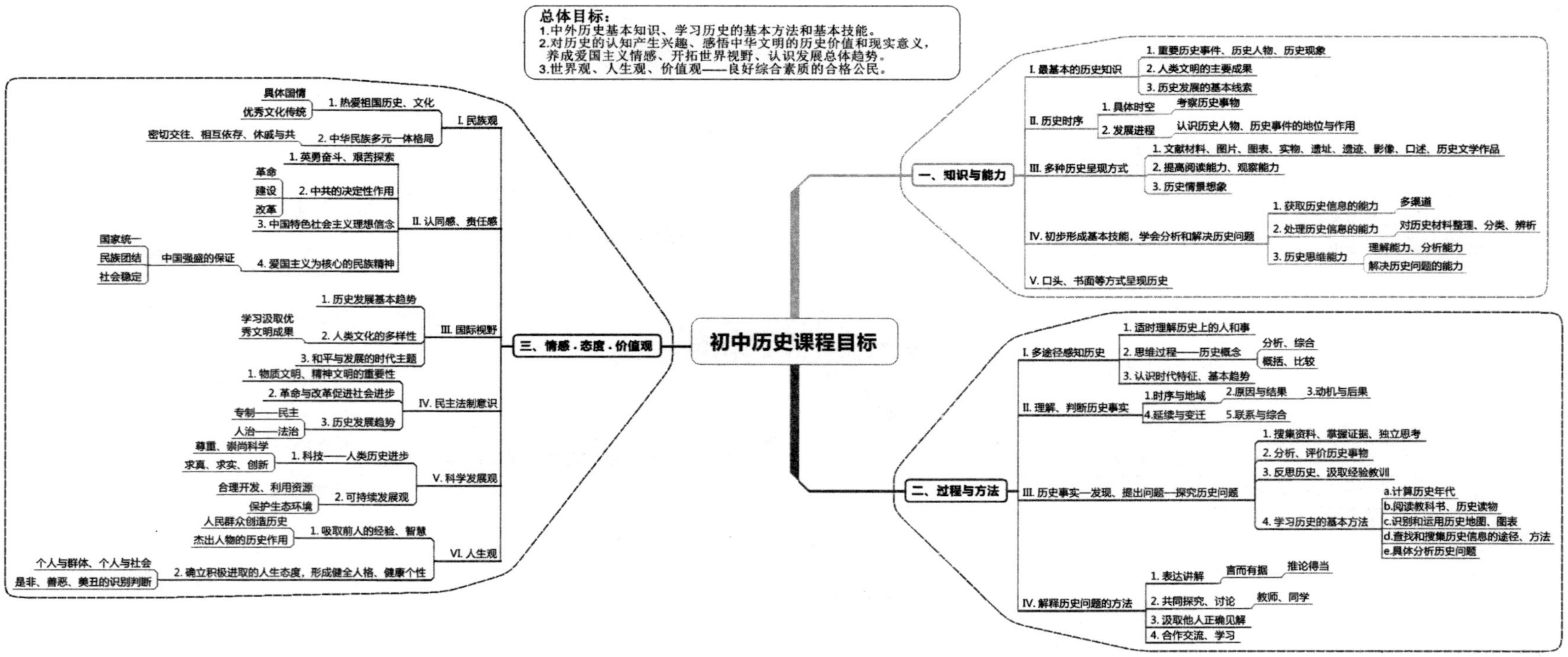
总体目标：
1.中外历史基本知识、学习历史的基本方法和基本技能。
2.对历史的认知产生兴趣、感悟中华文明的历史价值和现实意义，养成爱国主义情感、开拓世界视野、认识发展总体趋势。
3.世界观、人生观、价值观——良好综合素质的合格公民。
初中历史课程目标
一、知识与能力
I. 最基本的历史知识
1. 重要历史事件、历史人物、历史现象
2. 人类文明的主要成果
3. 历史发展的基本线索
II. 历史时序
1. 具体时空
考察历史事物
2. 发展进程
认识历史人物、历史事件的地位与作用
III. 多种历史呈现方式
1. 文献材料、图片、图表、实物、遗址、遗迹、影像、口述、历史文学作品
2. 提高阅读能力、观察能力
3. 历史情景想象
IV. 初步形成基本技能，学会分析和解决历史问题
1. 获取历史信息的能力
多渠道
2. 处理历史信息的能力
对历史材料整理、分类、辨析
3. 历史思维能力
理解能力、分析能力
解决历史问题的能力
V. 口头、书面等方式呈现历史
二、过程与方法
I. 多途径感知历史
1. 适时理解历史上的人和事
2. 思维过程——历史概念
分析、综合
概括、比较
3. 认识时代特征、基本趋势
II. 理解、判断历史事实
1.时序与地域
2.原因与结果
3.动机与后果
4.延续与变迁
5.联系与综合
III. 历史事实—发现、提出问题—探究历史问题
1. 搜集资料、掌握证据、独立思考
2. 分析、评价历史事物
3. 反思历史、汲取经验教训
4. 学习历史的基本方法
a.计算历史年代
b.阅读教科书、历史读物
c.识别和运用历史地图、图表
d.查找和搜集历史信息的途径、方法
e.具体分析历史问题
IV. 解释历史问题的方法
1. 表达讲解
言而有据
推论得当
2. 共同探究、讨论
教师、同学
3. 汲取他人正确见解
4. 合作交流、学习
三、情感·态度·价值观
I. 民族观
1. 热爱祖国历史、文化
具体国情
优秀文化传统
2. 中华民族多元一体格局
密切交往、相互依存、休戚与共
II. 认同感、责任感
1. 英勇奋斗、艰苦探索
2. 中共的决定性作用
革命
建设
改革
3. 中国特色社会主义理想信念
4. 爱国主义为核心的民族精神
中国强盛的保证
国家统一
民族团结
社会稳定
III. 国际视野
1. 历史发展基本趋势
2. 人类文化的多样性
学习汲取优秀文明成果
3. 和平与发展的时代主题
IV. 民主法制意识
1. 物质文明、精神文明的重要性
2. 革命与改革促进社会进步
3. 历史发展趋势
专制——民主
人治——法治
V. 科学发展观
1. 科技——人类历史进步
尊重、崇尚科学
求真、求实、创新
2. 可持续发展观
合理开发、利用资源
保护生态环境
VI. 人生观
1. 吸取前人的经验、智慧
人民群众创造历史
杰出人物的历史作用
2. 确立积极进取的人生态度，形成健全人格、健康个性
个人与群体、个人与社会
是非、善恶、美丑的识别判断

图 3.14　历史新课标二

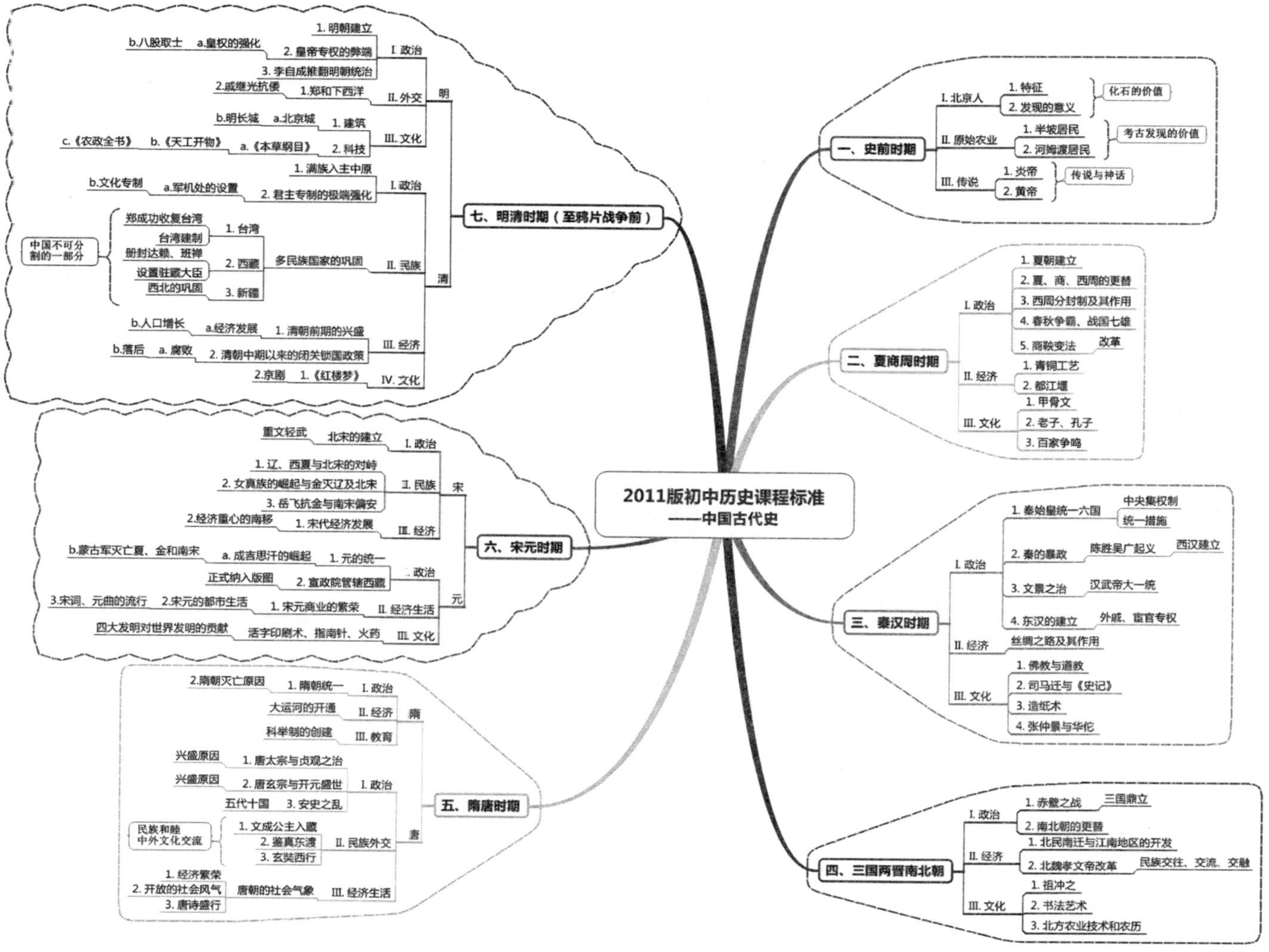
2011版初中历史课程标准
——中国古代史
一、史前时期
Ⅰ. 北京人
1. 特征
2. 发现的意义
化石的价值
Ⅱ. 原始农业
1. 半坡居民
2. 河姆渡居民
考古发现的价值
Ⅲ. 传说
1. 炎帝
2. 黄帝
传说与神话
二、夏商周时期
Ⅰ. 政治
1. 夏朝建立
2. 夏、商、西周的更替
3. 西周分封制及其作用
4. 春秋争霸、战国七雄
5. 商鞅变法
改革
Ⅱ. 经济
1. 青铜工艺
2. 都江堰
Ⅲ. 文化
1. 甲骨文
2. 老子、孔子
3. 百家争鸣
三、秦汉时期
Ⅰ. 政治
1. 秦始皇统一六国
中央集权制
统一措施
2. 秦的暴政
陈胜吴广起义
西汉建立
3. 文景之治
汉武帝大一统
4. 东汉的建立
外戚、宦官专权
Ⅱ. 经济
丝绸之路及其作用
Ⅲ. 文化
1. 佛教与道教
2. 司马迁与《史记》
3. 造纸术
4. 张仲景与华佗
四、三国两晋南北朝
Ⅰ. 政治
1. 赤壁之战
三国鼎立
2. 南北朝的更替
Ⅱ. 经济
1. 北民南迁与江南地区的开发
2. 北魏孝文帝改革
民族交往、交流、交融
Ⅲ. 文化
1. 祖冲之
2. 书法艺术
3. 北方农业技术和农历
五、隋唐时期
隋
Ⅰ. 政治
1. 隋朝统一
2.隋朝灭亡原因
Ⅱ. 经济
大运河的开通
Ⅲ. 教育
科举制的创建
唐
Ⅰ. 政治
1. 唐太宗与贞观之治
兴盛原因
2. 唐玄宗与开元盛世
兴盛原因
3. 安史之乱
五代十国
Ⅱ. 民族外交
1. 文成公主入藏
2. 鉴真东渡
3. 玄奘西行
民族和睦
中外文化交流
Ⅲ. 经济生活
唐朝的社会气象
1. 经济繁荣
2. 开放的社会风气
3. 唐诗盛行
六、宋元时期
宋
Ⅰ. 政治
北宋的建立
重文轻武
Ⅱ. 民族
1. 辽、西夏与北宋的对峙
2. 女真族的崛起与金灭辽及北宋
3. 岳飞抗金与南宋偏安
Ⅲ. 经济
1. 宋代经济发展
2.经济重心的南移
元
Ⅰ. 政治
1. 元的统一
a. 成吉思汗的崛起
b.蒙古军灭亡夏、金和南宋
2. 宣政院管辖西藏
正式纳入版图
Ⅱ. 经济生活
1. 宋元商业的繁荣
2.宋元的都市生活
3.宋词、元曲的流行
Ⅲ. 文化
活字印刷术、指南针、火药
四大发明对世界发明的贡献
七、明清时期（至鸦片战争前）
明
Ⅰ. 政治
1. 明朝建立
2. 皇帝专权的弊端
a.皇权的强化
b.八股取士
3. 李自成推翻明朝统治
Ⅱ. 外交
1.郑和下西洋
2.戚继光抗倭
Ⅲ. 文化
1. 建筑
a.北京城
b.明长城
2. 科技
a.《本草纲目》
b.《天工开物》
c.《农政全书》
清
Ⅰ. 政治
1. 满族入主中原
2. 君主专制的极端强化
a.军机处的设置
b.文化专制
Ⅱ. 民族
多民族国家的巩固
1. 台湾
郑成功收复台湾
台湾建制
2. 西藏
册封达赖、班禅
设置驻藏大臣
3. 新疆
西北的巩固
中国不可分割的一部分
Ⅲ. 经济
1. 清朝前期的兴盛
a.经济发展
b.人口增长
2. 清朝中期以来的闭关锁国政策
a. 腐败
b.落后
Ⅳ. 文化
1. 《红楼梦》
2.京剧

图 3.15　历史新课标三

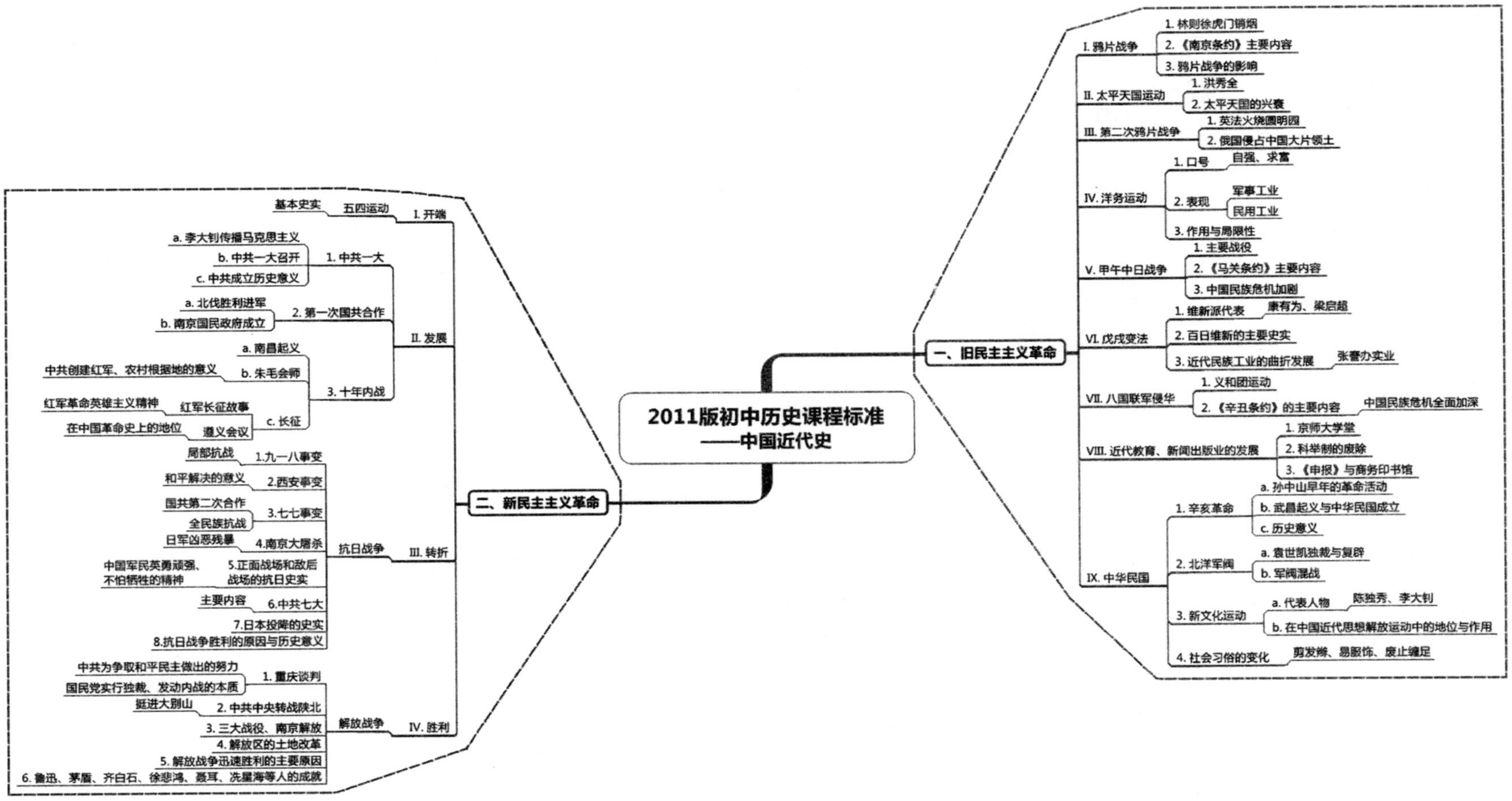
2011版初中历史课程标准
——中国近代史
一、旧民主主义革命
I. 鸦片战争
1. 林则徐虎门销烟
2. 《南京条约》主要内容
3. 鸦片战争的影响
II. 太平天国运动
1. 洪秀全
2. 太平天国的兴衰
III. 第二次鸦片战争
1. 英法火烧圆明园
2. 俄国侵占中国大片领土
IV. 洋务运动
1. 口号
自强、求富
2. 表现
军事工业
民用工业
3. 作用与局限性
V. 甲午中日战争
1. 主要战役
2. 《马关条约》主要内容
3. 中国民族危机加剧
VI. 戊戌变法
1. 维新派代表
康有为、梁启超
2. 百日维新的主要史实
3. 近代民族工业的曲折发展
张謇办实业
VII. 八国联军侵华
1. 义和团运动
2. 《辛丑条约》的主要内容
中国民族危机全面加深
VIII. 近代教育、新闻出版业的发展
1. 京师大学堂
2. 科举制的废除
3. 《申报》与商务印书馆
IX. 中华民国
1. 辛亥革命
a. 孙中山早年的革命活动
b. 武昌起义与中华民国成立
c. 历史意义
2. 北洋军阀
a. 袁世凯独裁与复辟
b. 军阀混战
3. 新文化运动
a. 代表人物
陈独秀、李大钊
b. 在中国近代思想解放运动中的地位与作用
4. 社会习俗的变化
剪发辫、易服饰、废止缠足
二、新民主主义革命
I. 开端
五四运动
基本史实
II. 发展
1. 中共一大
a. 李大钊传播马克思主义
b. 中共一大召开
c. 中共成立历史意义
2. 第一次国共合作
a. 北伐胜利进军
b. 南京国民政府成立
3. 十年内战
a. 南昌起义
b. 朱毛会师
中共创建红军、农村根据地的意义
c. 长征
红军长征故事
红军革命英雄主义精神
遵义会议
在中国革命史上的地位
III. 转折
抗日战争
1.九一八事变
局部抗战
2.西安事变
和平解决的意义
3.七七事变
国共第二次合作
全民族抗战
4.南京大屠杀
日军凶恶残暴
5.正面战场和敌后战场的抗日史实
中国军民英勇顽强、不怕牺牲的精神
6.中共七大
主要内容
7.日本投降的史实
8.抗日战争胜利的原因与历史意义
IV. 胜利
解放战争
1. 重庆谈判
中共为争取和平民主做出的努力
国民党实行独裁、发动内战的本质
2. 中共中央转战陕北
挺进大别山
3. 三大战役、南京解放
4. 解放区的土地改革
5. 解放战争迅速胜利的主要原因
6. 鲁迅、茅盾、齐白石、徐悲鸿、聂耳、冼星海等人的成就

图 3.16　历史新课标四

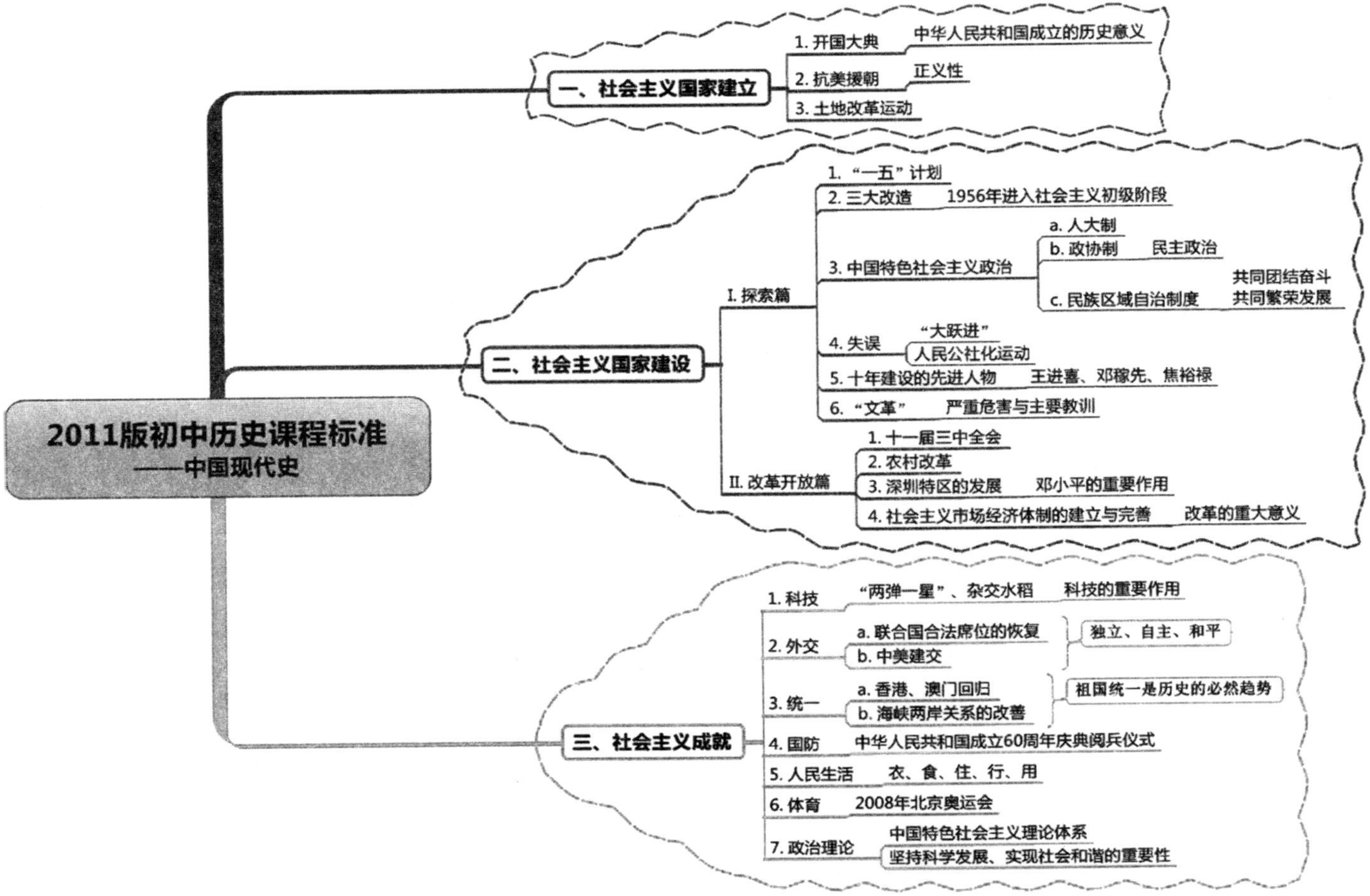
2011版初中历史课程标准
——中国现代史
一、社会主义国家建立
1. 开国大典
中华人民共和国成立的历史意义
2. 抗美援朝
正义性
3. 土地改革运动
二、社会主义国家建设
I. 探索篇
1. “一五”计划
2. 三大改造
1956年进入社会主义初级阶段
3. 中国特色社会主义政治
a. 人大制
b. 政协制
民主政治
c. 民族区域自治制度
共同团结奋斗
共同繁荣发展
4. 失误
“大跃进”
人民公社化运动
5. 十年建设的先进人物
王进喜、邓稼先、焦裕禄
6. “文革”
严重危害与主要教训
II. 改革开放篇
1. 十一届三中全会
2. 农村改革
3. 深圳特区的发展
邓小平的重要作用
4. 社会主义市场经济体制的建立与完善
改革的重大意义
三、社会主义成就
1. 科技
“两弹一星”、杂交水稻
科技的重要作用
2. 外交
a. 联合国合法席位的恢复
b. 中美建交
独立、自主、和平
3. 统一
a. 香港、澳门回归
b. 海峡两岸关系的改善
祖国统一是历史的必然趋势
4. 国防
中华人民共和国成立60周年庆典阅兵仪式
5. 人民生活
衣、食、住、行、用
6. 体育
2008年北京奥运会
7. 政治理论
中国特色社会主义理论体系
坚持科学发展、实现社会和谐的重要性

图 3.17　历史新课标五

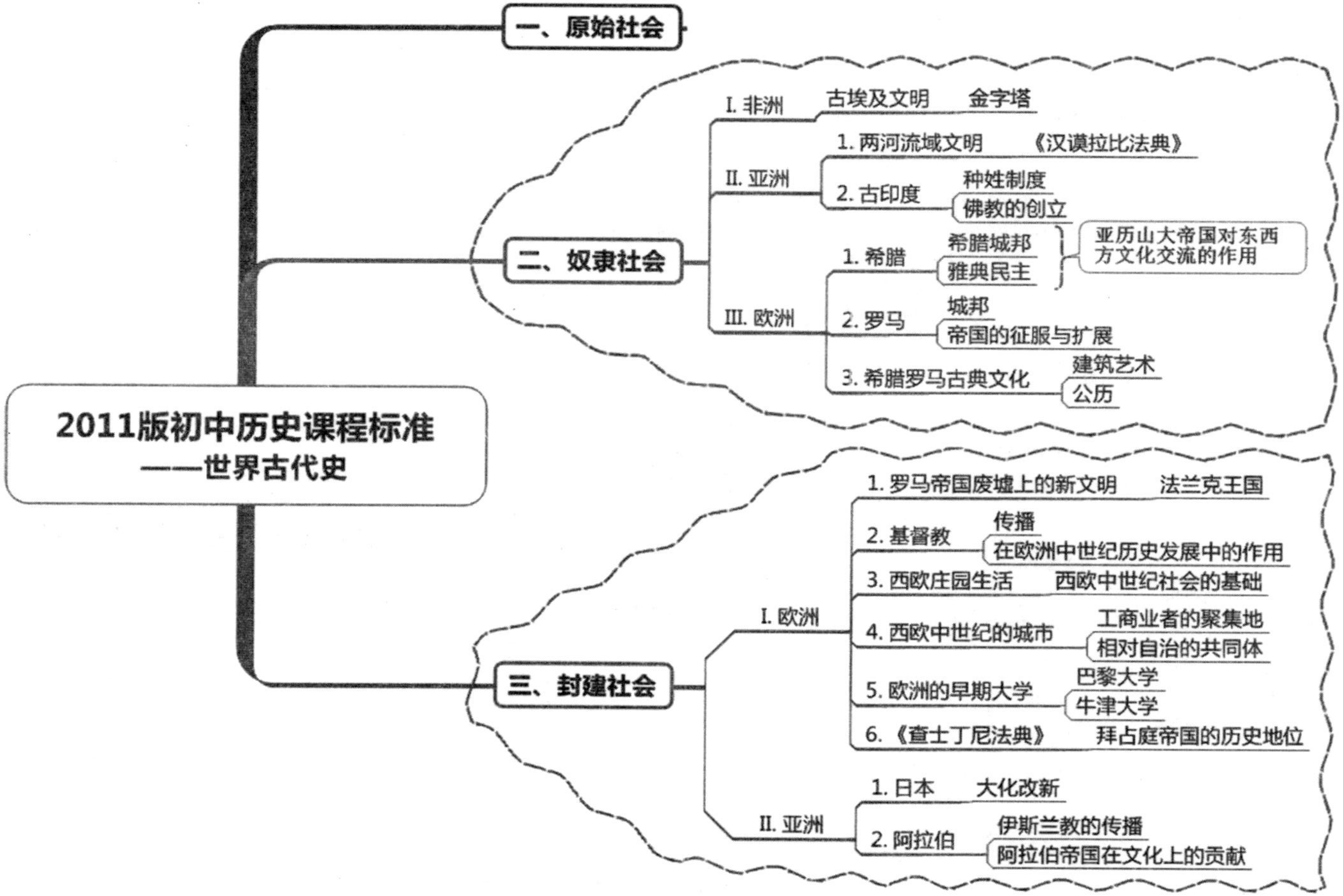

2011版初中历史课程标准
——世界古代史
一、原始社会
二、奴隶社会
I. 非洲
古埃及文明
金字塔
II. 亚洲
1. 两河流域文明
《汉谟拉比法典》
2. 古印度
种姓制度
佛教的创立
III. 欧洲
1. 希腊
希腊城邦
雅典民主
亚历山大帝国对东西方文化交流的作用
2. 罗马
城邦
帝国的征服与扩展
3. 希腊罗马古典文化
建筑艺术
公历
三、封建社会
I. 欧洲
1. 罗马帝国废墟上的新文明
法兰克王国
2. 基督教
传播
在欧洲中世纪历史发展中的作用
3. 西欧庄园生活
西欧中世纪社会的基础
4. 西欧中世纪的城市
工商业者的聚集地
相对自治的共同体
5. 欧洲的早期大学
巴黎大学
牛津大学
6. 《查士丁尼法典》
拜占庭帝国的历史地位
II. 亚洲
1. 日本
大化改新
2. 阿拉伯
伊斯兰教的传播
阿拉伯帝国在文化上的贡献

图 3.18　历史新课标六

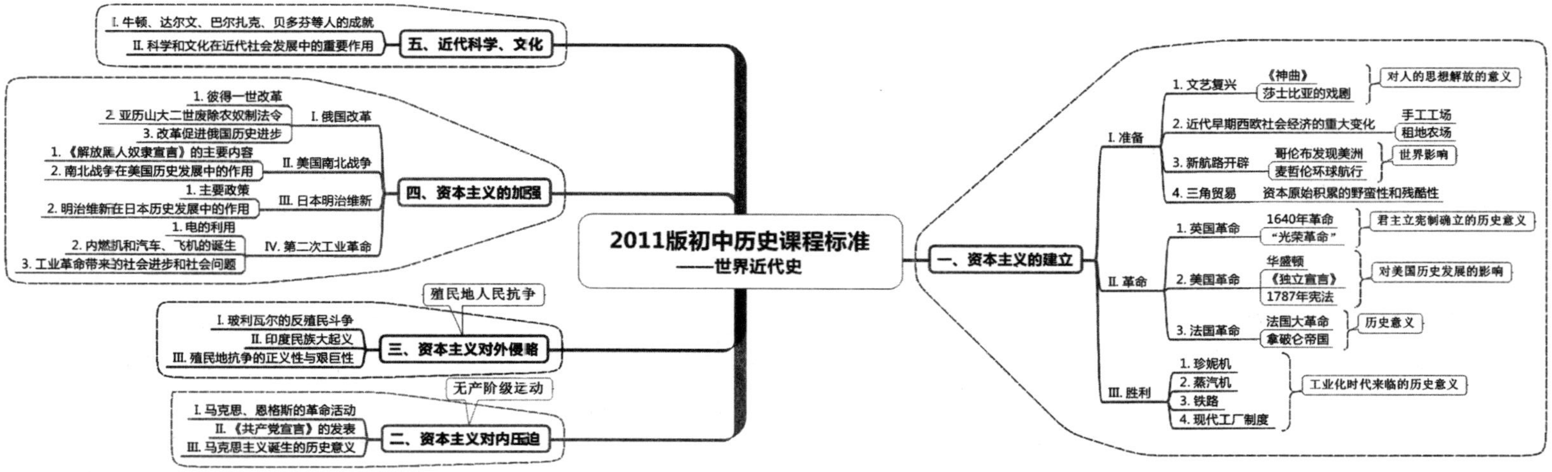
2011版初中历史课程标准
——世界近代史
一、资本主义的建立
Ⅰ. 准备
1. 文艺复兴
《神曲》
莎士比亚的戏剧
对人的思想解放的意义
2. 近代早期西欧社会经济的重大变化
手工工场
租地农场
3. 新航路开辟
哥伦布发现美洲
麦哲伦环球航行
世界影响
4. 三角贸易
资本原始积累的野蛮性和残酷性
Ⅱ. 革命
1. 英国革命
1640年革命
"光荣革命"
君主立宪制确立的历史意义
2. 美国革命
华盛顿
《独立宣言》
1787年宪法
对美国历史发展的影响
3. 法国革命
法国大革命
拿破仑帝国
历史意义
Ⅲ. 胜利
1. 珍妮机
2. 蒸汽机
3. 铁路
4. 现代工厂制度
工业化时代来临的历史意义
二、资本主义对内压迫
无产阶级运动
Ⅰ. 马克思、恩格斯的革命活动
Ⅱ. 《共产党宣言》的发表
Ⅲ. 马克思主义诞生的历史意义
三、资本主义对外侵略
殖民地人民抗争
Ⅰ. 玻利瓦尔的反殖民斗争
Ⅱ. 印度民族大起义
Ⅲ. 殖民地抗争的正义性与艰巨性
四、资本主义的加强
Ⅰ. 俄国改革
1. 彼得一世改革
2. 亚历山大二世废除农奴制法令
3. 改革促进俄国历史进步
Ⅱ. 美国南北战争
1. 《解放黑人奴隶宣言》的主要内容
2. 南北战争在美国历史发展中的作用
Ⅲ. 日本明治维新
1. 主要政策
2. 明治维新在日本历史发展中的作用
Ⅳ. 第二次工业革命
1. 电的利用
2. 内燃机和汽车、飞机的诞生
3. 工业革命带来的社会进步和社会问题
五、近代科学、文化
Ⅰ. 牛顿、达尔文、巴尔扎克、贝多芬等人的成就
Ⅱ. 科学和文化在近代社会发展中的重要作用

图 3.19　历史新课标七

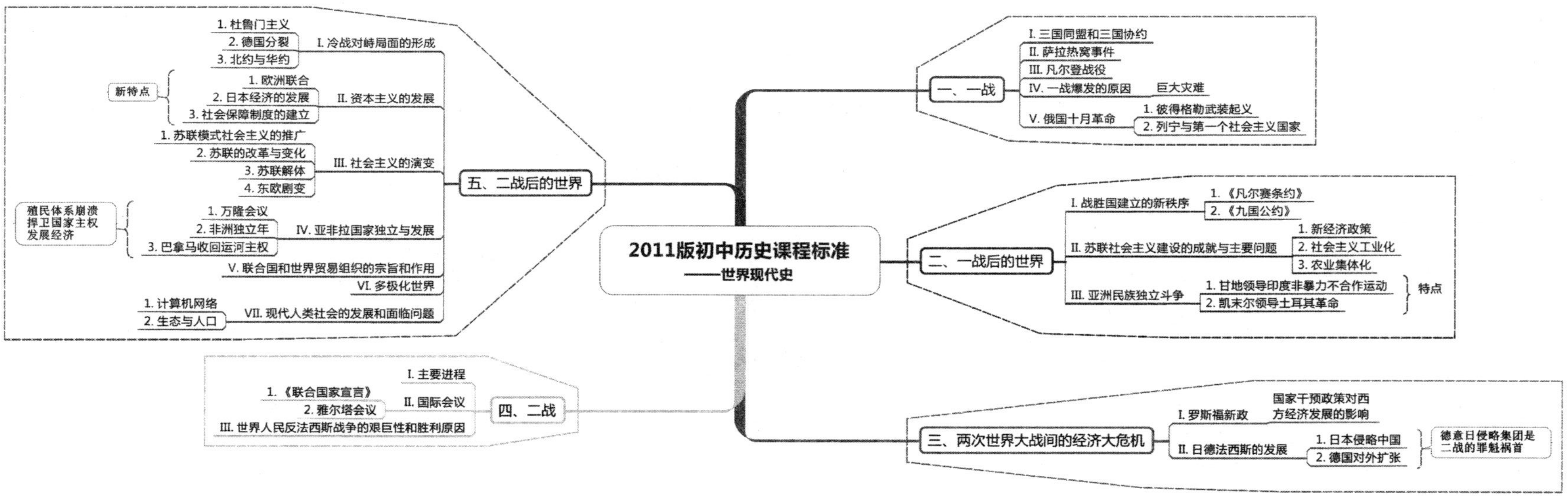
2011版初中历史课程标准
——世界现代史
一、一战
I. 三国同盟和三国协约
II. 萨拉热窝事件
III. 凡尔登战役
IV. 一战爆发的原因
巨大灾难
V. 俄国十月革命
1. 彼得格勒武装起义
2. 列宁与第一个社会主义国家
二、一战后的世界
I. 战胜国建立的新秩序
1. 《凡尔赛条约》
2. 《九国公约》
II. 苏联社会主义建设的成就与主要问题
1. 新经济政策
2. 社会主义工业化
3. 农业集体化
III. 亚洲民族独立斗争
1. 甘地领导印度非暴力不合作运动
2. 凯末尔领导土耳其革命
特点
三、两次世界大战间的经济大危机
I. 罗斯福新政
国家干预政策对西
方经济发展的影响
II. 日德法西斯的发展
1. 日本侵略中国
2. 德国对外扩张
德意日侵略集团是
二战的罪魁祸首
四、二战
I. 主要进程
II. 国际会议
1. 《联合国家宣言》
2. 雅尔塔会议
III. 世界人民反法西斯战争的艰巨性和胜利原因
五、二战后的世界
I. 冷战对峙局面的形成
1. 杜鲁门主义
2. 德国分裂
3. 北约与华约
II. 资本主义的发展
1. 欧洲联合
2. 日本经济的发展
3. 社会保障制度的建立
新特点
III. 社会主义的演变
1. 苏联模式社会主义的推广
2. 苏联的改革与变化
3. 苏联解体
4. 东欧剧变
IV. 亚非拉国家独立与发展
1. 万隆会议
2. 非洲独立年
3. 巴拿马收回运河主权
殖民体系崩溃
捍卫国家主权
发展经济
V. 联合国和世界贸易组织的宗旨和作用
VI. 多极化世界
VII. 现代人类社会的发展和面临问题
1. 计算机网络
2. 生态与人口

图 3.20 历史新课标八

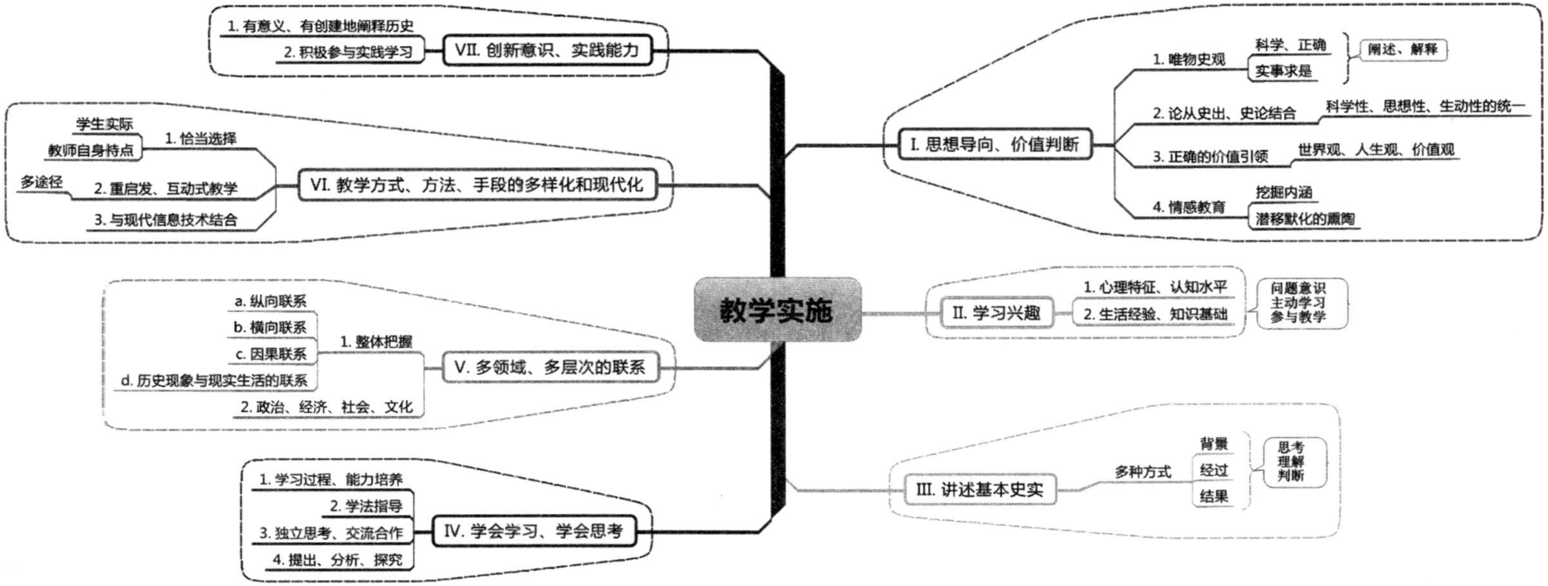
教学实施
I. 思想导向、价值判断
1. 唯物史观
科学、正确
实事求是
阐述、解释
2. 论从史出、史论结合
科学性、思想性、生动性的统一
3. 正确的价值引领
世界观、人生观、价值观
4. 情感教育
挖掘内涵
潜移默化的熏陶
II. 学习兴趣
1. 心理特征、认知水平
2. 生活经验、知识基础
问题意识
主动学习
参与教学
III. 讲述基本史实
多种方式
背景
经过
结果
思考
理解
判断
IV. 学会学习、学会思考
1. 学习过程、能力培养
2. 学法指导
3. 独立思考、交流合作
4. 提出、分析、探究
V. 多领域、多层次的联系
1. 整体把握
a. 纵向联系
b. 横向联系
c. 因果联系
d. 历史现象与现实生活的联系
2. 政治、经济、社会、文化
VI. 教学方式、方法、手段的多样化和现代化
1. 恰当选择
学生实际
教师自身特点
2. 重启发、互动式教学
多途径
3. 与现代信息技术结合
VII. 创新意识、实践能力
1. 有意义、有创建地阐释历史
2. 积极参与实践学习

图 3. 21　历史新课标九

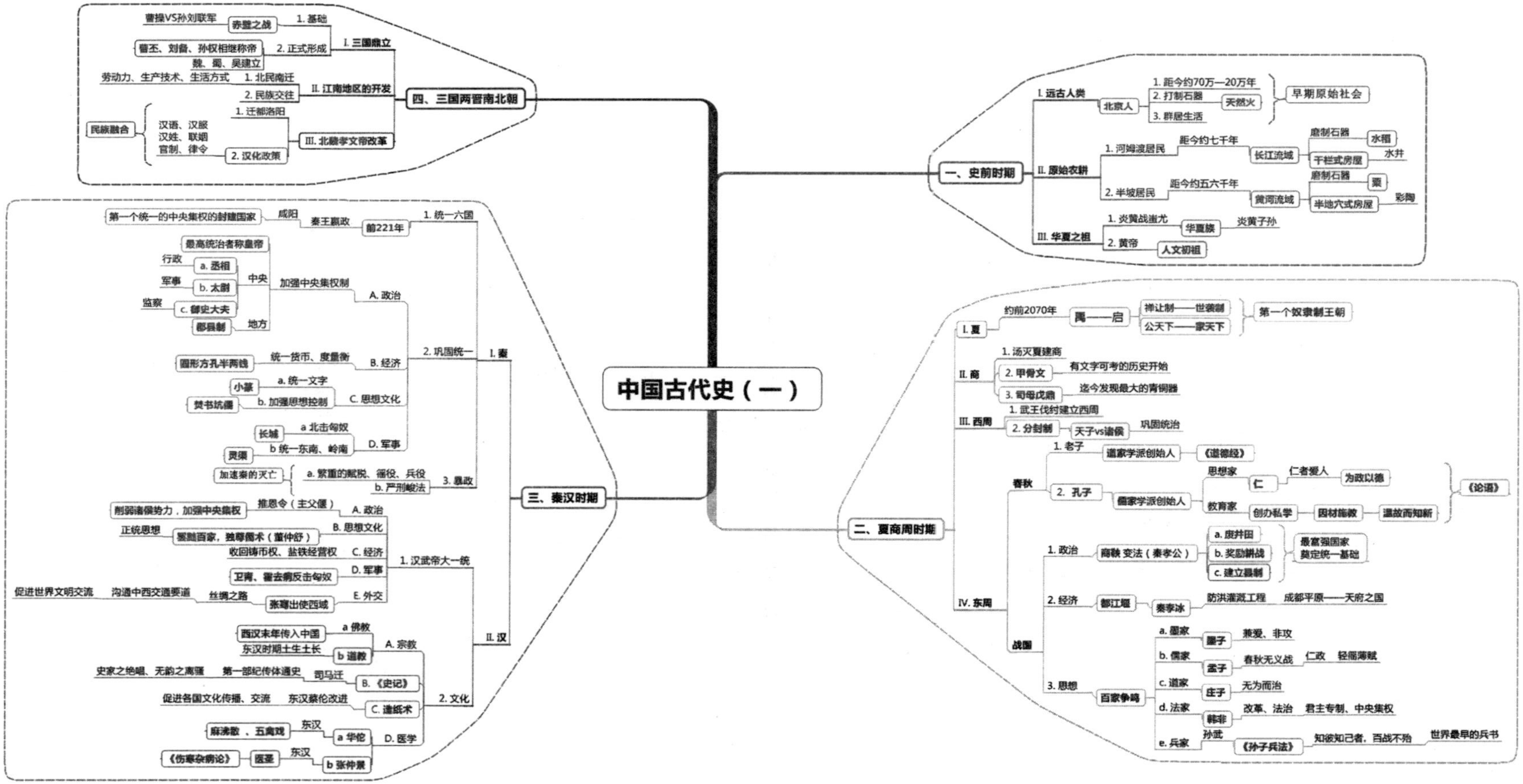

中国古代史（一）
一、史前时期
I. 远古人类
北京人
1. 距今约70万—20万年
2. 打制石器
天然火
3. 群居生活
早期原始社会
II. 原始农耕
1. 河姆渡居民
距今约七千年
长江流域
磨制石器
水稻
干栏式房屋
水井
2. 半坡居民
距今约五六千年
黄河流域
磨制石器
粟
半地穴式房屋
彩陶
III. 华夏之祖
1. 炎黄战蚩尤
华夏族
炎黄子孙
2. 黄帝
人文初祖
二、夏商周时期
I. 夏
约前2070年
禹——启
禅让制——世袭制
公天下——家天下
第一个奴隶制王朝
II. 商
1. 汤灭夏建商
2. 甲骨文
有文字可考的历史开始
3. 司母戊鼎
迄今发现最大的青铜器
III. 西周
1. 武王伐纣建立西周
2. 分封制
天子vs诸侯
巩固统治
IV. 东周
春秋
1. 老子
道家学派创始人
《道德经》
2. 孔子
儒家学派创始人
思想家
仁
仁者爱人
为政以德
教育家
创办私学
因材施教
温故而知新
《论语》
战国
1. 政治
商鞅变法（秦孝公）
a. 废井田
b. 奖励耕战
c. 建立县制
最富强国家
奠定统一基础
2. 经济
都江堰
秦李冰
防洪灌溉工程
成都平原——天府之国
3. 思想
百家争鸣
a. 墨家
墨子
兼爱、非攻
b. 儒家
孟子
春秋无义战
仁政
轻徭薄赋
c. 道家
庄子
无为而治
d. 法家
韩非
改革、法治
君主专制、中央集权
e. 兵家
孙武
《孙子兵法》
知彼知己者，百战不殆
世界最早的兵书
三、秦汉时期
I. 秦
1. 统一六国
前221年
秦王嬴政
咸阳
第一个统一的中央集权的封建国家
2. 巩固统一
A. 政治
加强中央集权制
中央
最高统治者称皇帝
a. 丞相
行政
b. 太尉
军事
c. 御史大夫
监察
地方
郡县制
B. 经济
统一货币、度量衡
圆形方孔半两钱
C. 思想文化
a. 统一文字
小篆
b. 加强思想控制
焚书坑儒
D. 军事
a 北击匈奴
长城
b 统一东南、岭南
灵渠
3. 暴政
a. 繁重的赋税、徭役、兵役
b. 严刑峻法
加速秦的灭亡
II. 汉
1. 汉武帝大一统
A. 政治
推恩令（主父偃）
削弱诸侯势力，加强中央集权
B. 思想文化
罢黜百家，独尊儒术（董仲舒）
正统思想
C. 经济
收回铸币权、盐铁经营权
D. 军事
卫青、霍去病反击匈奴
E. 外交
张骞出使西域
丝绸之路
沟通中西交通要道
促进世界文明交流
2. 文化
A. 宗教
a 佛教
西汉末年传入中国
b 道教
东汉时期土生土长
B. 《史记》
司马迁
第一部纪传体通史
史家之绝唱、无韵之离骚
C. 造纸术
东汉蔡伦改进
促进各国文化传播、交流
D. 医学
a 华佗
东汉
麻沸散、五禽戏
b 张仲景
东汉
医圣
《伤寒杂病论》
四、三国两晋南北朝
I. 三国鼎立
1. 基础
赤壁之战
曹操VS孙刘联军
2. 正式形成
曹丕、刘备、孙权相继称帝
魏、蜀、吴建立
II. 江南地区的开发
1. 北民南迁
劳动力、生产技术、生活方式
2. 民族交往
III. 北魏孝文帝改革
1. 迁都洛阳
2. 汉化政策
汉语、汉服
汉姓、联姻
官制、律令
民族融合

图 3.22　中国古代史（一）

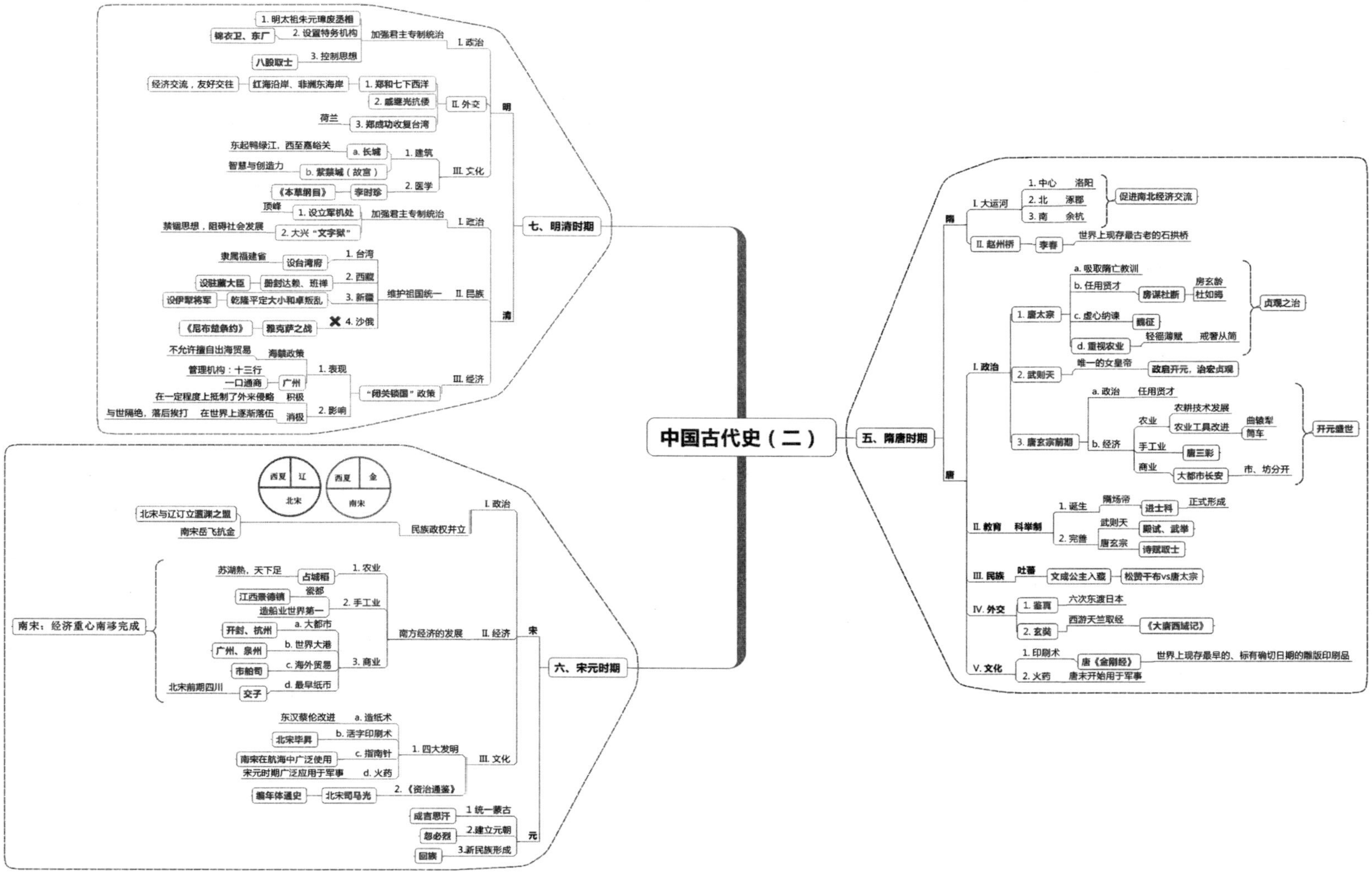
中国古代史（二）
五、隋唐时期
隋
I. 大运河
1. 中心 洛阳
2. 北 涿郡
3. 南 余杭
促进南北经济交流
II. 赵州桥
李春
世界上现存最古老的石拱桥
唐
I. 政治
1. 唐太宗
a. 吸取隋亡教训
b. 任用贤才
房谋杜断
房玄龄
杜如晦
c. 虚心纳谏
魏征
d. 重视农业
轻徭薄赋
戒奢从简
贞观之治
2. 武则天
唯一的女皇帝
政启开元，治宏贞观
3. 唐玄宗前期
a. 政治
任用贤才
b. 经济
农业
农耕技术发展
农业工具改进
曲辕犁
筒车
手工业
唐三彩
商业
大都市长安
市、坊分开
开元盛世
II. 教育
科举制
1. 诞生
隋炀帝
进士科
正式形成
2. 完善
武则天
殿试、武举
唐玄宗
诗赋取士
III. 民族
吐蕃
文成公主入藏
松赞干布vs唐太宗
IV. 外交
1. 鉴真
六次东渡日本
2. 玄奘
西游天竺取经
《大唐西域记》
V. 文化
1. 印刷术
唐《金刚经》
世界上现存最早的、标有确切日期的雕版印刷品
2. 火药
唐末开始用于军事
六、宋元时期
宋
I. 政治
民族政权并立
西夏
辽
北宋
西夏
金
南宋
北宋与辽订立澶渊之盟
南宋岳飞抗金
II. 经济
南方经济的发展
1. 农业
占城稻
苏湖熟，天下足
2. 手工业
瓷都
江西景德镇
造船业世界第一
3. 商业
a. 大都市
开封、杭州
b. 世界大港
广州、泉州
c. 海外贸易
市舶司
d. 最早纸币
交子
北宋前期四川
南宋：经济重心南移完成
III. 文化
1. 四大发明
a. 造纸术
东汉蔡伦改进
b. 活字印刷术
北宋毕昇
c. 指南针
南宋在航海中广泛使用
d. 火药
宋元时期广泛应用于军事
2. 《资治通鉴》
北宋司马光
编年体通史
元
1 统一蒙古
成吉思汗
2.建立元朝
忽必烈
3.新民族形成
回族
七、明清时期
明
I. 政治
加强君主专制统治
1. 明太祖朱元璋废丞相
2. 设置特务机构
锦衣卫、东厂
3. 控制思想
八股取士
II. 外交
1. 郑和七下西洋
红海沿岸、非洲东海岸
经济交流，友好交往
2. 戚继光抗倭
3. 郑成功收复台湾
荷兰
III. 文化
1. 建筑
a. 长城
东起鸭绿江，西至嘉峪关
b. 紫禁城（故宫）
智慧与创造力
2. 医学
李时珍
《本草纲目》
清
I. 政治
加强君主专制统治
1. 设立军机处
顶峰
2. 大兴“文字狱”
禁锢思想，阻碍社会发展
II. 民族
维护祖国统一
1. 台湾
设台湾府
隶属福建省
2. 西藏
册封达赖、班禅
设驻藏大臣
3. 新疆
乾隆平定大小和卓叛乱
设伊犁将军
4. 沙俄
雅克萨之战
《尼布楚条约》
III. 经济
“闭关锁国”政策
1. 表现
海禁政策
不允许擅自出海贸易
广州
管理机构：十三行
一口通商
2. 影响
积极
在一定程度上抵制了外来侵略
消极
在世界上逐渐落伍
与世隔绝，落后挨打

图 3.23 中国古代史（二）

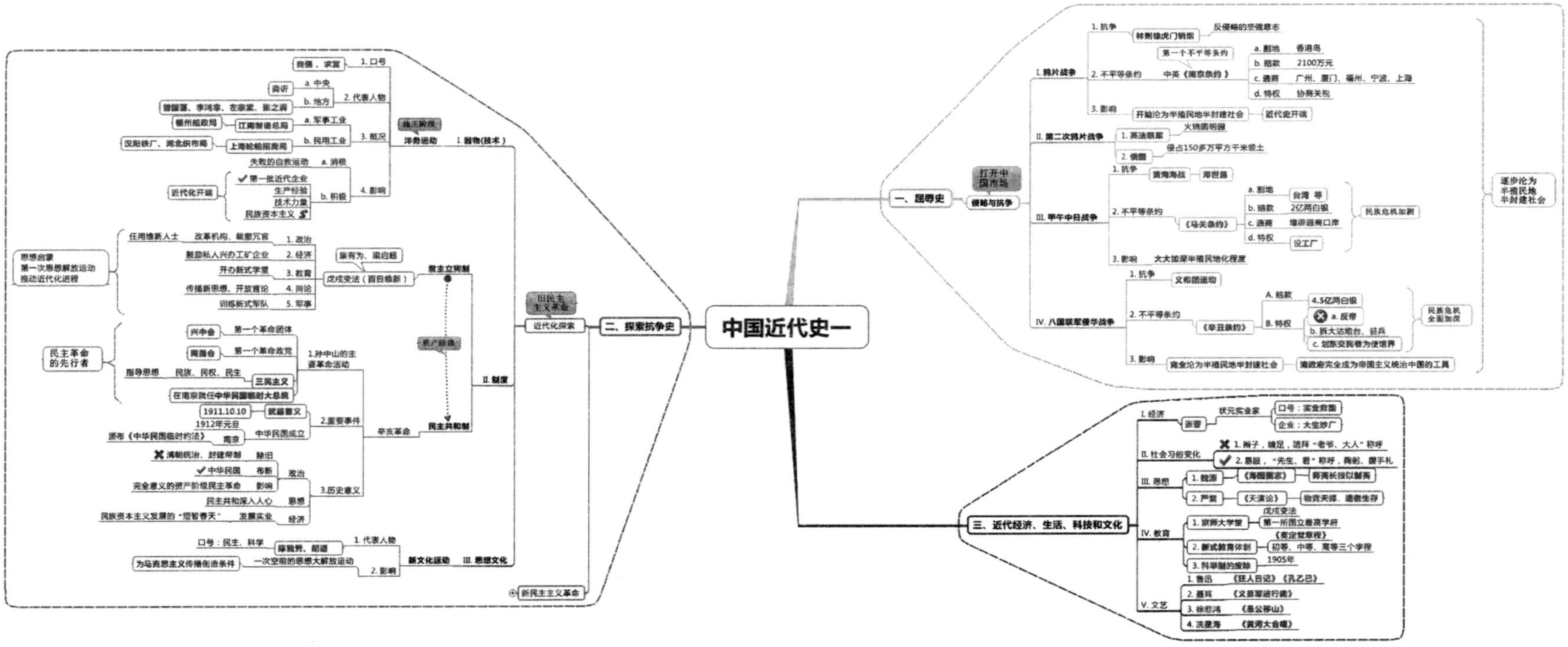
中国近代史一
一、屈辱史
侵略与抗争
打开中国市场
I. 鸦片战争
II. 第二次鸦片战争
III. 甲午中日战争
IV. 八国联军侵华战争
逐步沦为半殖民地半封建社会
二、探索抗争史
近代化探索
旧民主主义革命
I. 器物（技术）
II. 制度
III. 思想文化
洋务运动
君主立宪制
民主共和制
戊戌变法（百日维新）
辛亥革命
新文化运动
新民主主义革命
三、近代经济、生活、科技和文化
I. 经济
II. 社会习俗变化
III. 思想
IV. 教育
V. 文艺

图 3. 24　中国近代史一

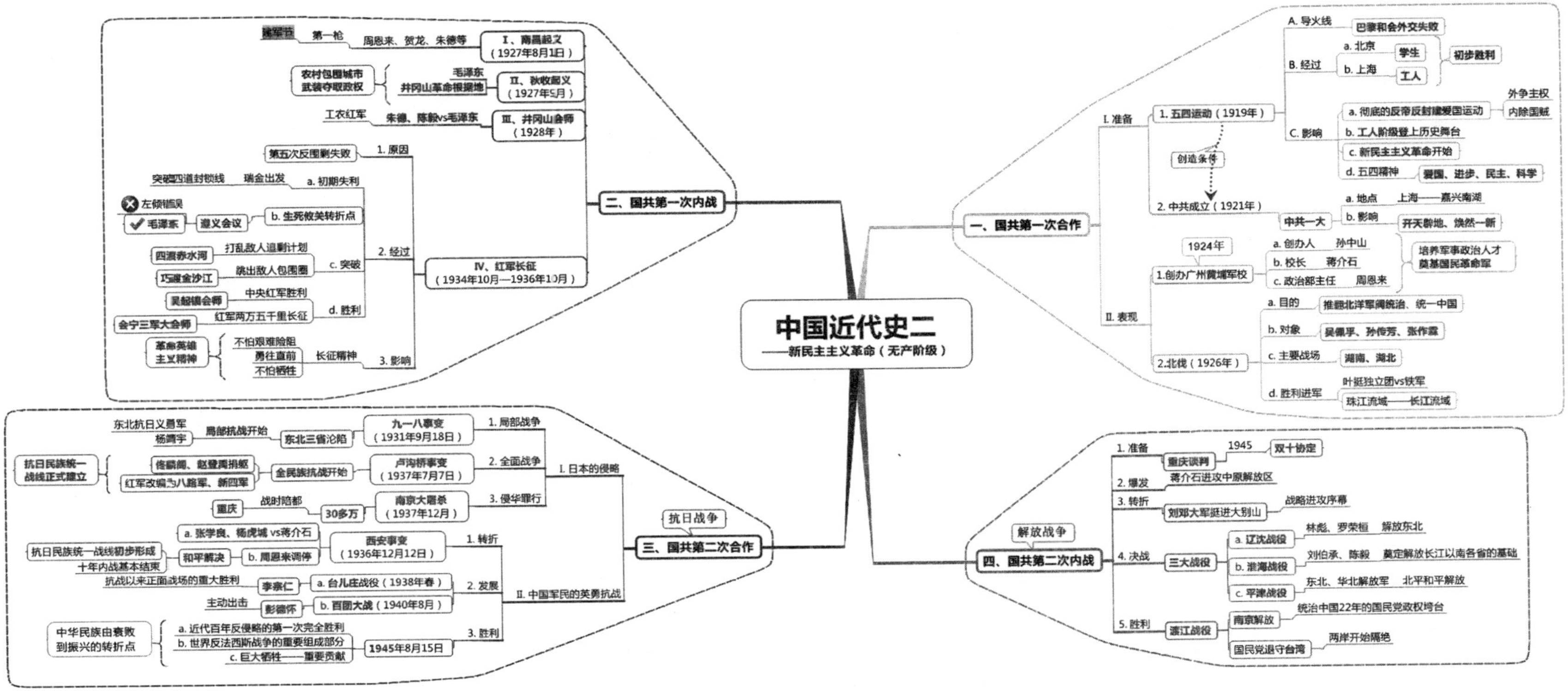

中国近代史二
——新民主主义革命（无产阶级）
一、国共第一次合作
I. 准备
1. 五四运动（1919年）
A. 导火线
巴黎和会外交失败
B. 经过
a. 北京
学生
b. 上海
工人
初步胜利
C. 影响
a. 彻底的反帝反封建爱国运动
外争主权
内除国贼
b. 工人阶级登上历史舞台
c. 新民主主义革命开始
d. 五四精神
爱国、进步、民主、科学
创造条件
2. 中共成立（1921年）
中共一大
a. 地点
上海——嘉兴南湖
b. 影响
开天辟地、焕然一新
II. 表现
1924年
1. 创办广州黄埔军校
a. 创办人　孙中山
b. 校长　蒋介石
c. 政治部主任　周恩来
培养军事政治人才
奠基国民革命军
2. 北伐（1926年）
a. 目的
推翻北洋军阀统治、统一中国
b. 对象
吴佩孚、孙传芳、张作霖
c. 主要战场
湖南、湖北
d. 胜利进军
叶挺独立团vs铁军
珠江流域——长江流域
二、国共第一次内战
I、南昌起义（1927年8月1日）
周恩来、贺龙、朱德等
第一枪
建军节
II、秋收起义（1927年9月）
毛泽东
井冈山革命根据地
农村包围城市
武装夺取政权
III、井冈山会师（1928年）
朱德、陈毅vs毛泽东
工农红军
IV、红军长征（1934年10月—1936年10月）
1. 原因
第五次反围剿失败
2. 经过
a. 初期失利
瑞金出发
突破四道封锁线
b. 生死攸关转折点
遵义会议
左倾错误
毛泽东
c. 突破
打乱敌人追剿计划
四渡赤水河
跳出敌人包围圈
巧渡金沙江
d. 胜利
中央红军胜利
吴起镇会师
红军两万五千里长征
会宁三军大会师
3. 影响
长征精神
不怕艰难险阻
勇往直前
不怕牺牲
革命英雄
主义精神
三、国共第二次合作
抗日战争
I. 日本的侵略
1. 局部战争
九一八事变（1931年9月18日）
东北三省沦陷
局部抗战开始
东北抗日义勇军
杨靖宇
2. 全面战争
卢沟桥事变（1937年7月7日）
全民族抗战开始
佟麟阁、赵登禹捐躯
红军改编为八路军、新四军
抗日民族统一
战线正式建立
3. 侵华罪行
南京大屠杀（1937年12月）
30多万
战时陪都
重庆
II. 中国军民的英勇抗战
1. 转折
西安事变（1936年12月12日）
a. 张学良、杨虎城 vs蒋介石
b. 周恩来调停
和平解决
抗日民族统一战线初步形成
十年内战基本结束
2. 发展
a. 台儿庄战役（1938年春）
李宗仁
抗战以来正面战场的重大胜利
b. 百团大战（1940年8月）
彭德怀
主动出击
3. 胜利
1945年8月15日
a. 近代百年反侵略的第一次完全胜利
b. 世界反法西斯战争的重要组成部分
c. 巨大牺牲——重要贡献
中华民族由衰败
到振兴的转折点
四、国共第二次内战
解放战争
1. 准备
重庆谈判
1945
双十协定
2. 爆发
蒋介石进攻中原解放区
3. 转折
刘邓大军挺进大别山
战略进攻序幕
4. 决战
三大战役
a. 辽沈战役
林彪、罗荣桓　解放东北
b. 淮海战役
刘伯承、陈毅　奠定解放长江以南各省的基础
c. 平津战役
东北、华北解放军　北平和平解放
5. 胜利
渡江战役
南京解放
统治中国22年的国民党政权垮台
国民党退守台湾
两岸开始隔绝

图 3.25　中国近代史二

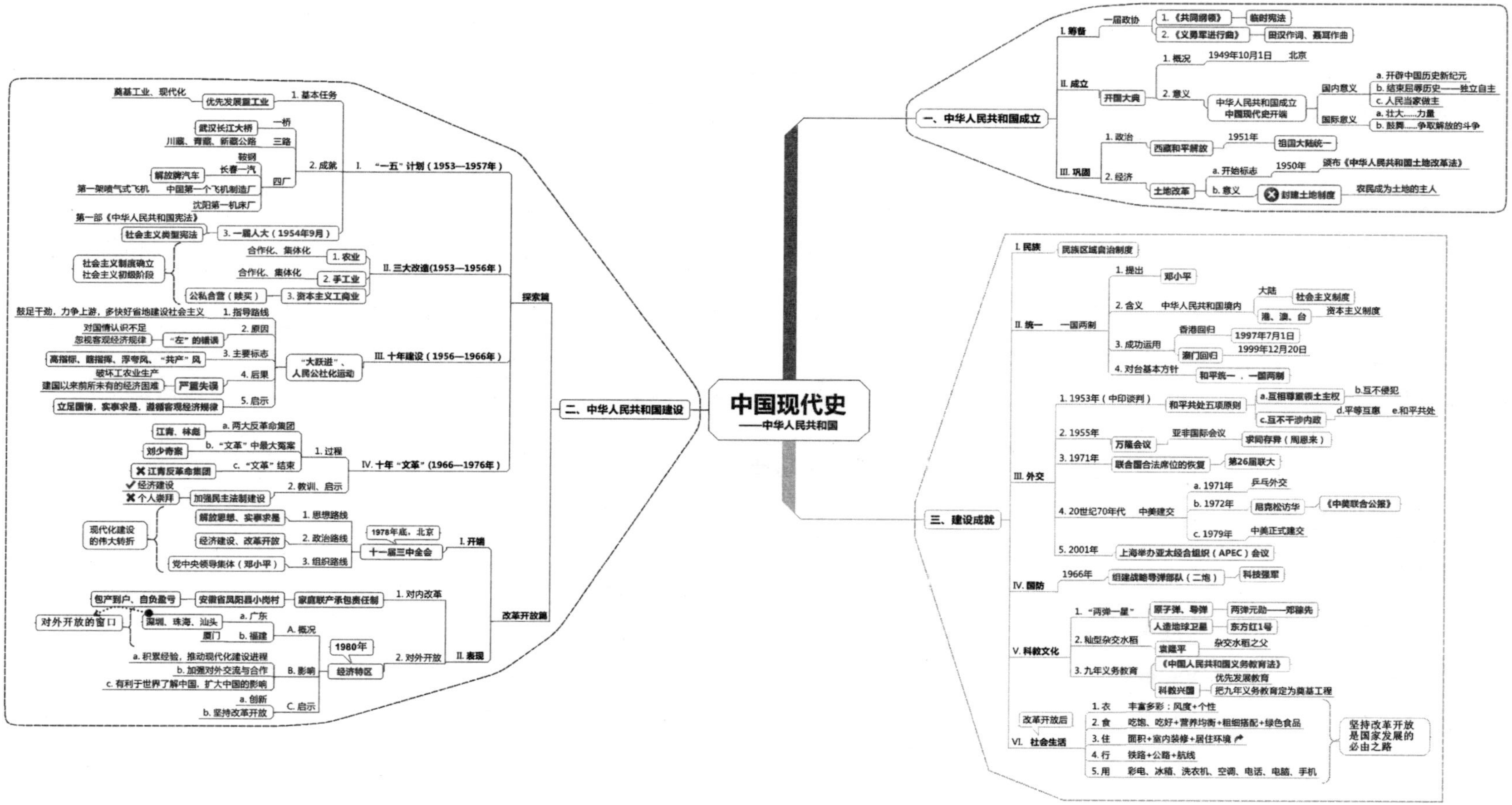
中国现代史
——中华人民共和国
一、中华人民共和国成立
I. 筹备
一届政协
1.《共同纲领》
临时宪法
2.《义勇军进行曲》
田汉作词、聂耳作曲
II. 成立
开国大典
1. 概况
1949年10月1日
北京
2. 意义
中华人民共和国成立
中国现代史开端
国内意义
a. 开辟中国历史新纪元
b. 结束屈辱历史——独立自主
c. 人民当家做主
国际意义
a. 壮大……力量
b. 鼓舞……争取解放的斗争
III. 巩固
1. 政治
西藏和平解放
1951年
祖国大陆统一
2. 经济
土地改革
a. 开始标志
1950年
颁布《中华人民共和国土地改革法》
b. 意义
封建土地制度
农民成为土地的主人
二、中华人民共和国建设
探索篇
I. “一五”计划（1953—1957年）
1. 基本任务
优先发展重工业
奠基工业、现代化
2. 成就
一桥
武汉长江大桥
三路
川藏、青藏、新疆公路
四厂
鞍钢
长春一汽
解放牌汽车
中国第一个飞机制造厂
第一架喷气式飞机
沈阳第一机床厂
3. 一届人大（1954年9月）
社会主义类型宪法
第一部《中华人民共和国宪法》
社会主义制度确立
社会主义初级阶段
II. 三大改造(1953—1956年)
1. 农业
合作化、集体化
2. 手工业
合作化、集体化
3. 资本主义工商业
公私合营（赎买）
III. 十年建设（1956—1966年）
“大跃进”、人民公社化运动
1. 指导路线
鼓足干劲，力争上游，多快好省地建设社会主义
2. 原因
“左”的错误
对国情认识不足
忽视客观经济规律
3. 主要标志
高指标、瞎指挥、浮夸风、“共产”风
4. 后果
严重失误
破坏工农业生产
建国以来前所未有的经济困难
5. 启示
立足国情，实事求是，遵循客观经济规律
IV. 十年“文革”(1966—1976年）
1. 过程
a. 两大反革命集团
江青、林彪
b. “文革”中最大冤案
刘少奇案
c. “文革”结束
江青反革命集团
2. 教训、启示
加强民主法制建设
经济建设
个人崇拜
改革开放篇
I. 开端
十一届三中全会
1978年底，北京
1. 思想路线
解放思想、实事求是
2. 政治路线
经济建设、改革开放
3. 组织路线
党中央领导集体（邓小平）
现代化建设的伟大转折
II. 表现
1. 对内改革
家庭联产承包责任制
安徽省凤阳县小岗村
包产到户、自负盈亏
2. 对外开放
经济特区
1980年
A. 概况
a. 广东
深圳、珠海、汕头
b. 福建
厦门
对外开放的窗口
B. 影响
a. 积累经验，推动现代化建设进程
b. 加强对外交流与合作
c. 有利于世界了解中国，扩大中国的影响
C. 启示
a. 创新
b. 坚持改革开放
三、建设成就
I. 民族
民族区域自治制度
II. 统一
一国两制
1. 提出
邓小平
2. 含义
中华人民共和国境内
大陆
社会主义制度
港、澳、台
资本主义制度
3. 成功运用
香港回归
1997年7月1日
澳门回归
1999年12月20日
4. 对台基本方针
和平统一，一国两制
III. 外交
1. 1953年（中印谈判）
和平共处五项原则
a.互相尊重领土主权
b.互不侵犯
c.互不干涉内政
d.平等互惠
e.和平共处
2. 1955年
万隆会议
亚非国际会议
求同存异（周恩来）
3. 1971年
联合国合法席位的恢复
第26届联大
4. 20世纪70年代
中美建交
a. 1971年
乒乓外交
b. 1972年
尼克松访华
《中美联合公报》
c. 1979年
中美正式建交
5. 2001年
上海举办亚太经合组织（APEC）会议
IV. 国防
1966年
组建战略导弹部队（二炮）
科技强军
V. 科教文化
1. “两弹一星”
原子弹、导弹
两弹元勋——邓稼先
人造地球卫星
东方红1号
2. 籼型杂交水稻
袁隆平
杂交水稻之父
3. 九年义务教育
《中华人民共和国义务教育法》
优先发展教育
科教兴国
把九年义务教育定为奠基工程
VI. 社会生活
改革开放后
1. 衣
丰富多彩：风度+个性
2. 食
吃饱、吃好+营养均衡+粗细搭配+绿色食品
3. 住
面积+室内装修+居住环境
4. 行
铁路+公路+航线
5. 用
彩电、冰箱、洗衣机、空调、电话、电脑、手机
坚持改革开放是国家发展的必由之路

图 3.26　中国现代史

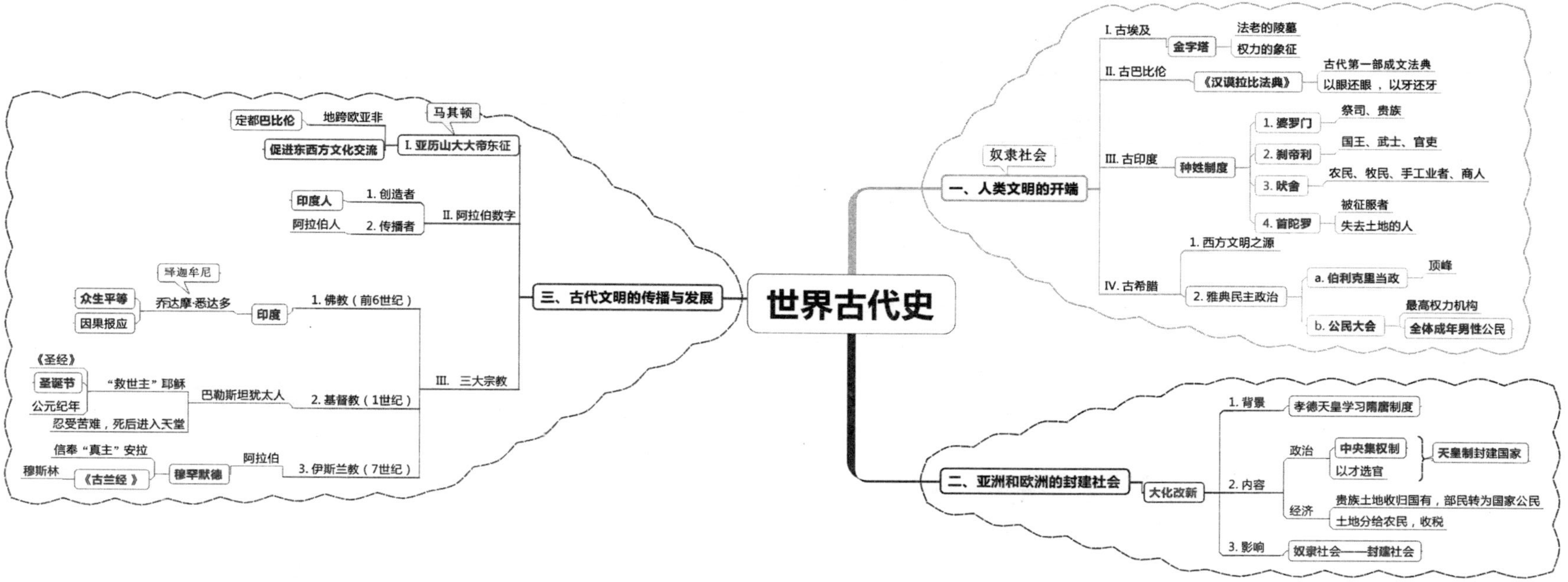
世界古代史
一、人类文明的开端
奴隶社会
I. 古埃及
金字塔
法老的陵墓
权力的象征
II. 古巴比伦
《汉谟拉比法典》
古代第一部成文法典
以眼还眼，以牙还牙
III. 古印度
种姓制度
1. 婆罗门
祭司、贵族
2. 刹帝利
国王、武士、官吏
3. 吠舍
农民、牧民、手工业者、商人
4. 首陀罗
被征服者
失去土地的人
IV. 古希腊
1. 西方文明之源
2. 雅典民主政治
a. 伯利克里当政
顶峰
b. 公民大会
最高权力机构
全体成年男性公民
二、亚洲和欧洲的封建社会
大化改新
1. 背景
孝德天皇学习隋唐制度
2. 内容
政治
中央集权制
以才选官
天皇制封建国家
经济
贵族土地收归国有，部民转为国家公民
土地分给农民，收税
3. 影响
奴隶社会——封建社会
三、古代文明的传播与发展
I. 亚历山大大帝东征
马其顿
地跨欧亚非
定都巴比伦
促进东西方文化交流
II. 阿拉伯数字
1. 创造者
印度人
2. 传播者
阿拉伯人
III. 三大宗教
1. 佛教（前6世纪）
印度
乔达摩·悉达多
释迦牟尼
众生平等
因果报应
2. 基督教（1世纪）
巴勒斯坦犹太人
“救世主”耶稣
《圣经》
圣诞节
公元纪年
忍受苦难，死后进入天堂
3. 伊斯兰教（7世纪）
阿拉伯
穆罕默德
信奉“真主”安拉
《古兰经》
穆斯林

图 3.27 世界古代史

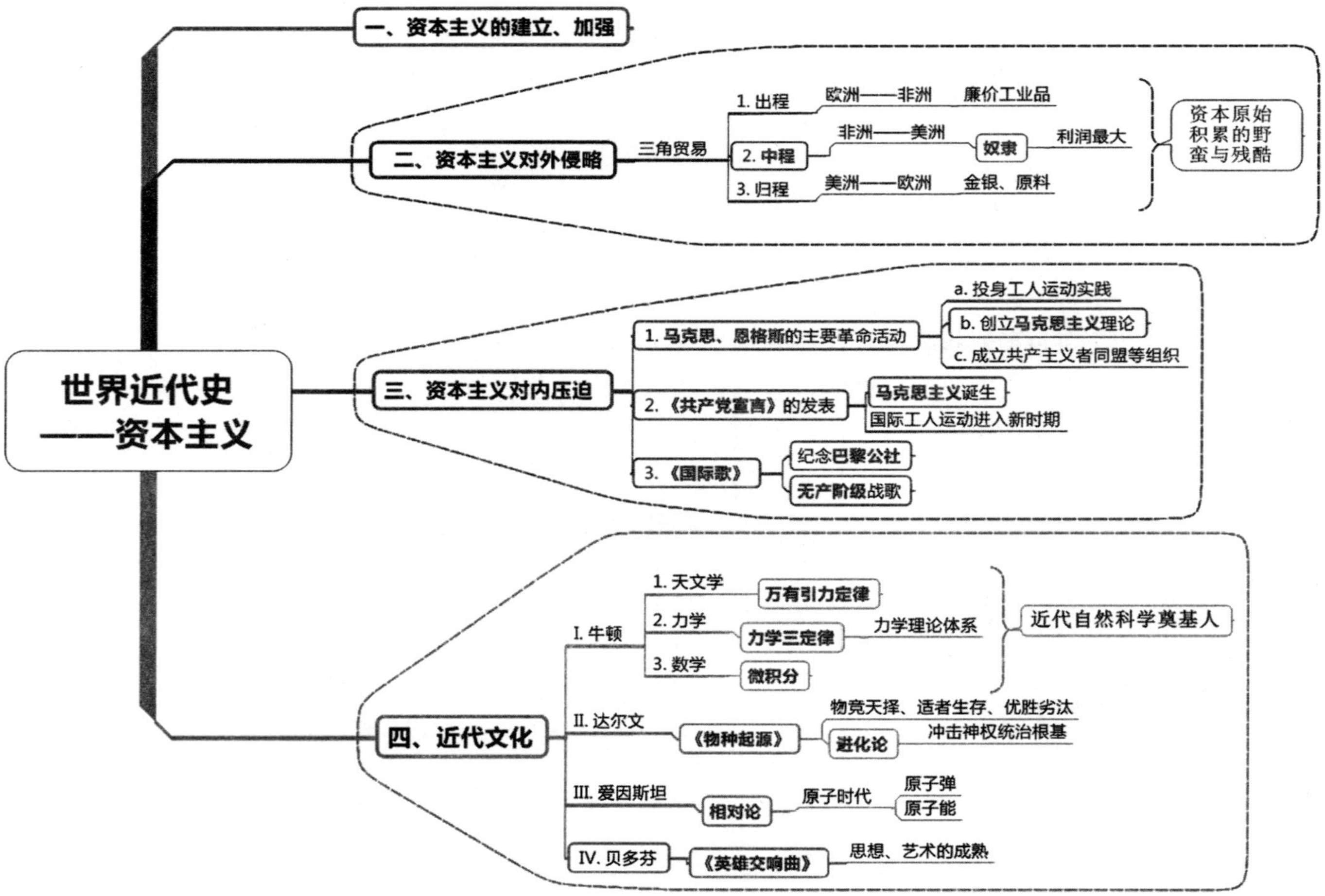
世界近代史
——资本主义
一、资本主义的建立、加强
二、资本主义对外侵略
三角贸易
1. 出程
欧洲——非洲
廉价工业品
2. 中程
非洲——美洲
奴隶
利润最大
3. 归程
美洲——欧洲
金银、原料
资本原始积累的野蛮与残酷
三、资本主义对内压迫
1. 马克思、恩格斯的主要革命活动
a. 投身工人运动实践
b. 创立马克思主义理论
c. 成立共产主义者同盟等组织
2. 《共产党宣言》的发表
马克思主义诞生
国际工人运动进入新时期
3. 《国际歌》
纪念巴黎公社
无产阶级战歌
四、近代文化
I. 牛顿
1. 天文学
万有引力定律
2. 力学
力学三定律
力学理论体系
3. 数学
微积分
近代自然科学奠基人
II. 达尔文
《物种起源》
进化论
物竞天择、适者生存、优胜劣汰
冲击神权统治根基
III. 爱因斯坦
相对论
原子时代
原子弹
原子能
IV. 贝多芬
《英雄交响曲》
思想、艺术的成熟

图 3.28　世界近代史一

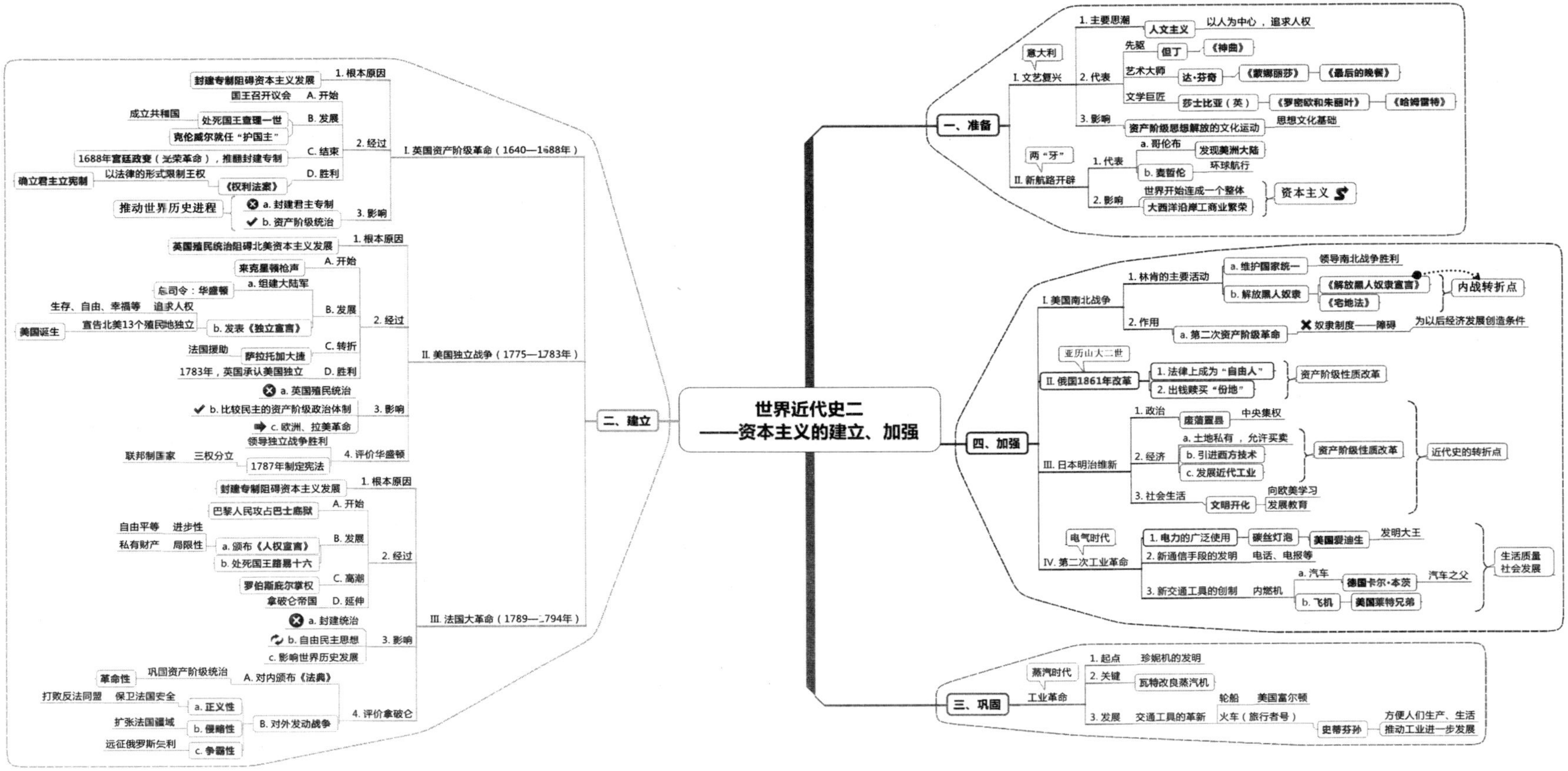
世界近代史二
——资本主义的建立、加强
一、准备
I. 文艺复兴
意大利
1. 主要思潮
人文主义
以人为中心，追求人权
2. 代表
先驱
但丁
《神曲》
艺术大师
达·芬奇
《蒙娜丽莎》
《最后的晚餐》
文学巨匠
莎士比亚（英）
《罗密欧和朱丽叶》
《哈姆雷特》
3. 影响
资产阶级思想解放的文化运动
思想文化基础
II. 新航路开辟
两“牙”
1. 代表
a. 哥伦布
发现美洲大陆
b. 麦哲伦
环球航行
2. 影响
世界开始连成一个整体
大西洋沿岸工商业繁荣
资本主义
二、建立
I. 英国资产阶级革命（1640—1688年）
1. 根本原因
封建专制阻碍资本主义发展
2. 经过
A. 开始
国王召开议会
B. 发展
处死国王查理一世
成立共和国
克伦威尔就任“护国主”
C. 结束
1688年宫廷政变（光荣革命），推翻封建专制
D. 胜利
以法律的形式限制王权
《权利法案》
确立君主立宪制
3. 影响
a. 封建君主专制
b. 资产阶级统治
推动世界历史进程
II. 美国独立战争（1775—1783年）
1. 根本原因
英国殖民统治阻碍北美资本主义发展
2. 经过
A. 开始
来克星顿枪声
B. 发展
a. 组建大陆军
总司令：华盛顿
b. 发表《独立宣言》
追求人权
生存、自由、幸福等
宣告北美13个殖民地独立
美国诞生
C. 转折
萨拉托加大捷
法国援助
D. 胜利
1783年，英国承认美国独立
3. 影响
a. 英国殖民统治
b. 比较民主的资产阶级政治体制
c. 欧洲、拉美革命
4. 评价华盛顿
领导独立战争胜利
1787年制定宪法
三权分立
联邦制国家
III. 法国大革命（1789—1794年）
1. 根本原因
封建专制阻碍资本主义发展
2. 经过
A. 开始
巴黎人民攻占巴士底狱
B. 发展
a. 颁布《人权宣言》
进步性
自由平等
局限性
私有财产
b. 处死国王路易十六
C. 高潮
罗伯斯庇尔掌权
D. 延伸
拿破仑帝国
3. 影响
a. 封建统治
b. 自由民主思想
c. 影响世界历史发展
4. 评价拿破仑
A. 对内颁布《法典》
巩固资产阶级统治
革命性
B. 对外发动战争
a. 正义性
保卫法国安全
打败反法同盟
b. 侵略性
扩张法国疆域
c. 争霸性
远征俄罗斯失利
四、加强
I. 美国南北战争
1. 林肯的主要活动
a. 维护国家统一
领导南北战争胜利
b. 解放黑人奴隶
《解放黑人奴隶宣言》
《宅地法》
内战转折点
2. 作用
a. 第二次资产阶级革命
奴隶制度——障碍
为以后经济发展创造条件
II. 俄国1861年改革
亚历山大二世
1. 法律上成为“自由人”
2. 出钱赎买“份地”
资产阶级性质改革
III. 日本明治维新
1. 政治
废藩置县
中央集权
2. 经济
a. 土地私有，允许买卖
b. 引进西方技术
c. 发展近代工业
资产阶级性质改革
3. 社会生活
文明开化
向欧美学习
发展教育
近代史的转折点
IV. 第二次工业革命
电气时代
1. 电力的广泛使用
碳丝灯泡
美国爱迪生
发明大王
2. 新通信手段的发明
电话、电报等
3. 新交通工具的创制
内燃机
a. 汽车
德国卡尔·本茨
汽车之父
b. 飞机
美国莱特兄弟
生活质量
社会发展
三、巩固
工业革命
蒸汽时代
1. 起点
珍妮机的发明
2. 关键
瓦特改良蒸汽机
3. 发展
交通工具的革新
轮船
美国富尔顿
火车（旅行者号）
史蒂芬孙
方便人们生产、生活
推动工业进一步发展

图 3.29　世界近代史二

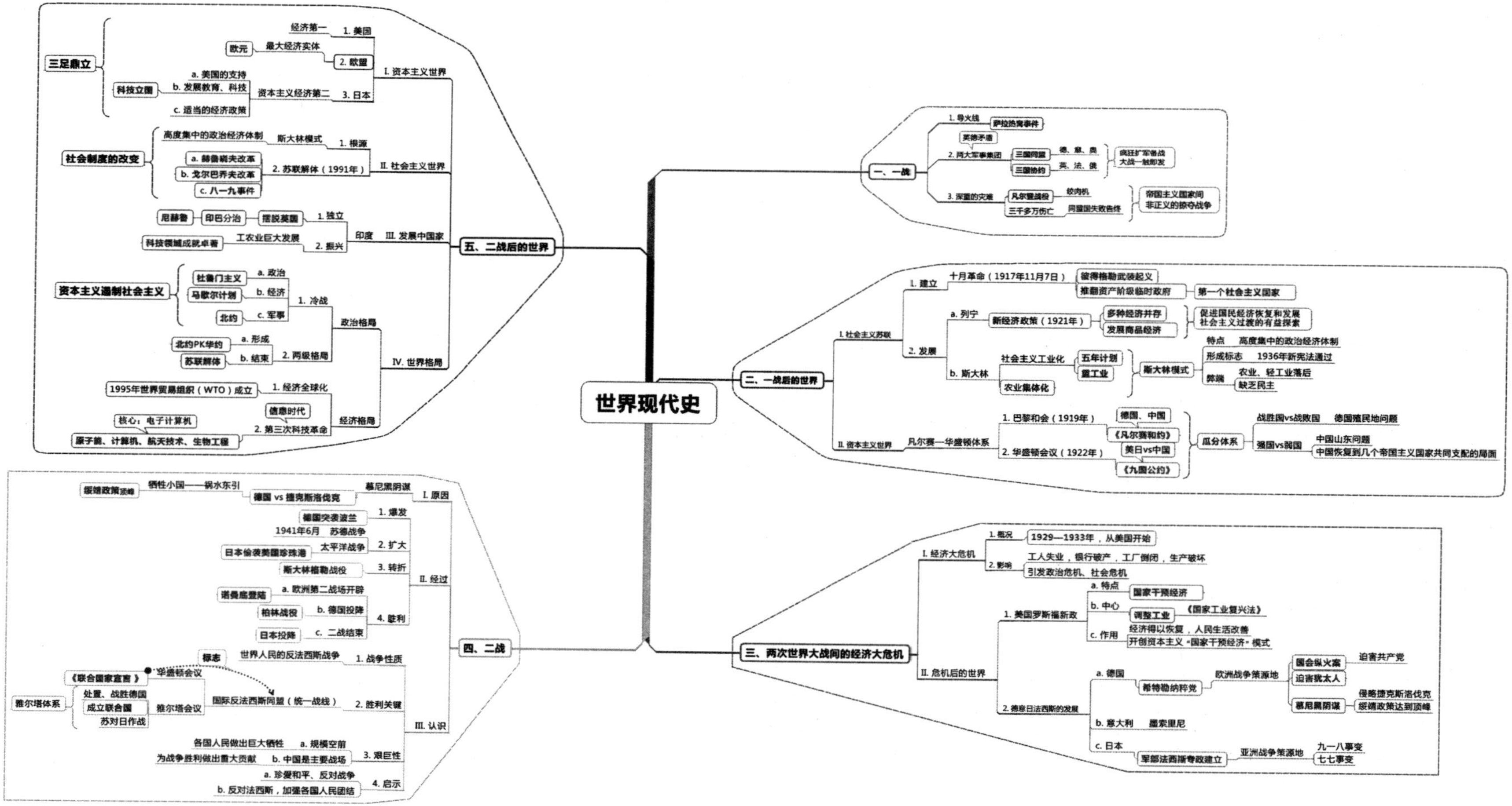
世界现代史
一、一战
1. 导火线
萨拉热窝事件
英德矛盾
2. 两大军事集团
三国同盟
德、奥、意
三国协约
英、法、俄
疯狂扩军备战
大战一触即发
3. 深重的灾难
凡尔登战役
绞肉机
三千多万伤亡
同盟国失败告终
帝国主义国家间
非正义的掠夺战争
二、一战后的世界
I. 社会主义苏联
1. 建立
十月革命（1917年11月7日）
彼得格勒武装起义
推翻资产阶级临时政府
第一个社会主义国家
2. 发展
a. 列宁
新经济政策（1921年）
多种经济并存
发展商品经济
促进国民经济恢复和发展
社会主义过渡的有益探索
b. 斯大林
社会主义工业化
五年计划
重工业
农业集体化
斯大林模式
特点
高度集中的政治经济体制
形成标志
1936年新宪法通过
弊端
农业、轻工业落后
缺乏民主
II. 资本主义世界
凡尔赛—华盛顿体系
1. 巴黎和会（1919年）
德国、中国
《凡尔赛和约》
2. 华盛顿会议（1922年）
美日vs中国
《九国公约》
瓜分体系
战胜国vs战败国
德国殖民地问题
强国vs弱国
中国山东问题
中国恢复到几个帝国主义国家共同支配的局面
三、两次世界大战间的经济大危机
I. 经济大危机
1. 概况
1929—1933年，从美国开始
2. 影响
工人失业，银行破产，工厂倒闭，生产破坏
引发政治危机、社会危机
II. 危机后的世界
1. 美国罗斯福新政
a. 特点
国家干预经济
b. 中心
调整工业
《国家工业复兴法》
c. 作用
经济得以恢复，人民生活改善
开创资本主义“国家干预经济”模式
2. 德意日法西斯的发展
a. 德国
希特勒纳粹党
欧洲战争策源地
国会纵火案
迫害共产党
迫害犹太人
慕尼黑阴谋
侵略捷克斯洛伐克
绥靖政策达到顶峰
b. 意大利
墨索里尼
c. 日本
军部法西斯专政建立
亚洲战争策源地
九一八事变
七七事变
四、二战
I. 原因
慕尼黑阴谋
德国 vs 捷克斯洛伐克
牺牲小国——祸水东引
绥靖政策顶峰
II. 经过
1. 爆发
德国突袭波兰
2. 扩大
1941年6月 苏德战争
太平洋战争
日本偷袭美国珍珠港
3. 转折
斯大林格勒战役
4. 胜利
a. 欧洲第二战场开辟
诺曼底登陆
b. 德国投降
柏林战役
c. 二战结束
日本投降
III. 认识
1. 战争性质
世界人民的反法西斯战争
标志
2. 胜利关键
国际反法西斯同盟（统一战线）
《联合国家宣言》
华盛顿会议
雅尔塔会议
处置、战胜德国
成立联合国
苏对日作战
雅尔塔体系
3. 艰巨性
a. 规模空前
各国人民做出巨大牺牲
b. 中国是主要战场
为战争胜利做出重大贡献
4. 启示
a. 珍爱和平、反对战争
b. 反对法西斯，加强各国人民团结
五、二战后的世界
I. 资本主义世界
1. 美国
经济第一
2. 欧盟
最大经济实体
欧元
3. 日本
资本主义经济第二
a. 美国的支持
b. 发展教育、科技
c. 适当的经济政策
科技立国
三足鼎立
II. 社会主义世界
1. 根源
斯大林模式
高度集中的政治经济体制
2. 苏联解体（1991年）
a. 赫鲁晓夫改革
b. 戈尔巴乔夫改革
c. 八一九事件
社会制度的改变
III. 发展中国家
印度
1. 独立
摆脱英国
印巴分治
尼赫鲁
2. 振兴
工农业巨大发展
科技领域成就卓著
IV. 世界格局
政治格局
1. 冷战
a. 政治
杜鲁门主义
b. 经济
马歇尔计划
c. 军事
北约
资本主义遏制社会主义
2. 两极格局
a. 形成
北约PK华约
b. 结束
苏联解体
经济格局
1. 经济全球化
1995年世界贸易组织（WTO）成立
2. 第三次科技革命
信息时代
核心：电子计算机
原子能、计算机、航天技术、生物工程

图 3.30　世界现代史

三、初中历史学科导图本

在厦门英才学校十二年，我更多的是教毕业班，思维导图在中考复习中的应用研究比较成熟。2016 年秋季，初中历史开始使用部编人教版新教材，我又从新开始，伴随着新教材一起成长。现已完成人教版老教材各册历史学科导图本的构建，新教材实施后也在不断更新中。由于思维导图太多，在这里只分享“部编人教版新教材七年级上册中国古代史”的学科导图本。

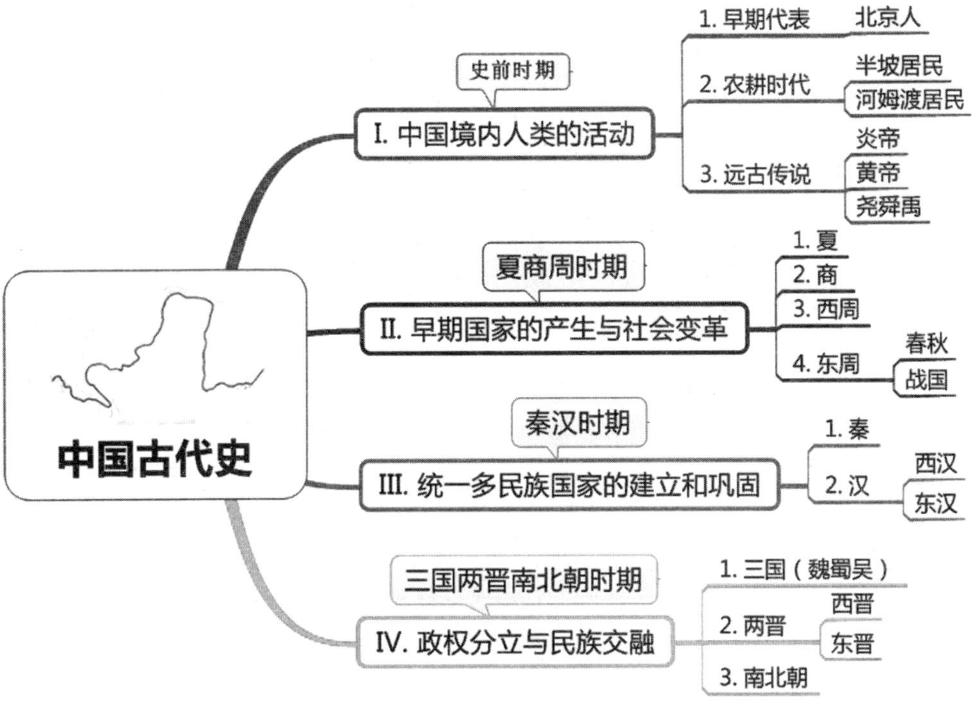

图 3.31 中国古代史（总图）

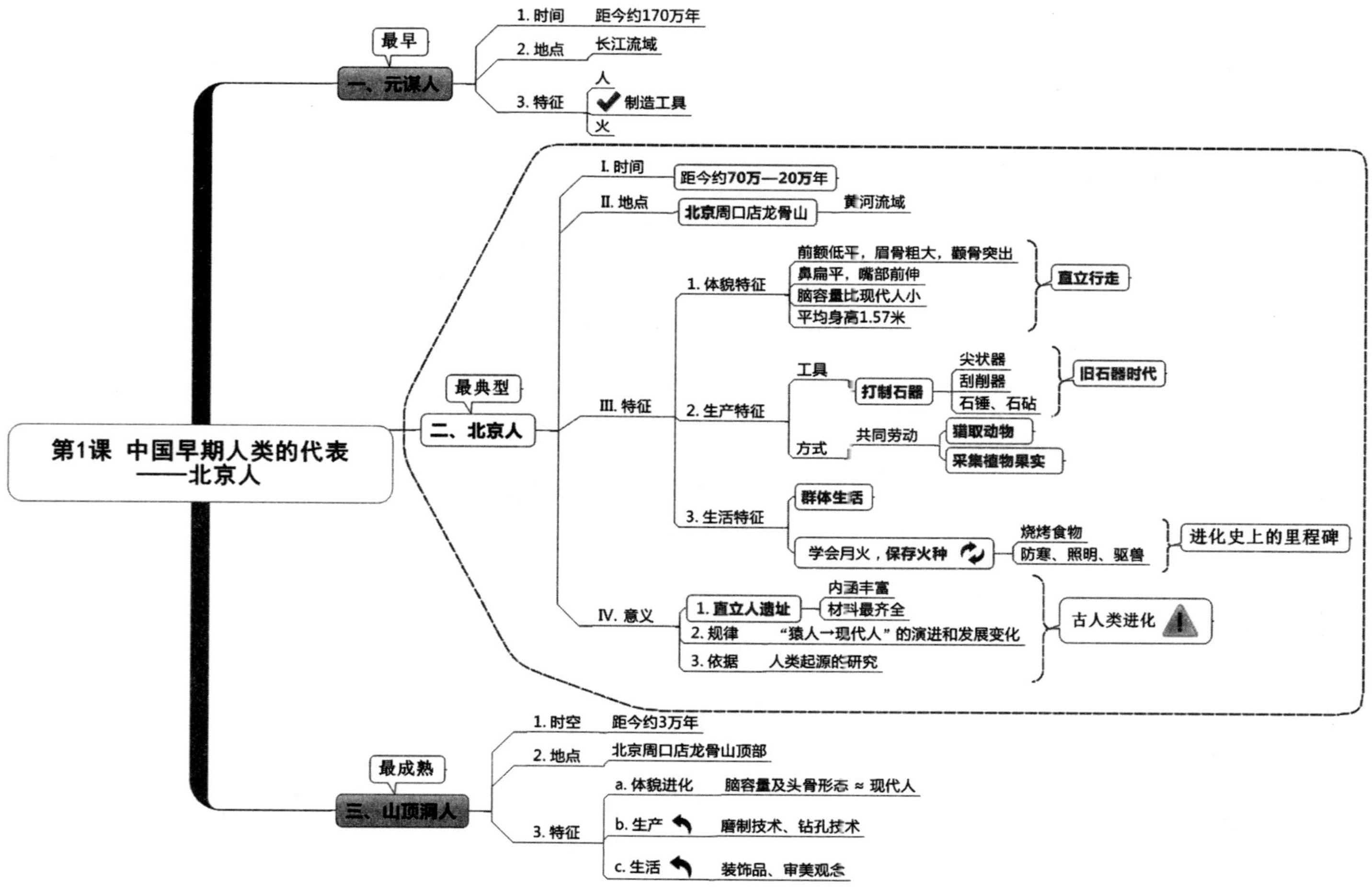

图 3.32 第 1 课 中国早期人类的代表——北京人

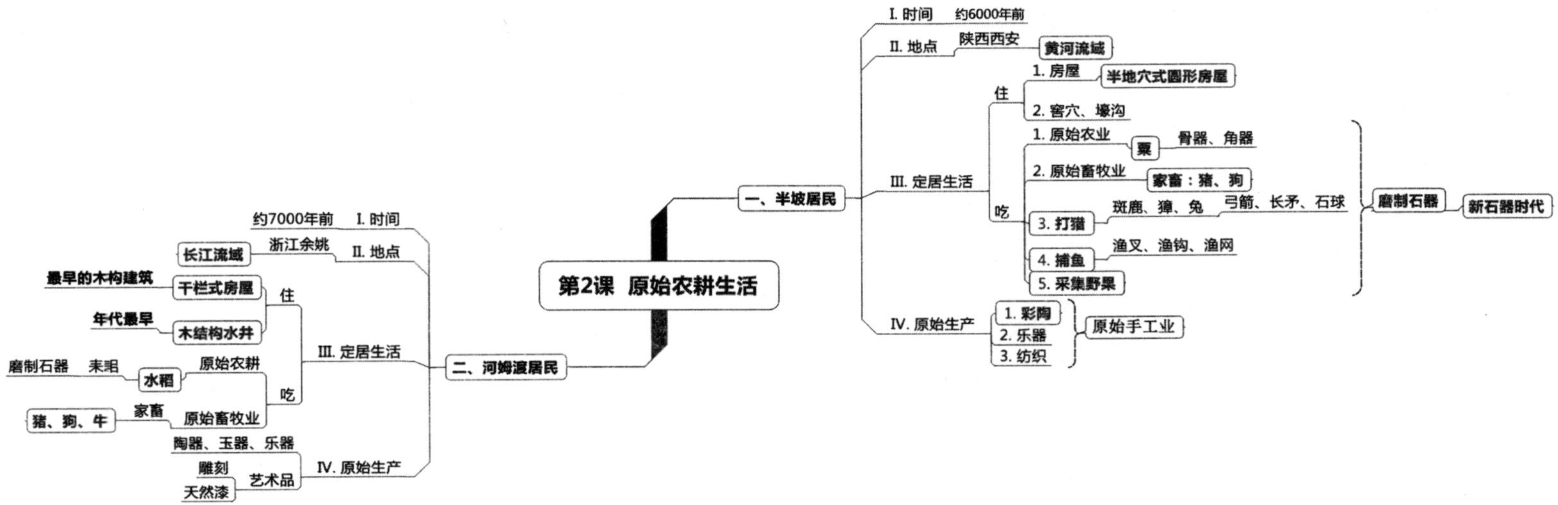

图 3.33 第 2 课 原始农耕生活

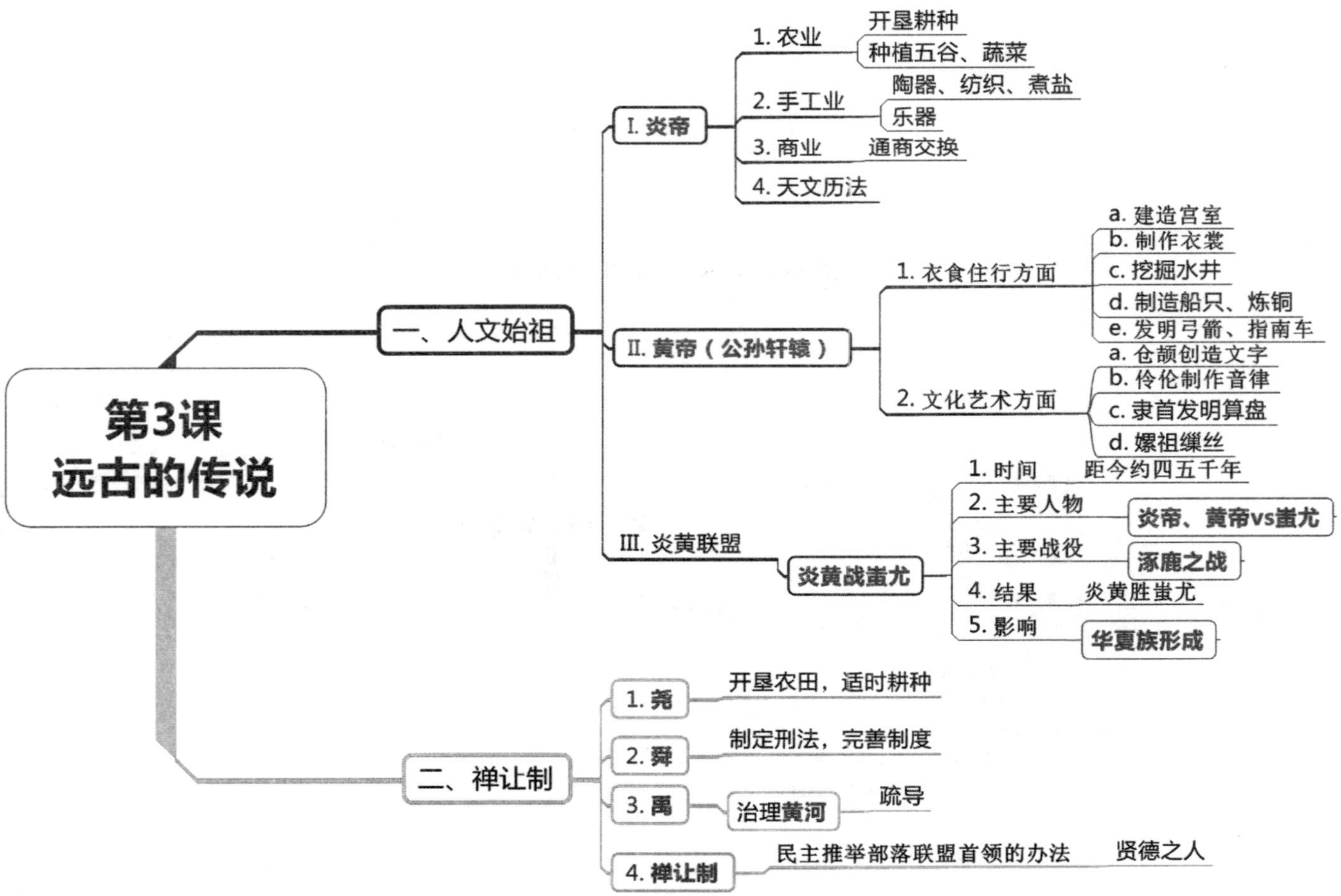

图 3.34　第 3 课　远古的传说

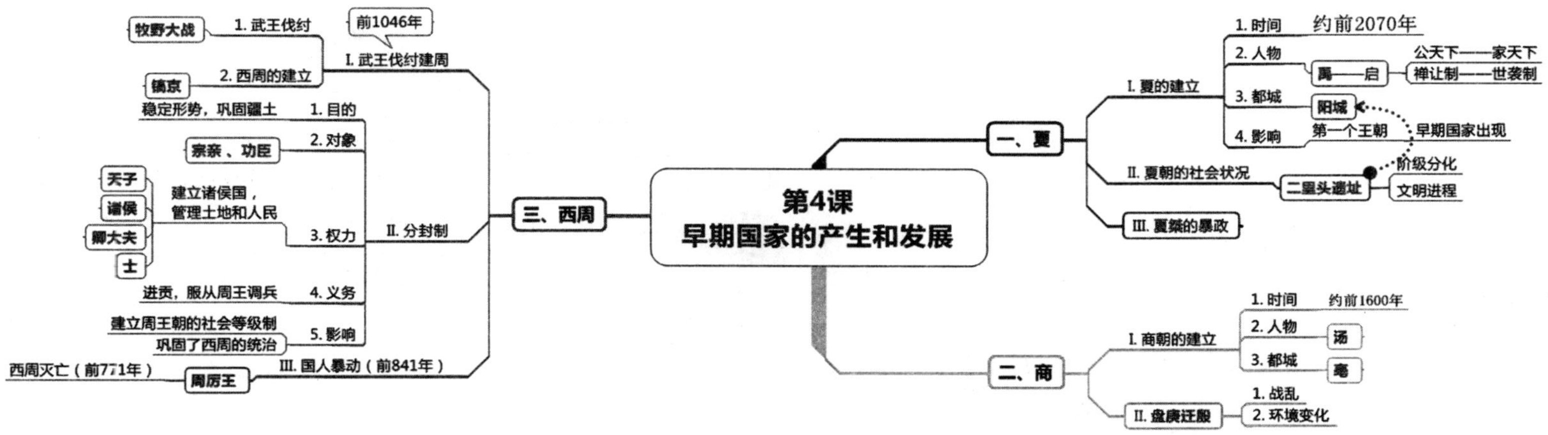

图 3.35　第 4 课　早期国家的产生和发展

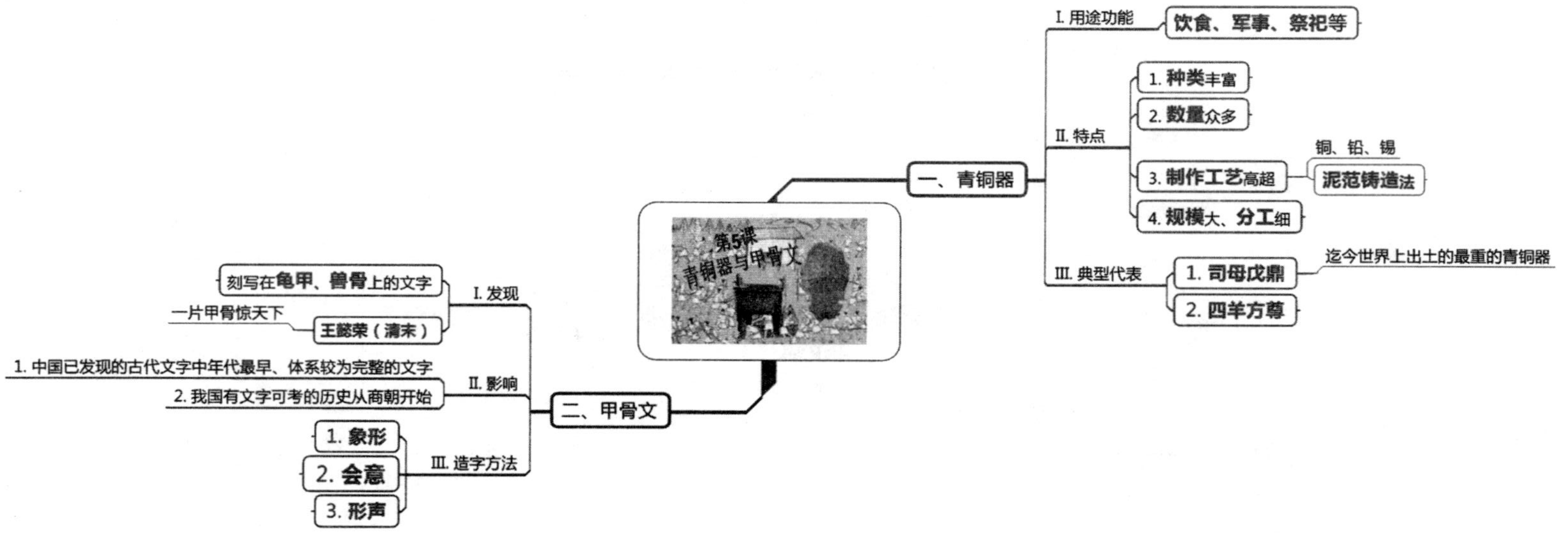

图 3.36　第 5 课　青铜器与甲骨文

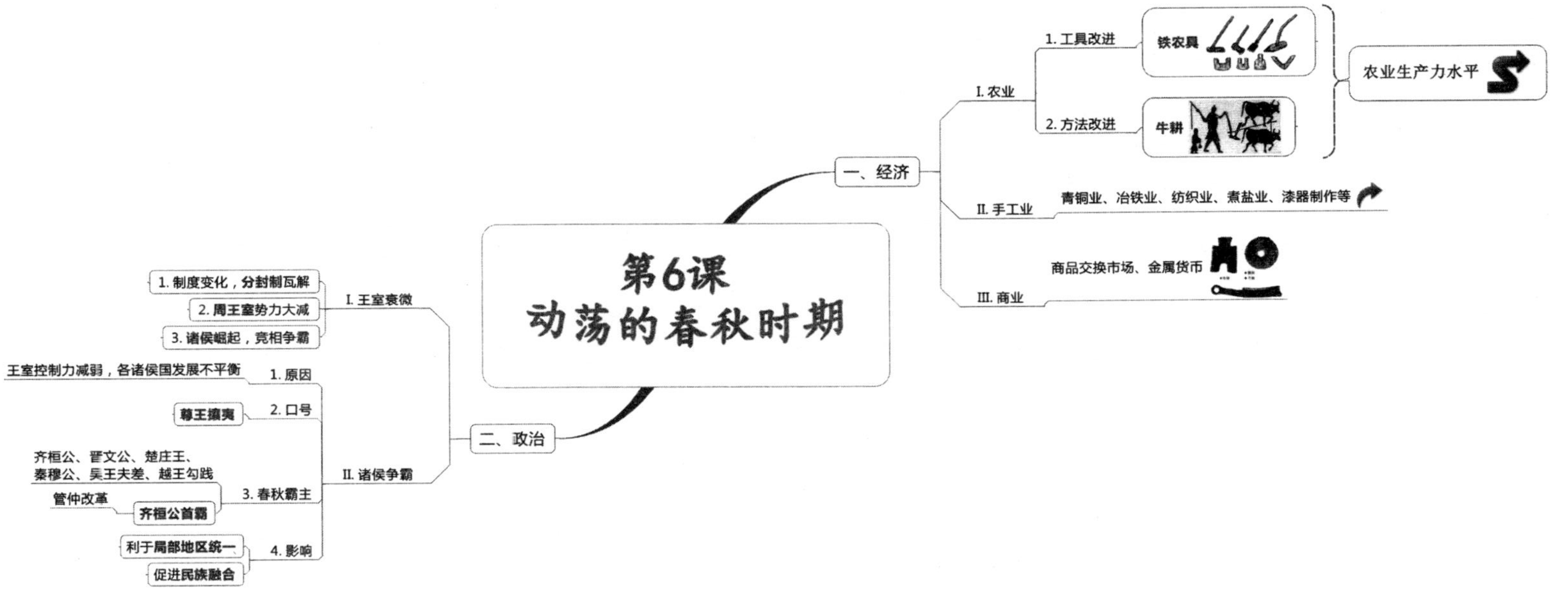

图 3.37　第 6 课　动荡的春秋时期

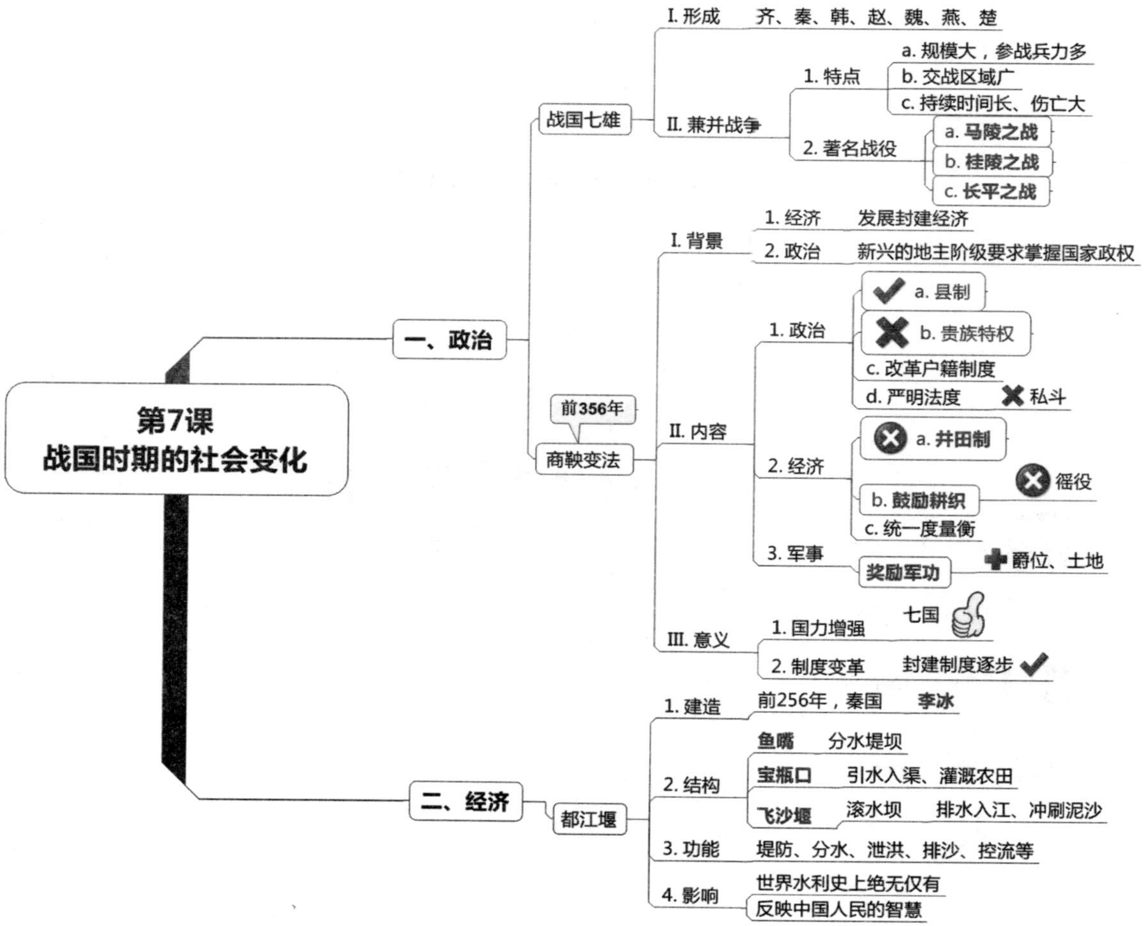

图 3.38　第 7 课　战国时期的社会变化

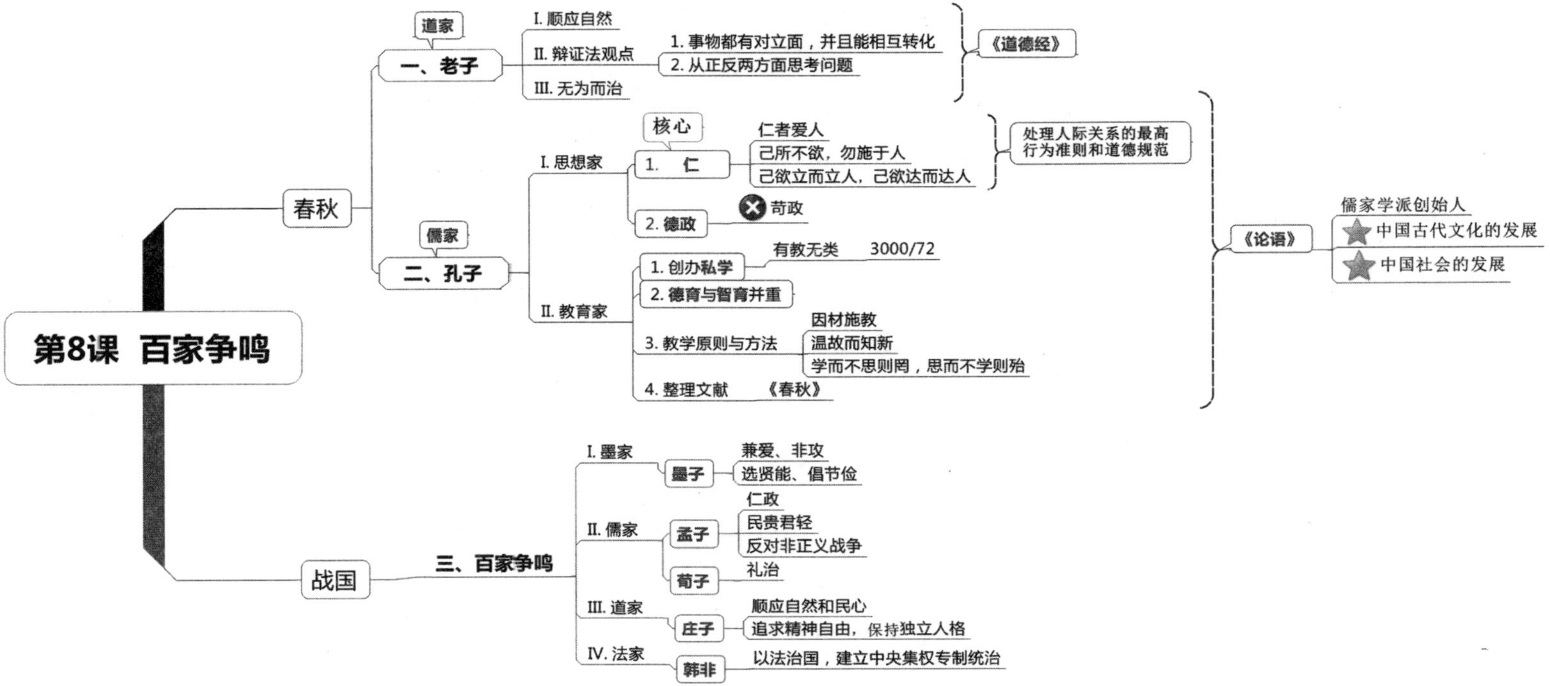

图 3.39 第 8 课 百家争鸣

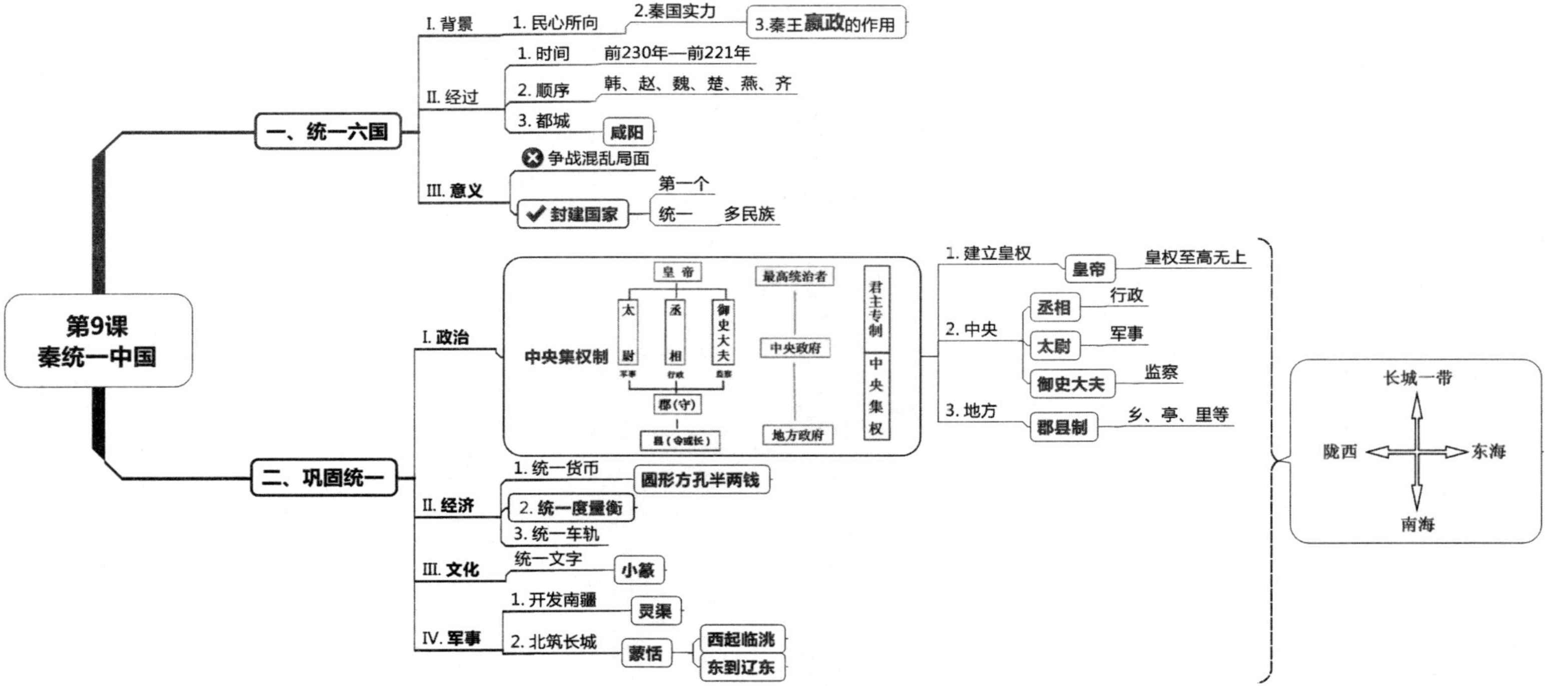

图 3.40　第 9 课　秦统一中国

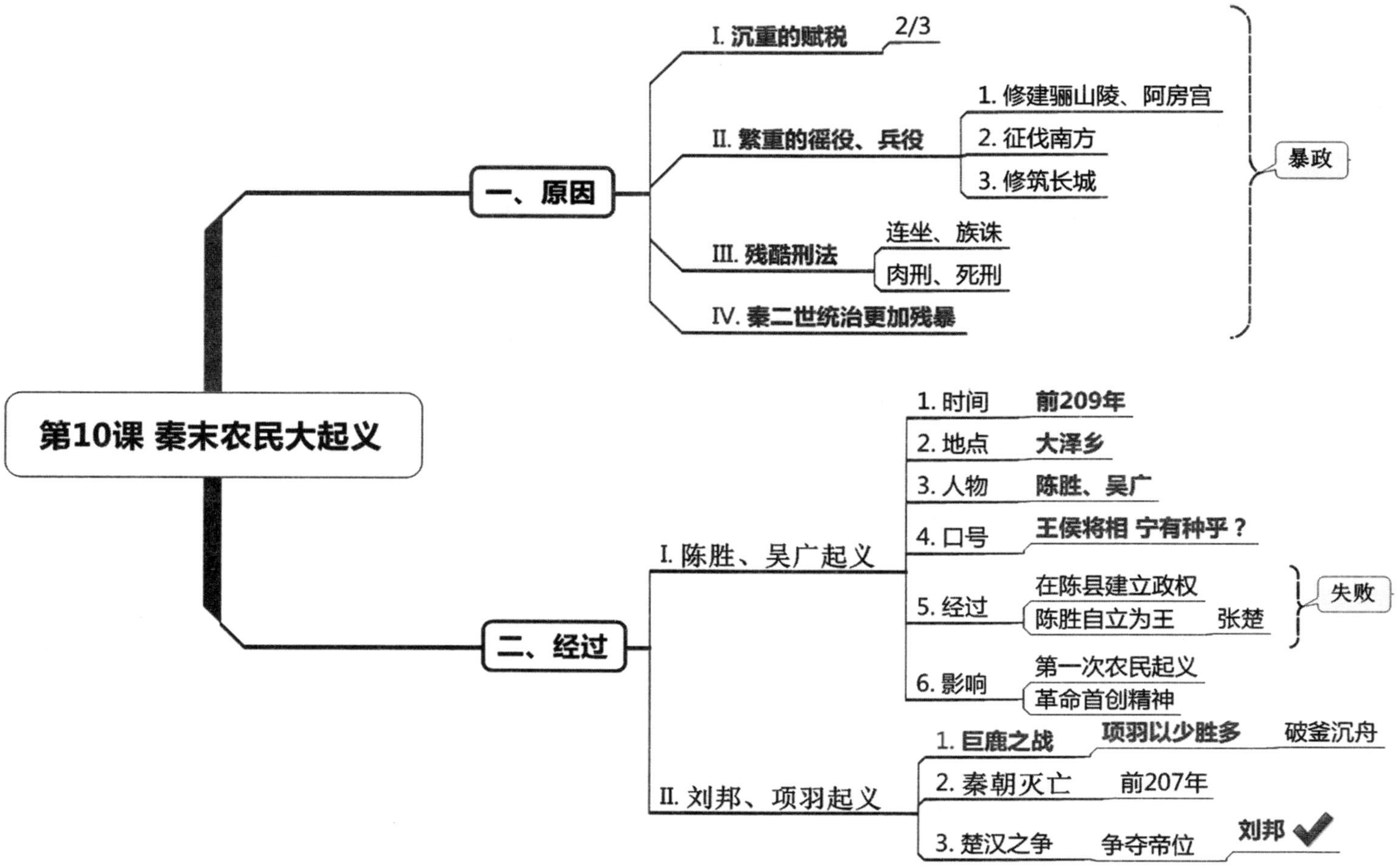

图 3.41 第 10 课 秦末农民大起义

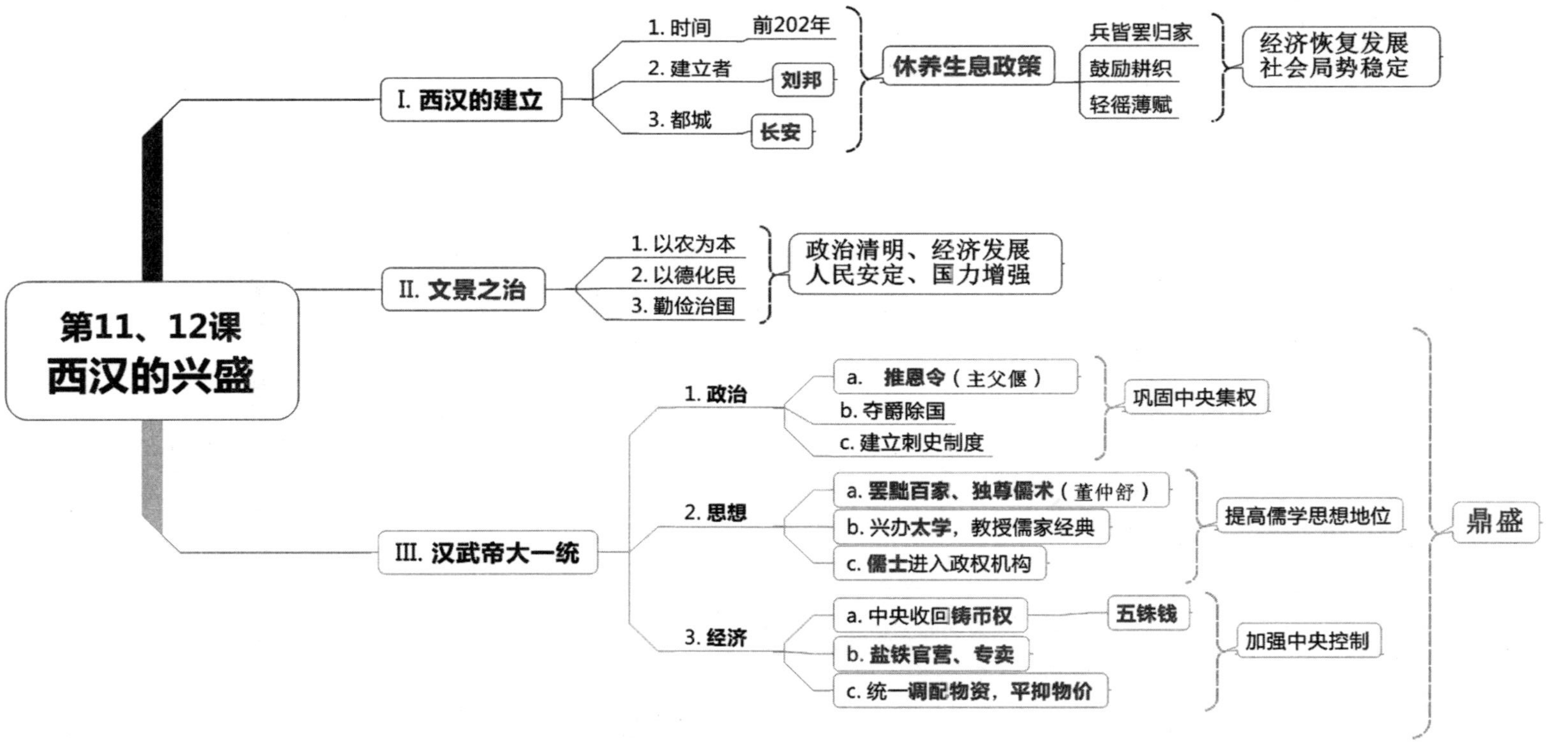

图 3.42　第 11、12 课　西汉的兴盛

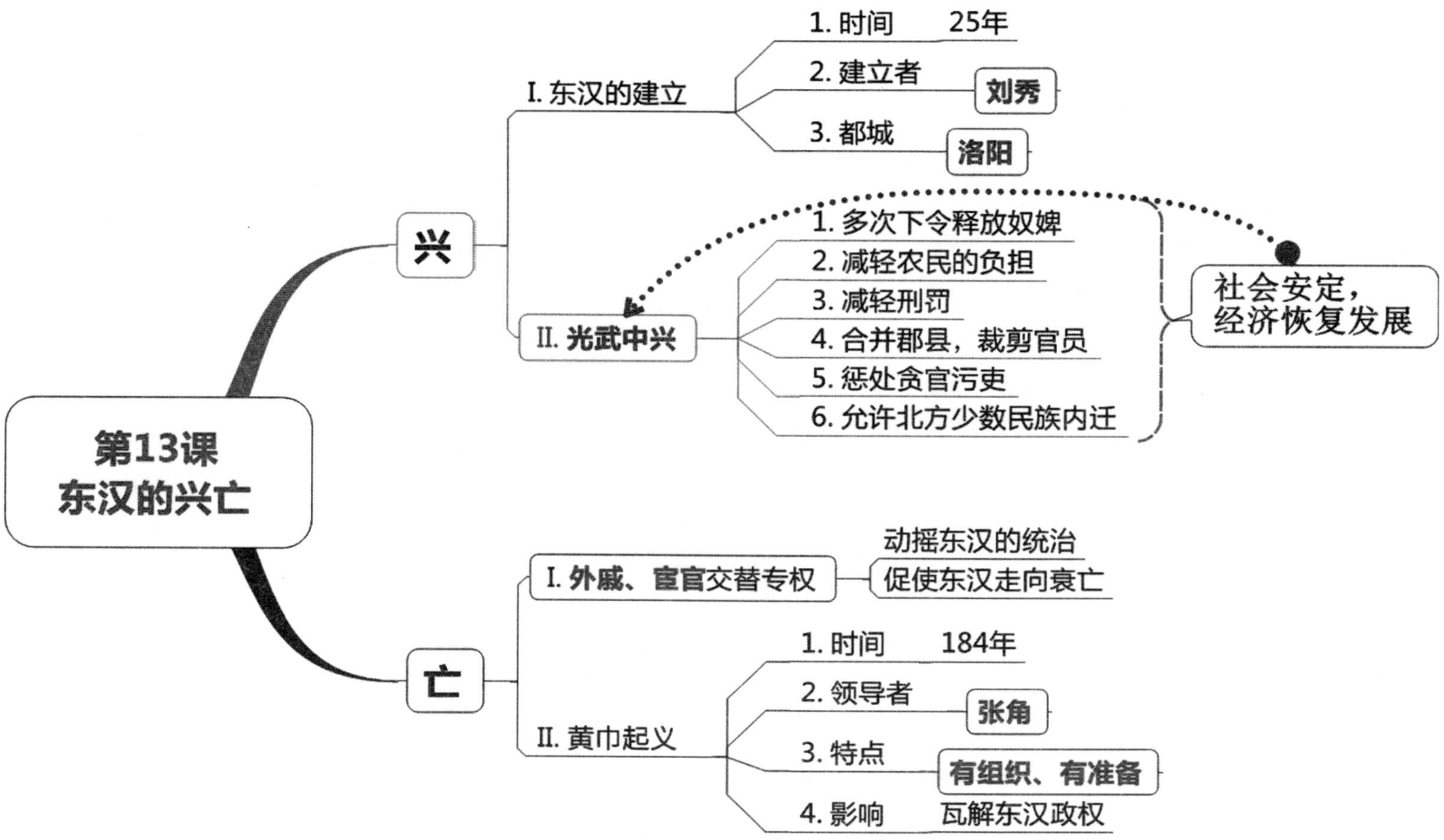

图 3.43　第 13 课　东汉的兴亡

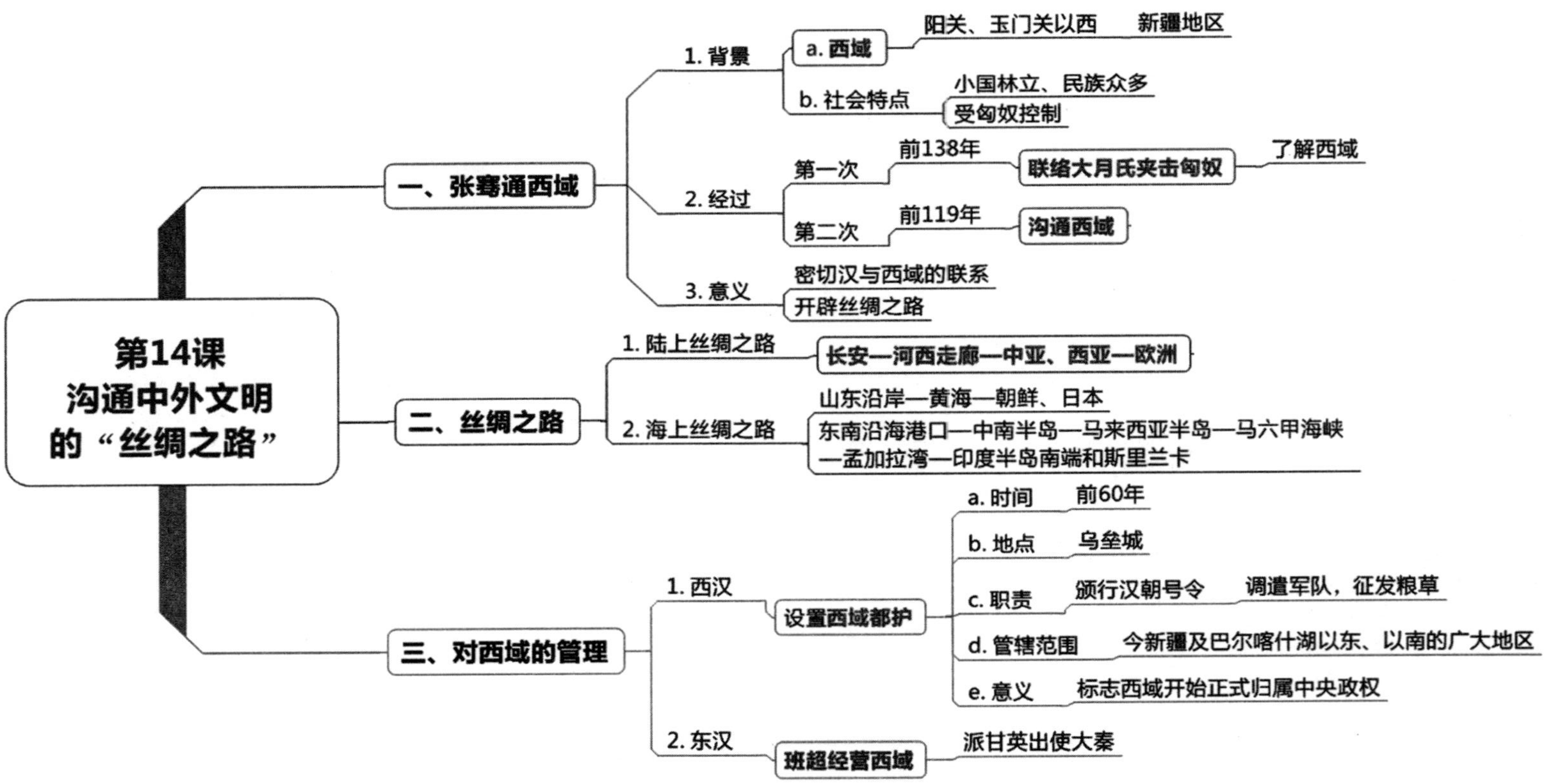

图 3.44　第 14 课　沟通中外文明的“丝绸之路”

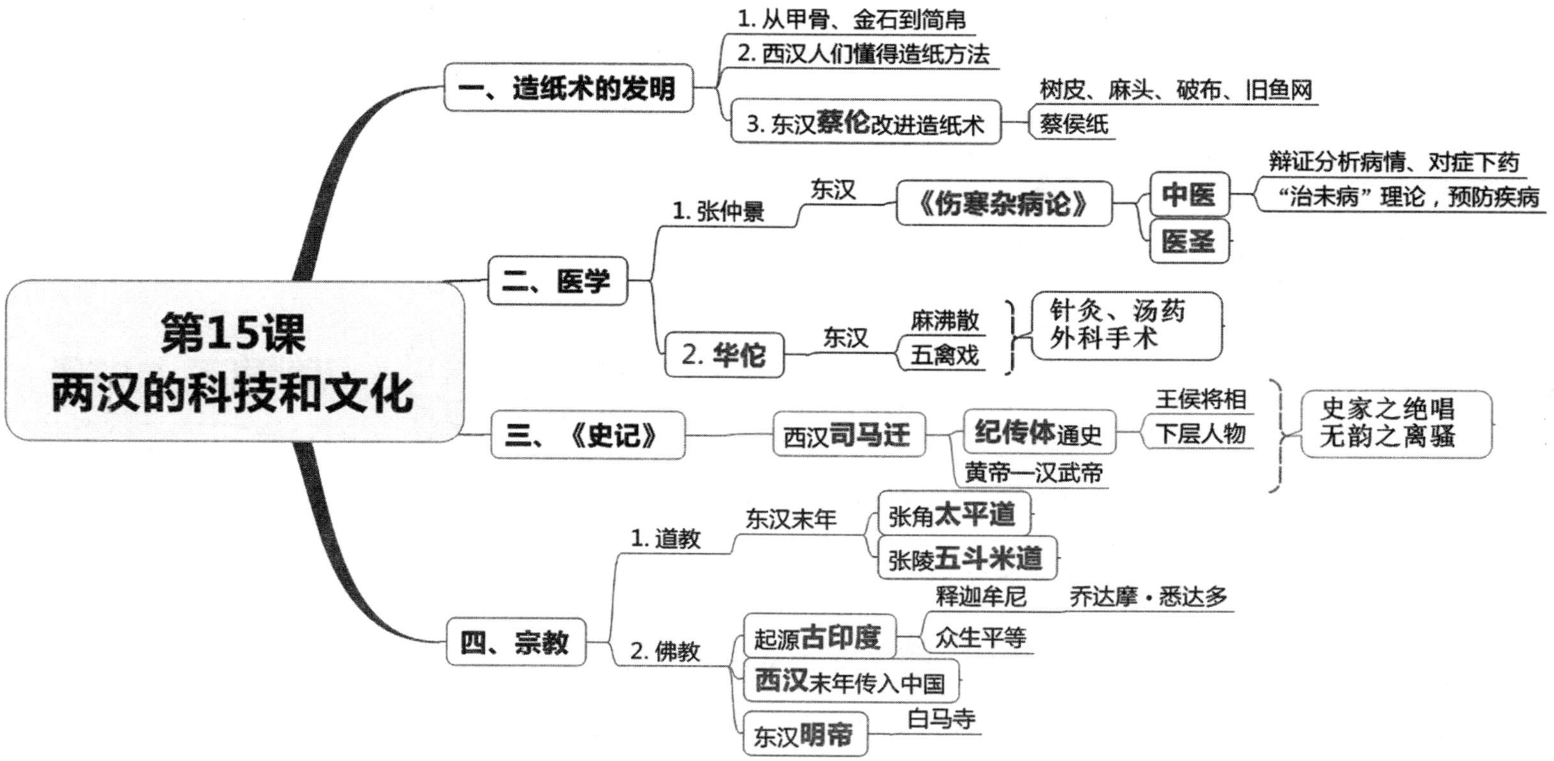

图 3.45　第 15 课　两汉的科技和文化

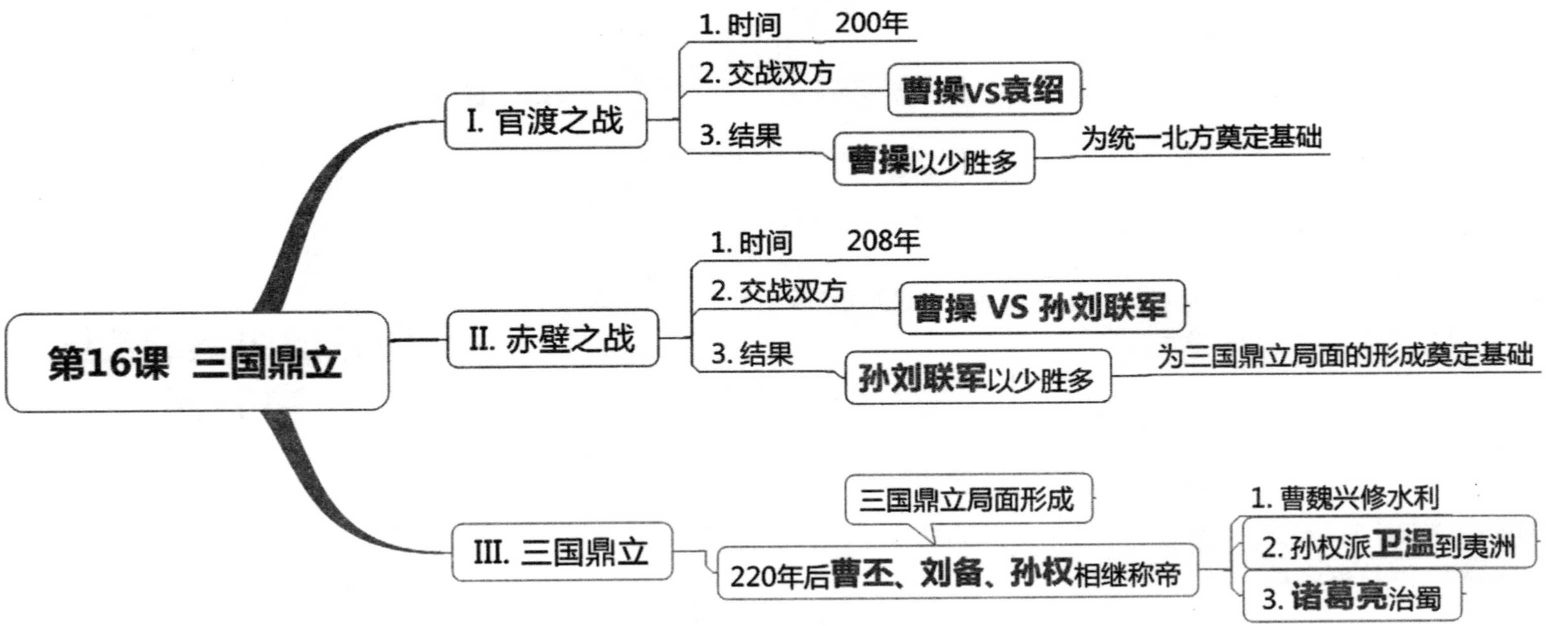

图 3.46　第 16 课　三国鼎立

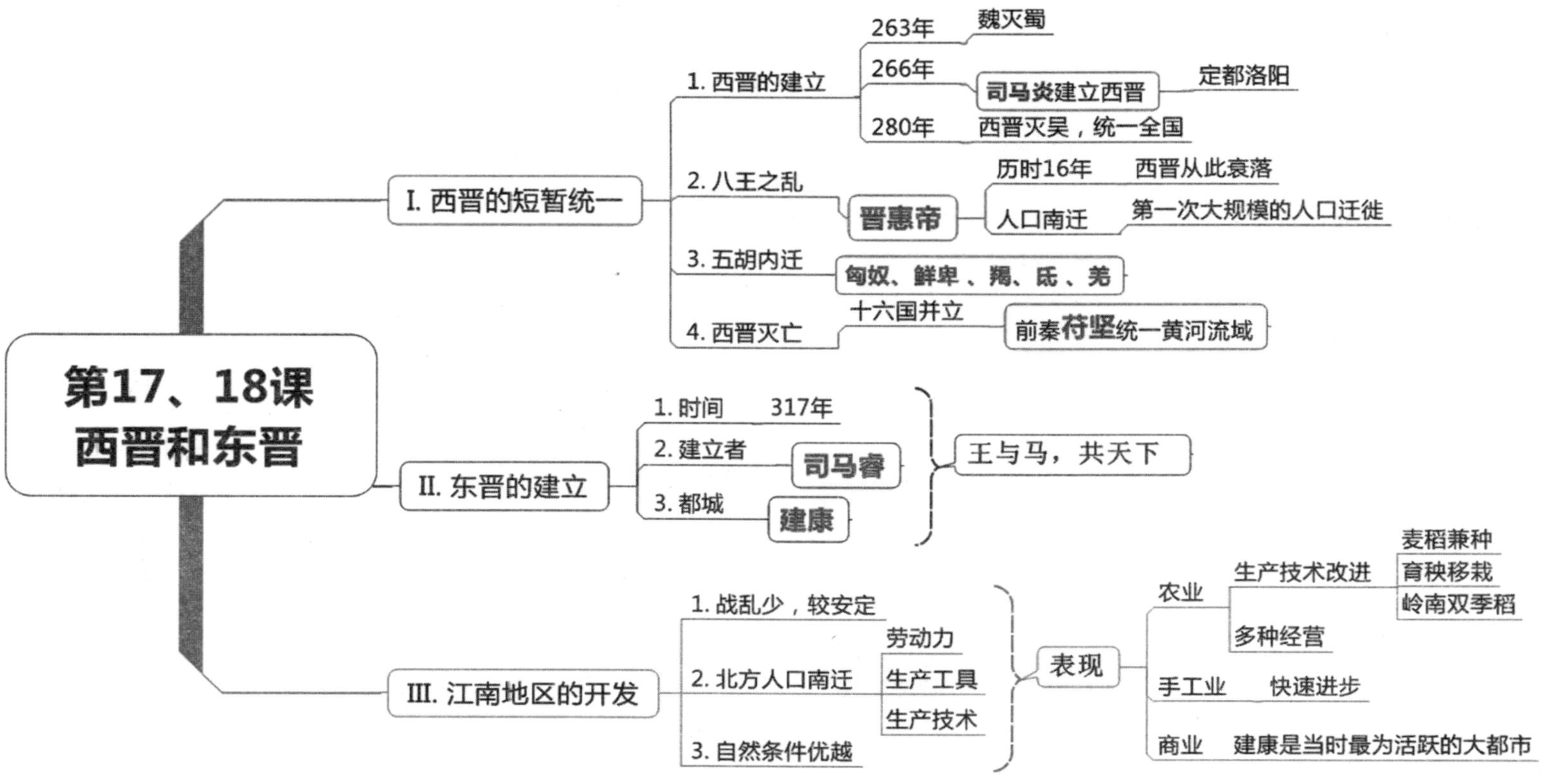

图 3.47　第 17、18 课　西晋和东晋

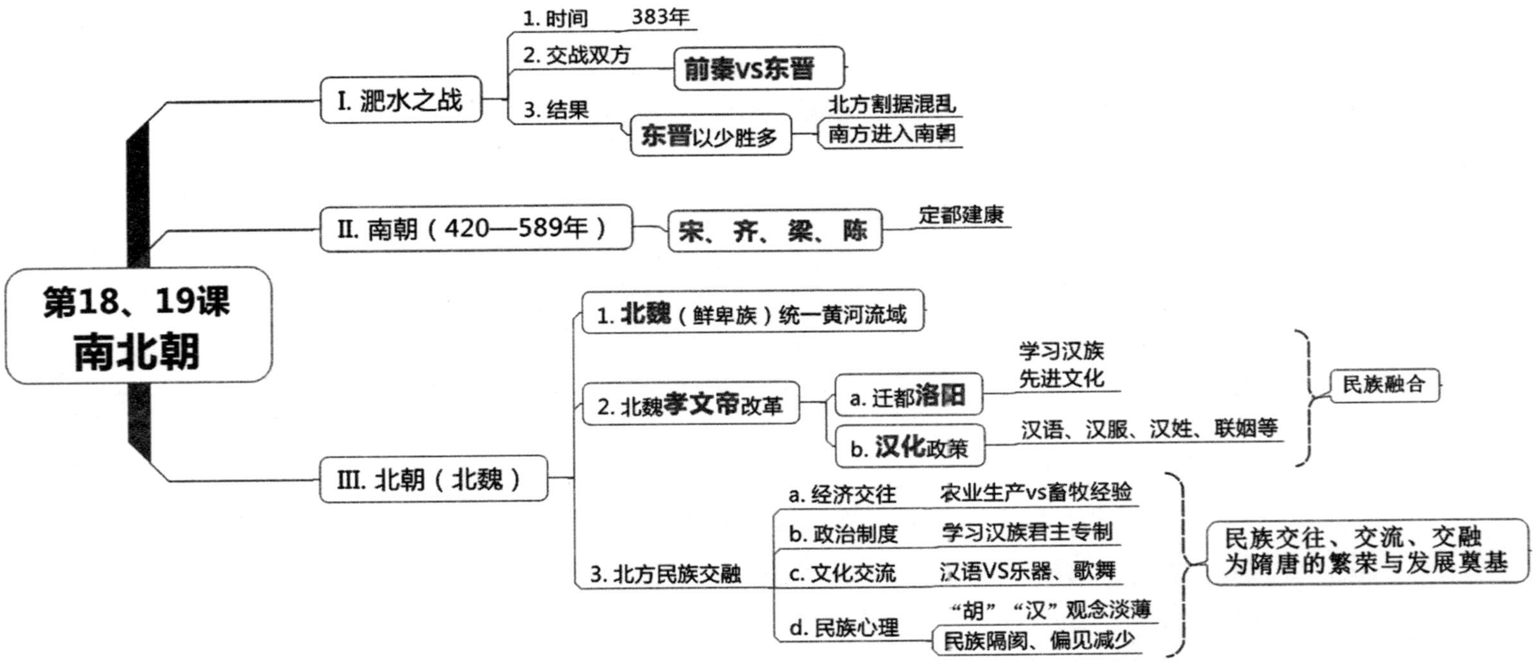

图 3.48　第 18、19 课　南北朝

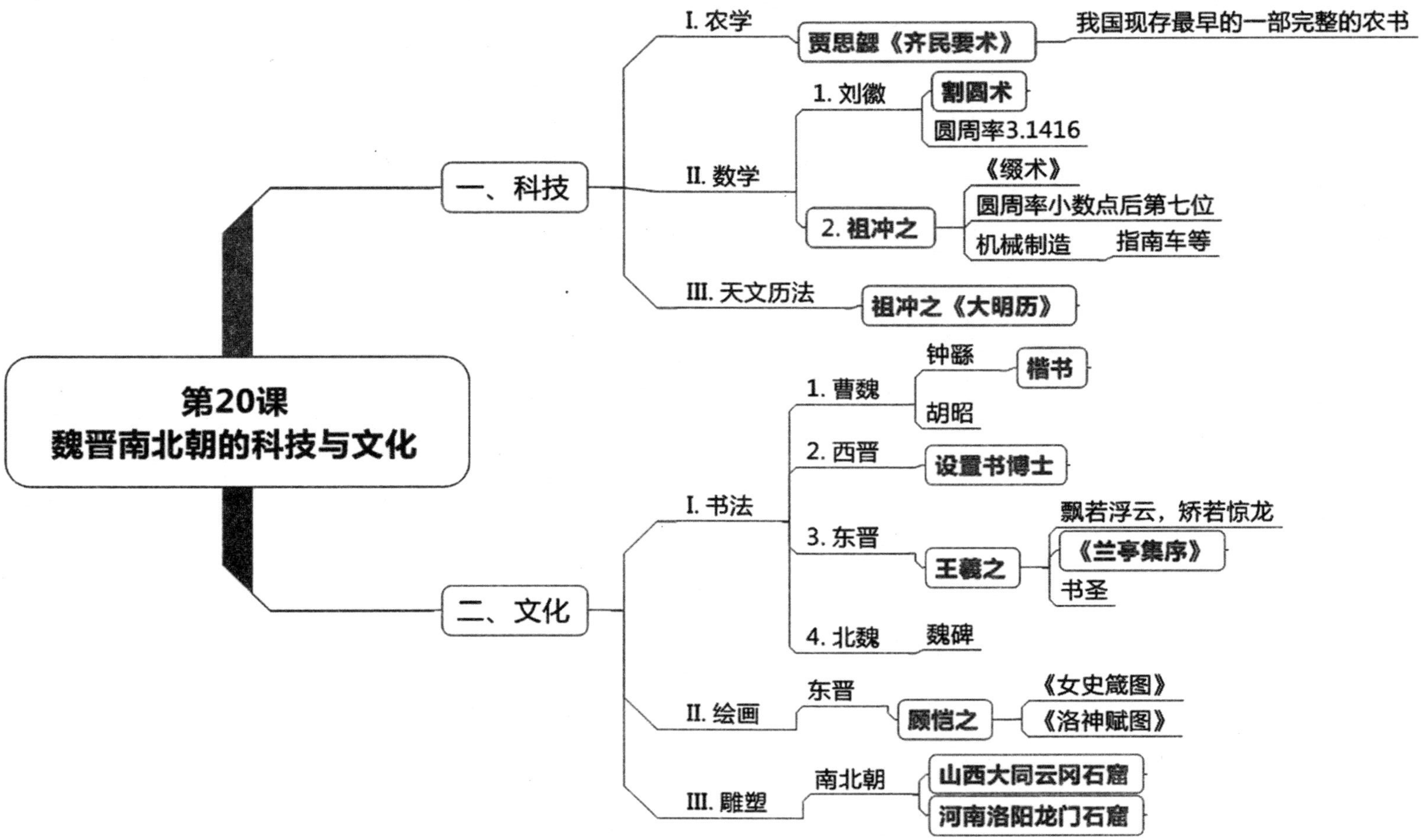

图 3.49　第 20 课　魏晋南北朝的科技与文化

参考文献

［1］（新西兰）戈登·德莱顿，（美）珍妮特·沃斯．学习的革命——通向 21 世纪的个人护照［M］．顾瑞荣，陈标，许静译．上海：生活·读书·新知上海三联书店，1997.

［2］（美）比尔·盖茨，内森·迈哈沃德，彼得·里尼尔森．未来之路［M］．辜正坤主译．北京：北京大学出版社，1996.

［3］（英）东尼·博赞．快速阅读［M］．丁叶然译．北京：中信出版社，2009.

［4］蔡劲松．小学思维导图应用魔方［M］．海口：海南出版社，2012.

［5］赵国庆．别说你懂思维导图［M］．北京：人民邮电出版社，2015.

［6］蔡劲松．思维导图应用魔方——商务问题终结者［M］．北京：人民邮电出版社，2015.

［7］李晓鹏．高考状元的屠龙宝刀［M］．北京：中国城市出版社，2008.

［8］杨艳君．思维导图——中学生学习导航图［M/CD］．北京：北京大学音像出版社，2014.

［9］张鹏生．思维导图在教学中的应用［M］．北京：现代教育出版社，2015.

［10］牟怀松．初中生分类作文思维导图［M］．沈阳：辽宁教育出版社，2009.

［11］王秋月．“慕课”“微课”与“翻转课堂”的实质及其应用［J］．上海教育科研，2014（8）．

［12］郭鹏飞．国外关于翻转课堂的理性思考［J］．中国信息技术教育，2014（15）．

［13］唐晓勇．翻转课堂的冷思考［J］．中国信息技术教育，2015（6）．

［14］郭有田．浅谈小学与初中及初中与高中的衔接教育［J］．新课程（上旬），2013（5）.

［15］申灵灵，罗立群．思维地图及其在美国的应用［J］．上海教育科研，2008（1）.

［16］周伟涛．一场来自民间的课改行动——C20 慕课联盟成立一周年纪念活动侧记［N］．中国教育报，2014-9-29（8）．

［17］刘濯源．通过系统创新实现素质教育“软着陆”——关于“素质教育冰山模型”的构建与应用［P/OL］．［2011-6-12］http：//blog. sina. com. cn/s/blog_8198fbc70100trih. html

［18］李晓鹏．系统学习法［CD］．北京：中国科学文化音像出版社．

后 记

继续走在思维导图教学法探索的路上

本书的编写是对我所思、所想、所学、所行的一次总结，希望能为下一阶段教学的深入开展提供借鉴。同时也希望这本书能够给对思维导图教学法感兴趣的老师们以启发。思维导图教学法已经走在路上，我将继续我的教学探索，并在实践中不断完善它，欢迎有兴趣的老师一起同行。

本书能够得以正式出版，要感谢的人很多。

首先要感谢厦门市教育局把本书立项为“2016 年度厦门市教育科研资助出版项目”，这是对我的研究成果的巨大肯定；特别感谢任勇先生拨冗为本书作序，这是对我莫大的鼓励!

感谢厦门英才学校中学部高松校长的鼎力支持，使得本书于 2015 年厦门英才学校 20 周年校庆之际，在校内交流，使它得以面世。

感谢厦门英才学校总校王毓泉执行董事、宋立强校长、潘永俊副校长、教研处贺平处长和信息处的支持。特别感谢总校教务部副总长马蔚斌老师，这本书起源于我主持的市级课题研究，最初的计划是在结题时写一篇研究报告，但是马老师“怂恿”我把它写成一本书，可以说我是硬着头皮开始的。在编写过程中，遇到了很多困难，马老师给我提了很多建议，并一直鼓励和帮助我。

感谢厦门英才学校中学部现已退休的纪秀卿老师多年的鼓励和对本书第五章中“数学学习应用”部分内容的指导。感谢中学部办公室主任严文隆老师、国际中心主任洪雅萍老师、教学中心主任李天贤老师、学生发展中心主任郑忠野老师、初中部主任张求忠老师、课程中心副主任刘晓庆老师、教师发展中心朱新飞老师等人的支持。感谢英语学科林卿老师、林翠琳老师，道德与法制学科沈倩倩老师，语文学科汤露老师，历史学科李梅蓉老师为本书的编写提供了素材和反馈意见。还要感谢学校诸多老师的鼓励与支持，向学生们大力推荐思维导图，你们的信任是我得以坚持的理由。

感谢厦门外国语学校海沧附属学校赖世忠老师、福州三牧中学张海炎老师、山西省运城市稷山县蔡村乡蔡村初中南香娟老师、四川省成都市金堂中学外国语实验学校曾家洪老师、云南省广南县莲城镇莲城初级中学龙芳芳老师为本书的编写提供了校外素材和反馈意见。

感谢在学习途中“遇见”思维导图发明人东尼·博赞先生、思维导图应用魔方创始人蔡劲松老师、南方科技大学实验学校唐晓勇副校长、华东师范大学刘濯源教授、北京师范大学赵国庆教授、“记忆宫殿”林约翰老师、“全脑速读”王学贤老师、上海巨海教育成杰老师、苏州大脑银行苏引华老师、杨艳君老师、李晓鹏老师、张鹏生老师、牟怀松老师等专家名师，你们的课程和书籍给予我很大的启迪，让我能够从中吸取更多的智慧，更好地提升我的教学实践能力。

我内心最为感激的是爱人罗碧珍女士，她一直默默地支持我的工作与学习。多年的思维导图学习，购买了无数的学习资料、上过很多网络课程和线下课程，这对工薪阶层的我们来说是一笔巨大支出，但她都毫无怨言地支持。学习是智慧的升华，分享是生命的伟大，在自己的熏陶下，她对思维导图也能道一二，甚至连上小学的儿子也在念叨“爸爸的思维导图”，期待赶快到中学上爸爸的课。本书的问世，是爱的期待，是对家人最好的慰藉！

……

要感谢的人无法一一列举，感谢每一位相信思维导图、支持和帮助过我的人，你们的信任让我有了更强的使命感！

写到这里，书稿算是匆匆完成了，由于经验不足和水平有限，书中难免存在一些遗漏、不当，甚至错误之处，恳请老师们、朋友们批评斧正。

江苏凤凰教育出版社
《行知工程》系列丛书目录

系列	序号	书　　　名	作者	定价
教育求索系列	1	《思维导图教学法：一位历史老师的教学探索》	罗培生	35.00
	2	《让诗意润泽心灵——德育校本课程的开发与实施》	陈亚兰	40.00
	3	《让经典滋养人生——名著导读教学策略（中学）》	郑建忠	35.00
	4	《关注每一位儿童的发展 ——语文小班化教学的探索和实践》	何慧玲	40.00
	5	《让生命诗意地栖居——诗意教育的理念建构与实践探索》	钱丽美	40.00
	6	《怎样上好语文课——时鹏寿解析精彩课例》	时鹏寿	45.00
	7	《让书香浸润生命——时鹏寿伴你品读经典》	时鹏寿	35.00
	8	《开在手心里的花——一位优秀教师的教育情怀》	詹雪莲	40.00
	9	《学科建设与教师发展——中学数学》	杨志文	30.00
	10	《欣说教育那“一亩三分地” ——一位一线教师的教育微思考》	王庆欣	30.00
	11	《爱的守望——一位一线教师对教育的坚守》	林卫红	30.00
	12	《思政教学的人文力量》	戴晓华	30.00
	13	《师道新说——给教育者的 30 条箴言》	徐　卫	30.00
	14	《快乐数学——初中数学教学方式探索》	孙国芹	36.00
教育思想者系列	15	《名校之道——陶继新对话名校长（1）》	陶继新	30.00
	16	《名校之道——陶继新对话名校长（2）》	陶继新	35.00
	17	《名校之道——陶继新对话名校长（3）》	陶继新	42.00
	18	《名校之道——陶继新对话名校长（4）》	陶继新	40.00
	19	《名校之道——陶继新对话名校长（5）》	陶继新	42.00
	20	《父母要成为子女的精神导师——五个孩子走向卓越的奥秘》	陶继新	43.00
	21	《治校之道——中学名校长的办学智慧(1)》	陶继新	40.00
	22	《品鉴教育文化盛宴——陶继新序跋屯集》	陶继新	45.00
	23	《为什么而出发——一位研究者对教育本质的沉思》	齐　健	35.00
	24	《高效教学的道与术——陶继新教育讲演录》	陶继新	30.00
	25	《铸造一流教育品质——陶继新区域教育巡礼》	陶继新	35.00
	26	《教育，一切从孩子出发》	黄　俭	30.00
	27	《学校体育密码》	连仁都	36.00
	28	《我家住在〈诗经〉里》	李日芳	40.00
	29	《〈红楼梦〉里的语文课》	李日芳	30.00

系列	序号	书　　名	作者	定价
创新教学探索系列	30	《品世界名画，学精彩作文 ——特级教师的“名画”作文教学法》	李日芳	36.00
	31	《学生数学整体思维培养 ——小学数学结构化教学的探索与实施》	颜春红	45.00
	32	《基于核心素养的体育与健康校本课程建设》	赵卫新	35.00
	33	《把古文教活——激活文言文课堂的教学策略》	刘小华	35.00
	34	《做童年面前最合适的人——我和孩子们的“童化语文”》	曹丽秋	30.00
	35	《玩出精彩作文——张化万活动作文教学经典策略》	张化万	35.00
	36	《让学生把母语用精彩——“语用课堂”的探索与实践》	佘小红	30.00
	37	《“备”出课堂精彩——备学式教学的课堂实践与思考》	张旭兰	30.00
	38	《神奇的阅读教室——带学生踏上美妙的阅读之旅》	李祖文	30.00
	39	《打造有生命力的课堂 ——“两步八环节”教学模式探索与实践》	查联智	30.00
	40	《最能培养学生探究能力的课堂 ——小学科学与信息技术单元整体课程实施与评价》	李怀源	30.00
	41	《最能激发学生运动天赋的课堂 ——小学体育单元整体课程实施与评价》	李怀源	30.00
	42	《最能提升学生艺术素养的课堂 ——小学艺术单元整体课程实施与评价》	李怀源	30.00
	43	《“生命语文”探索——焕发语文生命力的思考与实践》	王自成	30.00
	44	《粘连作文教学：让习作成为有个性的自我建构》	黄瑞夷	30.00
	45	《备学式教学——在体验中建构数学思维》	单广红　范雪梅	30.00
	46	《向着自主进发——自主教育的创新实施智慧》	朱亚红	30.00
	47	《写中学——让学习更有效的学科写作教学》	钟传祎	30.00
	48	《小学科学实验总动员——大科学课堂有效提升学生创新力》	江美华	30.00
	49	《小学语文单元整体课程实施与评价》	李怀源	30.00
	50	《小学英语单元整体课程实施与评价》	李怀源	30.00
	51	《小学数学单元整体课程实施与评价》	李怀源	30.00
	52	《让教学更能激发智慧——“思维碰撞”课堂的建构与实施》	程和方	30.00
	53	《构建语文综合课新模式——家庭、社区、学校协同教学》	黄瑞夷	40.00
	54	《自主创新让教学成为有效引领》	蔡　隽	30.00
新父母教程	55	《一年级的孩子》	陈文芳	28.00
	56	《二年级的孩子 》	陈文芳	28.00
	57	《三年级的孩子》	钱静霞	28.00
	58	《四年级的孩子》	谢　云	28.00
	59	《五年级的孩子 》	陈　春	28.00

系列	序号	书　　名	作者	定价
新父母教程	60	《六年级的孩子》	袁卫星	28.00
	61	《七年级的孩子》	焦晓骏	28.00
	62	《八年级的孩子》	钟　杰	28.00
	63	《九年级的孩子》	凌宗伟	28.00
国际教育系列	64	《美国教育面面观——一位特级教师眼中的美国教育》	邵淑红	35.00
教师软实力系列	65	《教师人际沟通力》	黄爱华　夏丽娟	38.00
	66	《班主任教导力》	黄爱华　戴诗银	38.00
	67	《教师执业道德力》	黄爱华　夏丽娟	38.00
精彩课堂系列	68	《联想形象识字教学——让学生感悟汉字神韵》	侯忠彦	50.00
	69	《基于核心素养的数学教学》	赵红婷	35.00
	70	《中学生核心写作能力培养》	陶　波	36.00
	71	《给孩子更好的数学课堂》	易增加	30.00
	72	《小学生阅读素养的提升策略》	邵巧治	35.00
	73	《从语文素养走向生命成长 ——小学语文读写课堂教学密码》	曾海玲	30.00
	74	《真实的品德课》	朱淑秀	30.00
	75	《英语课堂学习共同体——新型的师生交互学习场》	杨延从	30.00
	76	《指导自主学习——初中数学学与教的研究与实践》	刘其武	30.00
	77	《玩出精彩的课堂 ——小学低年级教与学方式转变研究》	陶红松	30.00
	78	《让生命之花自主绽放——语文个性化教学建构策略》	商德远	30.00
	79	《让学生亲历知识——主体参与下体验式学习的实施策略》	何世祥	30.00
名校系列	80	《从校本课程走向学校课程——锡山高中课程探索之路》	唐江澎等	35.00
	81	《让每个孩子都成志 ——清华附小主题阅读课程的实施探索》	窦桂梅	30.00
	82	《让每个孩子都成志 ——清华附小主题实践课程的实施探索》	窦桂梅	35.00
	83	《向着朝阳走去——清华附小合作办学实践探索》	窦桂梅	30.00
名师成长系列	84	《情怀·智慧·境界——教育名家演讲录（1）》	钟惠河　李韫琬	30.00
校长领导力系列	85	《学校细节管理的执行力》	林文明　王林发	30.00
	86	《校长智慧统筹的领导力》	谢耀丰　蔡丽姗 王林发	30.00
	87	《学校持续发展的研究力》	林文智　宋仕敏 王林发	30.00

系列	序号	书　　　名	作者	定价
校长领导力系列	88	《学校和谐融洽的协作力》	陈一平　郭雪莹 王林发	30.00
	89	《学校教育提升的引领力》	谢文东　关敏华 王林发	30.00
	90	《学校团队成长的学习力》	黄纪　蔡美静 王林发	30.00
	91	《学校高效管理的创新力》	张旭	30.00
	92	《学校成功管理的决策力》	邱黎明	30.00
	93	《高品质学校生长要素》	王益民	30.00
	94	《校长高效教学领导力提升策略》	徐世贵　郭文訇	30.00
新思维系列	95	《让后进生学习有后劲之36计》	严育洪	30.00
	96	《教育中的“不一定”——打破教育的19种思维惯式》	严育洪	30.00
教师修炼系列	97	《如何炼就课堂好声音——教师美嗓保健实用宝典》	薛建洲	30.00
	98	《与学生一起成长——90后教师的心路反思》	王　晗	30.00
	99	《教育，爱与宽容——教师心灵礼仪修炼》	许力争	30.00
教育家核心思想系列	100	《叶圣陶论写作》	叶圣陶 著 李怀源 选编	30.00
	101	《叶圣陶谈阅读》	叶圣陶 著 李怀源 选编	30.00
	102	《多元智能理论的本土化应用》	刘治富	30.00
	103	《大教育家最具施教力的教学思想》	白刚勋	30.00
学生心理解码系列	104	《在人生的春天播种 ——十四岁，写给青春的一封信》	白宏宽	30.00
	105	《孩子问题行为一点通 ——只有好老师才知道的学生心理谜底》	严育洪	30.00
校本研修系列	106	《徜徉语文教研》	肖俊宇	35.00
	107	《校本研修资源的开发与利用》	陈朝林	30.00
	108	《校本研修与教师专业成长》	吴积军	30.00
	109	《卓越教师经典研修成长策略》	刘天宝等	30.00
	110	《特色校本课程开发范例解读》	刘永平　李秀伟 张雪梅	30.00
	111	《高效校本研修模型构建艺术》	刘素雁	30.00
	112	《走向实践的教研——中小学教育科研引领与应用》	江　敏	30.00
教育管理力系列	113	《缔造唯美教育——延奎小学素质教育实施策略》	易增加	30.00
	114	《让普通学校崛起的20个细节 ——“生命为本”教育团队成长密码》	李其玉	30.00
	115	《“走”出教育的精彩：走动式学校管理文化构建》	罗　军	30.00
	116	《校长兵法：学校管理四十六计》	皮大鹏	30.00
班级文化系列	117	《活力班级的文化建设》	胡　珏	30.00
	118	《做幸福的班主任》	吕　丽	26.00

系列	序号	书名	作者	定价
高效能教学系列	119	《高效能教师的10个好习惯（中学卷）》	张　瑾	30.00
	120	《让作文落地生根——提高写作实效的教学策略》	黄桂林	30.00
	121	《高效能作文教学5项修炼》	陈步华	30.00
	122	《高效能校长的10个好习惯》	张　勤	30.00
	123	《高效能教师的10个好习惯（小学卷）》	谢　英	30.00
	124	《高效能语文教学5项修炼》	王其华	30.00
新课程探索系列	125	《语文新课程的批判与重建》	葛桂斌	30.00
美国名师教学译丛	126	《美国名师游戏教学本土化应用：幼儿园》	（美）玛西娅 L. 泰特 著 胡珍　瞿菁　编译	30.00
	127	《美国名师游戏教学本土化应用：小学英语》	（美）玛西娅 L. 泰特 著 杨永华　张心影　编译	30.00
	128	《美国名师游戏教学本土化应用：小学数学》	（美）玛西娅 L. 泰特 著 谢艳红　编译	30.00
	129	《美国名师游戏教学本土化应用：小学科学》	（美）玛西娅 L. 泰特 著 刘丽萍　编译	30.00
	130	《美国名师游戏教学本土化应用：小学社会》	（美）玛西娅 L. 泰特 著 姜梅芳　编译	30.00
	131	《美国名师游戏教学本土化应用：小学音体美》	（美）玛西娅 L. 泰特 著 尹立志　编译	30.00
鲁派名师名校·教育探索者系列	132	《悦读立人——校园阅读文化体系构建策略》	杨世臣	30.00
	133	《教育智慧何处来——一位特级教师的思考手记》	付立金	30.00
	134	《和雅文化——校本课程的创新构建》	汤善香	30.00
	135	《让个性绽放精彩——学校课程体系整合与创生》	谢建伟　徐淑萍	30.00
	136	《让每个学生都幸福——最能润泽生命的学校文化建设》	谢建伟　张新喜	30.00
生态化校园系列	137	《文化管理——构建生态和谐校园的必由之路》	付全新	30.00
	138	《点燃学习的激情——构建校园生态化学习型组织》	杨树岳	30.00
	139	《课改突围——构建学校生态化教学体系》	杨树岳	30.00
教育新思考系列	140	《语文教育向何处去》	王　丛	26.00
	141	《教育，就是做好普通的事》	孙志毅	27.00
	142	《走出语文的偏见——让学生体悟文本的原义》	丛智芳	30.00
	143	《让语文教学更高效——批注式阅读教学探索》	韩中凌	30.00
	144	《读写互促——探寻学以致用的语文教学》	曹　龙	30.00
	145	《跳出数学教数学——用文化融通数学教学》	马建秀	27.00

系列	序号	书名	作者	定价
名师感悟系列	146	《让心灵伴着歌声成长——22 位音乐名师的教育智慧》	陈 璞	30.00
	147	《超越自我的教师——32 位名师的成长感悟》	李卫东 李秀伟	35.00
	148	《心灵的守护者——19 位名班主任的教育智慧》	王晓松 曲文弘	30.00
	149	《名师感悟班主任有效工作艺术 90 例》	符礼科	30.00
	150	《名师感悟有效教学 90 例》	林高明 徐玉烟	30.00
信息化教学系列	151	《巧用白板教语文——信息技术与语文教学操作指南》	蒋丽清	30.00
	152	《跨越式实现高效课堂 ——信息技术与课程整合高效教学方案评析》	陈 玲 刘 禹	30.00
教师必读系列	153	《教师必学的 16 堂修养课》	武宏伟	30.00
	154	《教师不可不知的教学心理效应》	叶勇军	30.00
	155	《班主任不可不知的管理效应》	奚一琴	30.00
	156	《教师不可不知的教育心理效应》	孙 媛	30.00
	157	《校长不可不知的管理效应》	谢申刚 张金豹	30.00
	158	《成为好教师的 7 项修炼》	王福强 李维华	30.00
	159	《如何让学生会学习》	龙 冰	30.00
	160	《如何让学生爱学习》	周震宇 许小燕	30.00
核心教学主张系列	161	《新生代语文名师核心教学主张》	许友兰	30.00
行思讲坛系列	162	《灵动而朴素地教语文——潘文彬的微格教育生活》	潘文彬	30.00
	163	《师爱无疆——润泽学生心灵的教育故事》	侯忠彦	30.00
	164	《怎样反思更有效 ——促进教师专业发展的反思策略》	诸贝贝	30.00
	165	《成为高度自觉的教育者 ——写给后课标时代的数学教师》	许卫兵	30.00
	166	《哲思数学课》	刘全祥	30.00
	167	《智慧数学课——黄爱华教学思维的实践策略》	黄爱华	30.00
	168	《童趣数学课》	徐 芳	30.00
	169	《把学生教聪明》	严育洪	30.00
	170	《教师最应该规避的教育误区》	杨坤道	30.00
	171	《用语文的方式教语文 ——潘文彬教学主张与实践智慧》	潘文彬	30.00
	172	《怎样让阅读教学更有效 ——提升教学能力的十种读诵模式》	汪秀梅	28.00

系列	序号	书名	作者	定价
行思讲坛系列	173	《让生命在润泽中起舞——当代小学生最需要的主题班会》	吴联星 罗琳 冯卫东	30.00
	174	《让生命欢快拔节——当代中学生最需要的主题班会》	冯卫东 吴联星	30.00
	175	《课堂因生成而精彩——高效教学的生成智慧》	张文质	30.00
	176	《回到每一个人的生命化教育——张文质二甲中学教育行动录》	张文质	30.00
	177	《中小学生如何学会合作》	张玉彬 刘昕昱	40.00
中国教育变革之路丛书	178	《百年树人师何为——教师队伍建设困顿与出路》	将丽珠 李玉向	30.00
	179	《入园何时不再难——学前教育困惑与抉择》	曾晓东 范昕 周慧	30.00
	180	《三尺书桌何处寻——流动人口子女教育困难与破解》	范先佐	30.00
	181	《苦旅何以得纾解——高考改革困境与突破》	郑若玲	30.00
	182	《择校纠结何时了——择校问题困局与治理》	曾晓东 周文海 曾娅琴	30.00
创新教学思想系列	183	《“大问题”教学的形与神》	黄爱华 张文质	30.00
教育漫笔系列	184	《课堂，诗意地栖居》	吴书华	30.00
教学提升系列	185	《有思想地教阅读——让学生学会品读文字真意》	王学东	30.00
教育艺术提升系列	186	《藏在师生体态语言里的教学智慧》	张宇 廖生波	30.00
教学全手册系列	187	《小学习作教学全手册》	郭家海	30.00
	188	《中学写作教学全手册》	郭家海	30.00
	189	《情境教学操作全手册》	冯卫东	35.00
	190	《合作教学操作全手册》	李春华	35.00
	191	《探究教学操作全手册》	周新桂	35.00
	192	《自主教学操作全手册》	诸葛彪	35.00

系列	序号	书名	作者	定价
教学全手册系列	193	《创新教学操作全手册》	王　玮	35.00
	194	《班主任工作全手册》	刘沛华	35.00
	195	《新教师工作全手册》	周震宇	35.00
	196	《学生心理健康教育全手册》	刘海莉　刘春杰	35.00
	197	《高效教学操作全手册》	马友平	35.00
创新人才培养系列	198	《创新人才培养校园科普精品课程开发与指导——人大附中创新人才培养》	罗　滨	30.00
	199	《创新人才培养特色校本课程开发与创新人才培养——清华附中“国际安全下的科学技术”课程构建与实施》	王殿军　方　研　赵宏雁	30.00
	200	《创新人才培养：学校实验室建设与管理》	刘克文　杨发丽　杨　平	30.00
	201	《创新人才培养：数学探究活动开发与指导》	马云朋　韩继伟	30.00
	202	《创新人才培养：化学研究活动开发与指导》	王　磊	30.00
	203	《创新人才培养：物理探究活动开发与指导》	廖伯琴	30.00
	204	《创新人才培养：地理探究活动开发与指导》	张建珍　陈　澄	30.00
	205	《创新人才培养：生物探究活动开发与指导》	张迎春	30.00
	206	《创新人才培养：理念探索与思维突破》	王晶莹	30.00
新生代通派名师系列	207	《简约数学教学》	许卫兵	30.00
	208	《语文教学的本真——情意课堂展现母语之美》	吴建英	30.00
	209	《语文课堂的理想追求——欢快达成三维目标》	董一红	30.00
	210	《阅读教学的真髓——意象构建读出文学的真美》	祝　禧	30.00
	211	《美术教育的真谛——审美人生教育让生命绚丽成长》	陈铁梅	30.00
	212	《语文教学的理想境界——无痕教学润泽生命》	李　凤	30.00
	213	《儿童作文的本义——嬉乐作文让儿童乐并成长着》	王笑梅	30.00
	214	《名师是怎样炼成的》	王建明　王笑君	35.00
幼师成长系列	215	《幼儿行为背后——教师如何读懂幼儿的心思》	吴亚英	30.00
	216	《最具教育力的 22 种幼儿教育思想》	杨　达	30.00
	217	《幼儿教师必知的安全应急措施》	杨　达	30.00
	218	《幼儿教师必备的教育技能》	李　玲	30.00
	219	《卓越园长 21 条幼儿园管理策略》	周　丹　江东秋	30.00